CHANGJIANZHENGQUANFANZUI
BIANHUYAODIAN
SHIWUJINGJIE

常见证券犯罪辩护要点

实务精解

翟振轶 / 主　编
易　凡 / 副主编

中国法制出版社
CHINA LEGAL PUBLISHING HOUSE

撰 稿 人

　　易凡，中国政法大学在职研究生，南京农业大学法学学士、广东省律师协会经济犯罪辩护专业委员会委员、深圳市律师协会商事犯罪辩护法律专业委员会委员、北京市盈科（深圳）律师事务所刑事法律事务中心秘书长。参与编著《刑事有效辩护案例精选》。

　　袁晓雨，武汉大学刑法学硕士，北京市盈科（深圳）律师事务所职务犯罪法律事务部副主任，参与编著《刑事有效辩护案例精选》等。

　　廖晓斌，香港城市大学法学硕士。深圳市律师协会公司法律专业委员会委员、广东省律师协会及深圳市律师协会涉外律师新锐人才。参与编著《企业跨境纠纷解决之道》《公司常见法律问题解答》等。

　　苏珊，北京市盈科（深圳）律师事务所金融证券犯罪法律事务部副主任，深圳市律师协会立法专业委员会委员，深圳市第七届人大常委会立法助理，参与编著《刑事有效辩护案例精选》。

　　胡玄欣，湖南科技学院法学学士，广东省律师协会企业刑事合规专业委员会委员、深圳市律师协会金融犯罪辩护专业委员会委员、北京市盈科（深圳）律师事务所职务犯罪法律事务部副主任。参与编著《刑事有效辩护案例精选》。

　　罗丽，西南政法大学法律英语硕士，北京市盈科（深圳）律师事务所金融犯罪法律事务部副主任。

　　韩宇霞，中国人民公安大学法学硕士，曾参与公安部课题《非法证据排除与公安规范执法研究》。

　　彭祝孺，西南政法大学刑法学硕士。

前　言

Preface

　　我国正致力于建立健全规范、透明、开放、有活力、有韧性的多层次资本市场。在这一历史进程中，净化资本市场投资环境，打击重大违法违规，乃至犯罪行为，是保护投资者利益、维护人民群众的财产安全的应有之义。

　　证券市场注册制的推行，加强对证券市场监管，暴露出相应的证券犯罪呈现增多的趋势。同时，司法机关和证监会紧密协作，在《中华人民共和国证券法》（以下简称《证券法》）、《中华人民共和国刑法》（以下简称《刑法》）的框架下，坚持行政处罚和刑事处罚并重，致力于对此类非法交易的打击。根据最高人民检察院公布的数据，2021 年 1 月至 11 月，全国检察机关共起诉证券期货犯罪 211 人，同比上升 90.1%。[①] 2021 年 9 月，最高人民检察院驻中国证监会检察室成立。可以预见，今后一段时间内，证券犯罪会呈现高发态势，但目前对这一领域的研究还较少，特别是司法实践的案例及总结更少。

　　为此，北京市盈科（深圳）律师事务所翟振轶、易凡、廖晓斌、袁晓雨、苏珊、胡玄欣、罗丽、韩宇霞八位专业刑事律师于 2021 年创立证券犯罪研究会，通过定期开展座谈会、头脑风暴、案例研讨、大数据分析等

---

　　① 红星新闻：《最高检：去年前 11 个月全国共起诉证券期货犯罪 211 人，向资本市场释放"零容忍"强烈信号》，网址：https：//baijiahao. baidu. com/sid = 1724831401535216242&wfr = spider&for = pc，最后访问日期：2022 年 2 月 15 日。

方式，针对证券犯罪领域的高频、疑难、冷僻罪名，从法律、法理、案例、有效辩点四个维度进行了深入研究，并定期整理、分享、公布研究成果。历时两年，现初具成果，特将相关研究成果整理成册，以期能给司法机关办案人员及律师同行在办理证券犯罪案件的过程中提供借鉴和参考，同时也希望能帮助上市公司等证券相关企业及其高层管理人员提高刑事法律风险意识、规避证券违规相关刑事法律风险。

本书总共分为九章，前八章每章对应一个常见的证券犯罪罪名，如内幕交易罪，操纵证券、期货市场罪，欺诈发行证券罪，违规披露、不披露重要信息罪，背信损害上市公司利益罪，利用未公开信息交易罪，编造并传播证券、期货交易虚假信息罪，提供虚假证明文件罪。最后一章，对证券犯罪常常涉及的民刑行交叉问题，进行了一些探讨，提出了作者的一些做法和思路。

本书体例上，从罪名的渊源（历史沿革）、犯罪构成（法律理解）、争议焦点（法理剖析）、辩护要点（案例研究）、思考与启示五个方面进行"深度解剖"，力争做到全面、实用、重点突出，目的是解决证券犯罪司法实践中的办案实务问题。

本书的编著工作繁杂而琐碎，但所幸得益于北京市盈科（深圳）律师事务所管委会主任刘晓安律师、管委会副主任黄敬律师的鼎力支持，以及彭祝孺、郭欣媛的精心协助。他们利用工作闲暇为我们收集最新资料、数据并反复校对稿件，在此特向他们表达谢意。此书得以出版，离不开中国法制出版社李宏伟老师、应博群老师及其同事的策划与心血，衷心致谢！对于书中错漏之处，敬请读者不吝斧正。

目 录
Contents

第一章 内幕交易罪

第二章 操纵证券、期货市场罪

第三章 欺诈发行证券罪

第四章　违规披露、不披露重要信息罪

第五章　背信损害上市公司利益罪

第六章　利用未公开信息交易罪

第七章　编造并传播证券、期货交易虚假信息罪

第八章　提供虚假证明文件罪

第九章　证券犯罪民刑行交叉问题探析

内幕交易行为是证券违法犯罪领域高频发生的行为之一。内幕交易行为表现为，行为人基于其掌握的重大未公开信息而形成对证券期货等金融工具的市场交易价格可能发生波动的预知，即形成了一种相对于一般市场投资者而言的信息资源优势，并通过从事相关证券期货交易来实现这种信息优势，以此牟取非法利益或减少损失，损害其他市场投资者的合法权益。内幕交易行为，严重破坏了证券市场公平交易秩序，影响证券市场健康发展，对其严格预防、严厉打击，已经成为各国监管部门的共识。

第一节　概　述

纵观我国内幕交易立法体系，我国对内幕交易行为的认定和处罚主要规定在《证券法》《刑法》《期货管理条例》及内幕交易相关司法解释中。结合相关法律法规出台时间及相关执法司法实践来看，1997 年《刑法》首次规定了内幕交易罪，1998 年首部《证券法》发布，对内幕交易的认定和处罚作了规定。1997—2006 年，由于国内证券市场发展较为平缓且配套监管措施并不完善，鲜有证监会查处的内幕交易行政违法案件，刑事司

---

① 撰稿人：袁晓雨。该罪名为"内幕交易、泄露内幕信息罪"的选择性罪名，该章节作者仅针对内幕交易罪下的行为类型展开论述。

法案件更是屈指可数。2007 年，国内证券市场进入大牛市行情，证券交易日趋活跃，为了更好地维护证券市场秩序，中国证券监督管理委员会（以下简称证监会）发布了《证券市场内幕交易行为认定指引（试行）》（以下简称《内幕交易行为指引》），进一步对内幕交易行为各个要件予以细化。2010 年，最高人民检察院、公安部发布的《关于公安机关管辖的刑事案件立案追诉标准的规定（二）》第 35 条规定了本罪的立案标准。2012 年，最高人民法院、最高人民检察院发布了《关于办理内幕交易、泄露内幕信息刑事案件具体应用法律若干问题的解释》（以下简称《内幕交易司法解释》），全面系统地规定了"内幕信息的知情人员""内幕信息敏感期""内幕交易行为"等内幕交易犯罪的司法认定规则；同日，最高人民法院公布了黄某裕等内幕交易、泄露内幕信息犯罪和杜某库、刘某华内幕交易、泄露内幕信息犯罪两个典型案例，进一步为内幕交易司法实践提供引导。

表 1-1　证监会 2007—2019 年内幕交易案件处罚数量

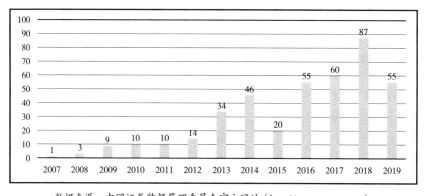

数据来源：中国证券监督管理委员会官方网站（http://www.csrc.gov.cn）

《刑法》上的内幕交易罪[①]，是指证券、期货交易内幕信息的知情人员或者非法获取证券、期货交易内幕信息的人员，在涉及证券的发行，证券、期货交易或者其他对证券、期货交易价格有重大影响的信息尚未公开

---

① 《刑法》第 180 条规定的内幕交易罪的行为，包括自行交易、建议他人交易和泄露内幕信息三种类型。在这三类行为的判定上，除客观行为方式表现不一外，其余需判定的犯罪构成要件是共通的。本文为了表述上的准确与精炼，仅讨论"自行交易"这一行为类型，这也是实践中内幕交易的主要行为类型。

前，买入或者卖出该证券，或者从事与该内幕信息有关的期货交易，情节严重的行为。

行为人从事内幕交易行为的完整链条，起始于内幕信息的形成确定，接着到行为人获悉该内幕信息，终于行为人基于该内幕信息进行与信息有关的证券期货交易。从内幕交易的行政执法和刑事司法实践来看，内幕交易行为的查处，最先被固定下来证据的往往是最后的"交易"环节。行为人被发现在内幕信息公开前存在与该内幕信息相关的交易，由该"异常"交易开始展开相关的调查取证，确定内幕信息的内容、形成和公开时间，调查行为人有无获悉内幕信息，有无获悉该内幕信息的渠道和可能。

如以传统犯罪构成四要件来理解本罪，"是否获取到内幕信息"是认定主体要件的关键，而"获取内幕信息"这一事实又在客观要件中有所体现；主观方面，行为人有无获取内幕信息的故意和有无利用内幕信息交易的故意是考查的重点，前者故意的判断发生在部分非法获取内幕信息的情形中，又与主体要件的认定有所重合；后者故意的判断，如果是内幕信息知情人员，则其主观上是否利用了内幕信息在司法实践中并非考察入罪与否的重点；如果是非法获取内幕信息的人员，在行为人对此予以否认的情况下，司法机关只能基于其他已查明的事实对此予以推定，行为人提出其交易未利用内幕信息，有其他正当理由或者正当信息来源的抗辩，是出罪的理由而非入罪的条件。此外值得一提的是，行为人利用内幕信息的认定，并非要求内幕信息是行为人作出交易决策的唯一因素，只要内幕信息对行为人的决定有影响，就属于利用了内幕信息；同时，行为人有无利用内幕信息获利或避免损失的主观故意，也不影响本罪的构成。客观方面包含前述是否获取内幕信息、是否利用内幕信息交易、是否交易异常、交易时间和交易量等；客体层面则是客观行为一经查证属实，客体要件自然成立。

因此，要准确认定行为是否构成本罪，从主体、客体、主观方面、客观方面犯罪构成要件角度来——罗列并不直观，且因各部分有所交叉梳理起来会略显混乱，笔者认为，将本罪归纳为内幕信息、内幕交易主体、交易行为三大要素来理解更为合适。这三大要素分别包含了数个理论与实务的争议点。本章概述内容，将围绕这三大要素，首先结合法律法规和学理研究观点，对本罪认定的重点难点作初步拆解。

第二节　犯罪构成

一、内幕信息

《刑法》第 180 条第 3 款规定，内幕信息的范围，依照法律、行政法规的规定确定。《证券法》^① 第 52 条、第 80 条、第 81 条以"定义+列举"的形式对内幕信息作了界定：一方面，内幕信息应具备"重大性"和"非公开性"两大特征；另一方面，《证券法》第 80 条第 2 款、第 81 条第 2 款所列"对证券市场价格有重大影响"的重大事件等属于内幕信息。具体为，《证券法》第 52 条规定，证券交易活动中，涉及发行人的经营、财务或者对该发行人证券的市场价格有重大影响的尚未公开的信息，为内幕信息。该法第 80 条第 2 款、第 81 条第 2 款所列"可能对上市公司股票交易价格产生较大影响"或"可能对上市公司债券交易价格产生较大影响"的重大事件等属于内幕信息。

《证券法》第 80 条第 2 款所称重大事件包括：（1）公司的经营方针和经营范围的重大变化；（2）公司的重大投资行为，公司在一年内购买、出售重大资产超过公司资产总额百分之三十，或者公司营业用主要资产的抵押、质押、出售或者报废一次超过该资产的百分之三十；（3）公司订立重要合同、提供重大担保或者从事关联交易，可能对公司的资产、负债、权益和经营成果产生重要影响；（4）公司发生重大债务和未能清偿到期重大债务的违约情况；（5）公司发生重大亏损或者重大损失；（6）公司生产经营的外

---

① 本文所涉《证券法》，除文中另有注明的外，均是指 2020 年 3 月 1 日施行的新《证券法》。

部条件发生的重大变化；（7）公司的董事、三分之一以上监事或者经理发生变动，董事长或者经理无法履行职责；（8）持有公司百分之五以上股份的股东或者实际控制人持有股份或者控制公司的情况发生较大变化，公司的实际控制人及其控制的其他企业从事与公司相同或者相似业务的情况发生较大变化；（9）公司分配股利、增资的计划，公司股权结构的重要变化，公司减资、合并、分立、解散及申请破产的决定，或者依法进入破产程序、被责令关闭；（10）涉及公司的重大诉讼、仲裁，股东大会、董事会决议被依法撤销或者宣告无效；（11）公司涉嫌犯罪被依法立案调查，公司的控股股东、实际控制人、董事、监事、高级管理人员涉嫌犯罪被依法采取强制措施；（12）国务院证券监督管理机构规定的其他事项。

第81条第2款所称重大事件包括：（1）公司股权结构或者生产经营状况发生重大变化；（2）公司债券信用评级发生变化；（3）公司重大资产抵押、质押、出售、转让、报废；（4）公司发生未能清偿到期债务的情况；（5）公司新增借款或者对外提供担保超过上年末净资产的百分之二十；（6）公司放弃债权或者财产超过上年末净资产的百分之十；（7）公司发生超过上年末净资产百分之十的重大损失；（8）公司分配股利，作出减资、合并、分立、解散及申请破产的决定，或者依法进入破产程序、被责令关闭；（9）涉及公司的重大诉讼、仲裁；（10）公司涉嫌犯罪被依法立案调查，公司的控股股东、实际控制人、董事、监事、高级管理人员涉嫌犯罪被依法采取强制措施；（11）国务院证券监督管理机构规定的其他事项。

此外，《期货交易管理条例》① 第81条第11项规定，内幕信息，是指可能对期货交易价格产生重大影响的尚未公开的信息，包括：国务院期货监督管理机构以及其他相关部门制定的对期货交易价格可能发生重大影响的政策，期货交易所作出的可能对期货交易价格发生重大影响的决定，期货交易所会员、客户的资金和交易动向以及国务院期货监督管理机构认定

---

① 本文所涉《期货交易管理条例》，除文中另有注明的外，均是指2017年3月1日施行的《期货交易管理条例》。

的对期货交易价格有显著影响的其他重要信息。

值得注意的是，新旧《证券法》①在具体列举"重大事件"的同时，将"国务院证券监督管理机构规定（或认定）的其他事项"作为兜底（旧《证券法》第75条第2款第8项、第67条第2款第12项/新《证券法》第80条第2款第12项、第81条第2款第11项）（以下简称"兜底条款"），但新旧《证券法》对"兜底条款"的表述有所不同。旧《证券法》采用的表述为"国务院证券监督管理机构认定的对证券交易价格有显著影响的其他重要信息"，新《证券法》的表述则是"国务院证券监督管理机构规定的其他事项"。"规定"即指事前有明确规定，如果实践中发生的某类可能构成"重大事件"的情形，法律及行政法规对该情形没有事前规定，则监管执法部门不能随意将其认定为"重大事件"。

新《证券法》中的"规定"，对监管执法部门自由裁量权作了一定限制。例如，在2013年8月16日发生的"光某证券乌龙事件"②中，证监会即适用旧证券法中的兜底条款，认定光某证券未及时披露的错单交易信息构成内幕信息。该信息如果按新《证券法》的规定，则难以认定为内幕信息。

二、内幕交易主体

《刑法》第180条规定，实施内幕交易的犯罪主体，包括证券、期货交易内幕信息的知情人员和非法获取证券、期货交易内幕信息的人员两类人员。

---

① 新《证券法》自2020年3月1日起施行；旧《证券法》自2014年8月31日起施行。

② 参见杨某波诉中国证监会行政诉讼案。该案二审法院审理认为，对于本案错单交易信息是否属于《证券法》和《期货交易管理条例》所规定的内幕信息问题。《证券法》第75条……该条第2款在列举与发行人自身相关的信息为内幕信息后，明确规定内幕信息还包括国务院证券监督管理机构认定的对证券交易价格有显著影响的其他重要信息……可见，不论在证券市场还是期货市场，重大性和非公开性都是认定内幕信息的重要标准。本案中，光某证券事发当日上午因程序错误以234亿元的巨量资金申购180ETF成分股，实际成交72.7亿元，可能影响投资者判断，对沪深300指数、180ETF、50ETF和股指期货合约价格产生重大影响，且该错单交易形成的错单交易信息直到当日14时22分才由光某证券发布公告予以公开。中国证监会根据《证券法》第75条第2款第8项和《期货交易管理条例》第82条第11项的规定，认定对证券市场和期货市场交易价格有重大影响且未公开的错单交易信息为内幕信息，并不违反《证券法》《期货交易管理条例》关于内幕信息界定的范畴。……杨某波关于中国证监会将本案错单交易信息认定为内幕信息超越法定解释权限以及不符合行政处罚法定和公开原则的主张，缺乏法律依据，本院不予支持。

（一）内幕信息知情人员的认定

新《证券法》第 51 条在旧《证券法》第 74 条的基础上对内幕信息知情人员的范围作了扩大，规定内幕信息的知情人员包括：（1）发行人及其董事、监事、高级管理人员；（2）持有公司百分之五以上股份的股东及其董事、监事、高级管理人员，公司的实际控制人及其董事、监事、高级管理人员；（3）发行人控股或者实际控制的公司及其董事、监事、高级管理人员；（4）由于所任公司职务或者因与公司业务往来可以获取公司有关内幕信息的人员；（5）上市公司收购人或者重大资产交易方及其控股股东、实际控制人、董事、监事和高级管理人员；（6）因职务、工作可以获取内幕信息的证券交易场所、证券公司、证券登记结算机构、证券服务机构的有关人员；（7）因职责、工作可以获取内幕信息的证券监督管理机构工作人员；（8）因法定职责对证券的发行、交易或者对上市公司及其收购、重大资产交易进行管理可以获取内幕信息的有关主管部门、监管机构的工作人员；（9）国务院证券监督管理机构规定的可以获取内幕信息的其他人员。2021 年 1 月 5 日，证监会发布的《上市公司监管指引第 5 号——关于上市公司内幕信息知情人登记管理制度的规定》，对《证券法》的上述规定作了衔接，在内幕信息知情人的范围规定的基础上，明确了内幕信息知情人档案登记和管理相关制度，规定董事长、董事会秘书等应当对内幕信息知情人档案签署书面确认意见；要求上市公司根据重大事项的变化及时补充报送相关内幕信息知情人档案及重大事项进程备忘录，进一步压实上市公司防控内幕交易的主体责任。

《期货交易管理条例》第 81 条第 12 项明确了内幕信息知情人员的含义："内幕信息的知情人员，是指由于其管理地位、监督地位或者职业地位，或者作为雇员、专业顾问履行职务，能够接触或者获得内幕信息的人员，包括：期货交易所的管理人员以及其他由于任职可获取内幕信息的从业人员，国务院期货监督管理机构和其他有关部门的工作人员以及国务院期货监督管理机构规定的其他人员。"

《最高人民法院、最高人民检察院关于办理内幕交易、泄露内幕信息刑事案件具体应用法律若干问题的解释》（以下简称《内幕交易司法解释》）规定，上述《证券法》第51条（原第74条）、《期货交易管理条例》第81条第12项（原第85条）规定的人员，属于本罪规定的"证券、期货交易内幕信息的知情人员"。《最高人民法院、最高人民检察院〈关于办理内幕交易、泄露内幕信息刑事案件具体应用法律若干问题的解释〉的理解与适用》（以下简称《理解与适用》）提出，《证券法》《期货交易管理条例》的兜底项均授予监督管理机构有权规定内幕信息的知情人员。在实践中理解和适用这两条的兜底项时，要将监督管理机构对内幕信息的知情人员的规定与具体案件中监督管理机构对内幕信息的知情人员的认定区分开来。监督管理机构对专业知识、经验的把握而出具的一种意见材料，既不是抽象行政行为，也不是具体行政行为，而只是一份刑事材料。①《理解与适用》同时指出，《内幕交易司法解释》未将发行人（上市公司）的控股股东、实际控制人控制的其他公司的董事、监事、高级管理人员通过发行人、上市公司的内部传阅文件获悉内幕信息的人员明确规定为内幕信息的知情人的缺漏，而上述人员可否被追诉为内幕交易知情人往往也是司法实践中常常被讨论的问题。

（二）非法获取内幕信息人员的认定

《内幕交易司法解释》第2条规定具有下列行为的人员应当认定为"非法获取证券、期货交易内幕信息的人员"："（1）利用窃取、骗取、套取、窃听、利诱、刺探或者私下交易等手段获取内幕信息的；（2）内幕信息知情人员的近亲属或者其他与内幕信息知情人员关系密切的人员，在内幕信息敏感期内，从事或者明示、暗示他人从事，或者泄露内幕信息导致他人从事与该内幕信息有关的证券、期货交易，相关交易行为明显异常，

---

① 苗有水、刘晓虎：《〈关于办理内幕交易、泄露内幕信息刑事案件具体应用法律若干问题的解释〉的理解与适用》，载《人民司法（应用）》2012年第15期，第17—26页。如无特别说明，在本章内，简称《理解与适用》。

且无正当理由或者正当信息来源的；（3）在内幕信息敏感期内，与内幕信息知情人员联络、接触，从事或者明示、暗示他人从事，或者泄露内幕信息导致他人从事与该内幕信息有关的证券、期货交易，相关交易行为明显异常，且无正当理由或者正当信息来源的。"根据上述规定，非法获取内幕信息的人员可概括为三类：一是"非法手段型"，即通过窃取、刺探等非法手段获取内幕信息；二是"关系密切型"，即与内幕信息知情人员关系密切，如内幕信息知情人员的配偶从知情人员处获取内幕信息；三是"积极联系型"，即在内幕信息敏感期内与内幕信息知情人积极、频繁的联系，基于联系探听到内幕信息。

首先须明确的是，这三类人员的认定要遵循一个总体的原则，即犯罪主客观统一原则，即认定行为人非法获取内幕信息，除要求其在客观上通过种种行为方式获取内幕信息，还要求其在获悉该信息时主观上明知该信息是内幕信息。分述而言：

对"非法手段型"人员，客观行为显然已蕴含了行为人明知是内幕信息且意图获取的主观故意，符合主客观相一致的原则。

对"关系密切型"人员，《内幕交易司法解释》的相关表述为"内幕信息知情人员的近亲属或者其他与内幕信息知情人员关系密切的人员"。首先要界定的是近亲属的范围问题。刑事诉讼法规定的近亲属范围只包括了配偶、父母、子女和同胞兄弟姐妹。但是根据《理解与适用》记载，"起草司法解释时，曾将近亲属先定为配偶、父母、子女，后来考虑到其他近亲属、兄弟姐妹、祖父母、孙子女等与配偶、父母、子女有同等便利条件，如果不加以规制，留给内幕交易行为人规避法律的空间会非常大。基于这一考虑，《内幕交易司法解释》将特定身份型非法获取内幕信息的人员范围扩展到内幕信息知情人员的所有近亲属"。再切换另一个角度，《内幕交易司法解释》将"内幕信息知情人员的近亲属"和"其他与内幕信息知情人员关系密切的人员"这种结合视为互为补充性的规定，可利用体系解释的方式将"近亲属"认定为"内幕信息知情人员的所有近亲属"。而在具体认定"其他与内幕信息知情人员关系密切的人员"上，则可以参照"利用影响力受贿"对于"关系密切人员"的规定，如此解释既符合法解释学的解释逻辑，同时又符合立法本意。关系密切相当于一个兜底条款，朋友、情侣这些都可以适用关系密切来解决构罪的犯罪主体问题。但是，具有近亲属或者关系密切的身份，并不当然就构成"非法获取内幕信息的人员"，必须满足"主客观一致"的前提，且须证实其有身份、有行为、行为异常、且无正当理由或正当信息来源。

对"积极联系型"人员，《理解与适用》指出，"主动联络、接触行为未必是非法的，但结合行为目的分析，行为人毕竟是从内幕信息的知情人员处获取不应该获取的内幕信息，因此其获取行为是非法的"，这一解读体现了对行为人"联络动机"的要求，即仍是落脚到主客观相一致原则，即不仅要求行为人客观上获取了内幕信息，还要求其主观上在与内幕信息知情人联络、接触的目的是获取内幕信息。

三、交易行为

《内幕交易司法解释》规定的"相关交易行为"包括三类交易行为：一是内幕信息的知情人员从事的与该内幕信息有关的证券、期货交易；二是非法获取内幕信息的人员从事的与内幕信息有关的证券、期货交易；三是被明示、暗示的人员从事的与内幕信息有关的证券、期货交易。

如前所述，行为人从事了"相关交易行为"往往是执法和司法实践中最先被固定下来证据的环节，本罪论证的难点并不在于交易环节本身，而在于"相关交易行为明显异常"的判定。《内幕交易司法解释》第 3 条明确了"相关交易行为明显异常"的判定标准，即"综合以下情形，从时间吻合程度、交易背离程度和利益关联程度等方面予以认定"，具体总结了七类情形和一项兜底。这七类情形，可以总结为六个交易"异常指标"，具体为：规定于第 3 条第 1 项的"交易使用资金账户异常"，即"开户、销户、激活资金账户或者指定交易（托管）、撤销指定交易（转托管）的时间与该内幕信息形成、变化、公开时间基本一致的"；规定于第 3 条第 2

项的"交易资金变化异常"，即"资金变化与该内幕信息形成、变化、公开时间基本一致的"；规定于第 3 条第 3 项、第 4 项的"交易时间异常"，即"买入或者卖出与内幕信息有关的证券、期货合约时间与内幕信息的形成、变化和公开时间基本一致的""买入或者卖出与内幕信息有关的证券、期货合约时间与获悉内幕信息的时间基本一致的"；规定于第 3 条第 5 项的"交易行为与其本身交易习惯背离"，即"买入或者卖出证券、期货合约行为明显与平时交易习惯不同的"；规定于第 3 条第 6 项的"交易行为与市场基本面信息背离"，即"买入或者卖出证券、期货合约行为，或者集中持有证券、期货合约行为与该证券、期货公开信息反映的基本面明显背离的"；规定于第 3 条第 7 项的"交易资金的进出反映出利益关联"，即"账户交易资金进出与该内幕信息知情人员或者非法获取人员有关联或者利害关系的"。

因此，《内幕交易司法解释》为判定行为人交易是否明显异常提供了六个"异常指标"，或者说是"异常信号"，而"要综合以下情形予以认定"，意味着并非行为人的行为符合这六大异常指标之一就能认定其交易明显异常，而须全面分析论证。

第三节　争议焦点与辩护要点

一、内幕信息的界定

在"概述"章节中，笔者对《刑法》《证券法》《期货交易管理条例》中内幕信息的界定作了总结。从上述规定来看，"涉及发行人的经营、财务或对该发行人证券的市场价格有重大影响"且"尚未公开"的信息属于内幕信息。由此，可总结出内幕信息应具备"重大性"和"非公开性"两个特征。

（一）对内幕信息应具备"重大性"的理解和适用

1. "重大性"的标准

不具备"重大性"特征的信息，不属于内幕信息。但"重大性"的标准，具体对应有《证券法》第 80 条第 2 款所列举的 12 项"重大事件"、第 81 条第 2 款所列举的 11 项"重大事件"以及对证券市场价格有"重大影响"可视为"重大性"的判断标准，而上述规定中只有《证券法》第 80 条第 2 款第 2 项、第 7 项、第 8 项，第 81 条第 2 款第 5 项至第 7 项有量化标准，以及第 80 条第 2 款第 9 项至第 11 项，第 81 条第 2 款第 4 项、第 8 项、第 10 项有具体判断标准外，其余均是采用"重大变化""重大损失""重大影响"这样的表述。究竟何为"重大"，没有一个法定的明确标准。

在我国证券法理论界，一直存在"价格敏感性标准"与"理性投资人标准"的讨论，前者认为相关信息要具有重大性则必须对证券价格有显著影响，后者则认为重大性的判断应当以相关信息是否很可能对理性投资者的决策产生重要影响为标准。单从《证券法》第 52 条第 1 款中的"概念"性规定来看，我国对内幕信息重大性的认定采取的是价格敏感性标准，认为相关信息要具有重大性则必须对证券交易价格产生重大影响；但从《证券法》第 80 条第 2 款、第 81 条第 2 款中的"列举"性规定、其他证券法律法规规定以及证监会执法和司法实践来看，实则采取的是以价格敏感性标准为主，以理性投资人标准为辅的模式。

第一，价格敏感性是关乎信息对证券价格是否具有重大影响，但该影响是基于理性投资者视角来判断的。

是否有重大影响，是以一般投资者的认知标准来衡量。一般投资者认为信息可能对证券市场价格产生重大影响，该信息即具备"重大性"。这里的"一般投资者"，可参考证监会在《证券市场操纵行为认定指引》（2020 年 10 月 30 日废止）第 19 条中所采取的表述，即指"具有一般证券市场知识的理性投资者"。该规定与《证券市场内幕交易行为认定指引》在 2007 年 3 月 27 日同日发布并生效，虽目前均已被废止，但仍可体现证监会多年执法过程中对具体内幕信息作出认定时所采取的评价标准。

之所以应以一般投资者、而非证券特定从业人员、具备专业证券知识人员的认知标准来衡量，其理由在于：其一，内幕交易的本质是持有内幕信息的人员滥用信息优势，从市场交易中获利进而损害了证券期货市场的公平秩序以及其他一般投资者的合法权益。内幕交易之所以被规定为违法犯罪，正是出于维护市场秩序和保护一般投资者的需要。其二，一般投资者作为证券交易市场的大多数投资者，虽然对信息的判断即使不够专业，但其基于判断而采取的投资决策，本身也可能导致证券交易价格产生重大波动。

第二，有必要以价格敏感性以外的"理性投资人"标准，辅助判断信息是否具备重大性。

《证券法》第80条第2款、第81条第2款所列举的内幕信息，其中某些事件自身就存在对该公司证券价格波动具有必然性影响的内幕信息，如公司合并、分立、解散、公司重大并购重组等，而有些信息却并不必然对公司证券价格产生重大波动的影响或只有一定影响甚至没有影响，如公司营业对主要资产的抵押、出售，公司债务担保的重大变更等。

证券交易价格是市场过往历史信息的反馈，对当下市场发生的信息反应不足，价格存在"滞后性"，立法者之所以将这些并不必然会影响证券交易价格的信息全盘纳入内幕信息的范围，正是考虑到信息影响价格的滞后性和一般投资者信息敏感度的不足，如果仅以价格敏感性标准去衡量信息重大性，将不足以实现保护普通投资者和预防内幕交易行为的立法目的。

第三，在证券虚假陈述案件中，对信息"重大性"的界定，亦采取的是价格敏感性和理性投资人两个标准；该虚假陈述信息与内幕信息中的重大性标准虽有所区别，但具备一定的参考价值。

《最高人民法院关于审理证券市场虚假陈述侵权民事赔偿案件的若干规定》（法释〔2022〕2号）第4条第1款规定："信息披露义务人违反法律、行政法规、监管部门制定的规章和规范性文件关于信息披露的规定，在披露的信息中存在虚假记载、误导性陈述或者重大遗漏的，人民法院应当认定为虚假陈述。"认定证券虚假陈述民事侵权责任时，要求行为人的虚假陈述、信息披露违法行为必须具备"重大性"。

该重大性的认定，从如下法律依据及审判实践来看，系采取价格敏感性和理性投资人两个标准：《全国法院民商事审判工作会议纪要》（《九民会议纪要》）第 85 条指出，"审判实践中，部分人民法院对重大性要件和信赖要件存在着混淆认识，以行政处罚认定的信息披露违法行为对投资者的交易决定没有影响为由否定违法行为的重大性，应当引起注意。重大性是指可能对投资者进行投资决策具有重要影响的信息，虚假陈述已经被监管部门行政处罚的，应当认为是具有重大性的违法行为。在案件审理过程中，对于一方提出的监管部门作出处罚决定的行为不具有重大性的抗辩，人民法院不予支持"；《最高人民法院关于当前商事审判工作中的若干具体问题》中指出，"证券案件的审理应当注意……重大性，是指违法行为对投资者决定的可能影响，其主要衡量指标可以通过违法行为对证券交易价格和交易量的影响来判断"；在"潘某等诉方正科技公司证券虚假陈述责任纠纷案"① 中，法院认为，在审查上市公司是否构成证券虚假陈述侵权时……审查的核心是未披露的信息是否属于重大事件，判断的标准应当是信息披露是否足以影响投资者的投资决策或市场交易价格。

2. 信息对证券市场价格的重大影响，只须"可能"产生，无须"实际"产生

一方面，旧《证券法》第 67 条所采用的是"发生可能对上市公司股票交易价格产生较大影响的重大事件"的表述；另一方面，第 67 条列举的属于内幕信息的"重大事件"，从逻辑上来看，上述列举只能是事前对可能影响证券价格的列举，不可能是对事后实际影响价格的具体信息的列举，故可以得出结论，上述对价格"有"显著影响，包含了"可能有"的情形，信息只须可能对证券市场价格有重大影响，就符合内幕信息"重大性"的要求。

---

① 案号：（2018）沪 74 民初 330 号、（2019）沪民终 263 号。

（二）对内幕信息应具备"非公开性"的理解和适用

1. 信息披露义务人的界定

根据《上市公司信息披露管理办法》（证监会令〔2007〕第 40 号）第 1 条规定，信息披露义务人包括"发行人、上市公司及其他信息披露义务人"；《信息披露违法行为行政责任认定规则》（证监会公告〔2011〕11 号）第 1 条规定，义务人包括"发行人、上市公司及其控股股东、实际控制人、收购人"等；而根据 2021 年修订的《上市公司信息披露管理办法》（证监会令第 182 号）第 62 条第 2 项规定："信息披露义务人，是指上市公司及其董事、监事、高级管理人员、股东、实际控制人，收购人，重大资产重组、再融资、重大交易有关各方等自然人、单位及其相关人员，破产管理人及其成员，以及法律、行政法规和中国证监会规定的其他承担信息披露义务的主体。"

《内幕交易司法解释》第 4 条第 3 款规定，"依据已被他人披露的信息而交易的"，不属于"从事与内幕信息有关的证券、期货交易"。他人，是指信息披露义务人以外的其他人。换言之，如果是根据信息披露义务人以外的其他人披露的信息从事股票证券交易，即使这一信息与之后上市公司披露的信息相同，行为人也可基于这一事由主张自己的行为不构成犯罪。

2. 公开的形式要件

《证券法》第 52 条规定内幕信息必须是"尚未公开的信息"，而要明确什么是尚未公开，就必须明确公开的形式和标准。我国对此采取的是"形式公开"的标准。《证券法》第 86 条规定，"依法披露的信息，应当在证券交易场所的网站和符合国务院证券监督管理机构规定条件的媒体发布"；《上市公司信息披露管理办法》（2021）第 8 条规定，"依法披露的信息，应当在证券交易所的网站和符合中国证监会规定条件的媒体发布"；《内幕交易司法解释》第 5 条规定，"内幕信息的公开，是指内幕信息在国务院证券、期货监督管理机构指定的报刊、网站等媒体披露"。

《内幕交易司法解释》第 4 条第 3 项规定的"他人披露"，亦是指信息披露义务人以外的其他人在证券交易所的网站和符合中国证监会规定条件的媒体以外的网站、报刊等媒体披露相关信息。同理，如果是其他人在非特定网站、媒体披露的信息促使行为人从事股票证券交易，即使从非特定网站、媒体获悉的信息与后来证券交易所的网站和符合中国证监会规定条件的媒体披露的内幕信息相同，行为人也可基于这一事由主张自己的行为不构成犯罪。

3. 行为人所获悉信息与最终公开信息的同一性问题

内幕信息的非公开性，是指信息不为一般投资者所知，或经合法渠道无法获取该信息。内幕信息应具备非公开性，意味着内幕信息要求"应当公开"。而关于该公开的内容，还可能涉及一个问题：如果行为人获悉的是 A 信息，最终公开的是 B 信息，此时 A 信息自始至终未公开，此时 A/B 信息是否属于内幕信息？

结合内幕信息"真实性"标准（具体将在下文展开论述），并以肖某庆受贿、内幕交易案①中的裁判观点为参考作如下分析。该案中，肖某庆获取的是"光某证券借壳北京化某上市"的信息，但后来光某证券并未借壳成功，最终借壳北京化某的是国某证券。法院认为：

第一，内幕信息必须是真实的，但对真实性的认定应当坚持二元标准，对于最终公开的内幕信息，应以相对真实为认定标准，即只要信息与指定报刊、媒体首次公开的信息基本一致，就应当认定信息具有真实性；对于因谈判失败或者公司高管人员故意违规不予披露等因素而最终未在指定报刊、媒体公开的内幕信息，应当以客观真实为认定标准，如果信息内容真实发生，就应当认定信息是真实的。本案光某证券与中某化就借壳北京化某上市的信息内容与客观事实相符，即便该信息未在指定报刊、媒体公开，也不影响该信息的真实性。第二，借壳公司的改变，并不影响内幕信息的认定。本案肖某庆通过职务行为获悉中某化启动下属公司让壳的计

---

① 最高人民法院刑事审判第一、二、三、四、五庭：《刑事审判参考（总第 85 集）》第 756 号指导案例，法律出版社 2012 版，第 21—27 页。

划，这一信息比较确定，而且最终转化为现实。肖某庆通过刺探获取光某证券正在与中某化谈判借壳重组事项的信息，并获取中某化所启动的下属公司为北京化某这一关键信息。该信息与客观事实相符，具有真实性，这一真实信息如果公开，对北京化某股票的价格和交易量具有重大影响。无论后来光某证券是否向北京化某借壳成功，也无论后来肖某庆的股票交易是利好还是利空，只要肖某庆获取光某证券与中某化谈判有关借壳北京化某上市的信息，并从事北京化某股票的交易，就齐备内幕交易罪的构成要件。至于光某证券与北京化某重组失败，国某证券向北京化某借壳成功，则属于另一内幕信息。

该案为最高人民法院汇编的《刑事审判参考》案例，具有实践指导意义。但就信息最终未公开，或最终公开信息与行为人获悉信息不一致的问题，该案中的裁判说理部分存在一定矛盾，一方面认定本案有两个内幕信息，一是肖某庆获悉的光某借壳上市的信息，二是最后公开的国某借壳上市的信息，那么两个信息对应的敏感期也应有所区分；另一方面又认定，只要借壳重组事项是确定的，借壳方是谁不影响内幕信息的认定，即将"光某借壳""国某借壳"视为是"同一个"信息，以"光某借壳"项目谈判时间作为内幕信息形成日期，以"国某借壳"公开时间为内幕信息公开日期，而只有按后者来认定，才符合本案的定罪逻辑。由此，该案中的裁判逻辑可总结为，行为人获取的光某证券与中某化谈判有关借壳北京化某上市的信息本身具有重大性、非公开性，属于内幕信息；最终是国某证券借壳上市，借壳公司的改变是内幕信息形成、发展的自然动态过程，不影响内幕信息和其形成时间的认定。

回到"A/B 信息是否属于内幕信息"的问题。行为人获悉 A 信息虽与最终公开的 B 信息内容并不一致，但 A/B 信息均系内幕信息动态发展过程中不同阶段下的信息，A/B 信息均属于内幕信息。"A 信息"实际上已经最终公开，符合内幕信息所要求的"非公开性"要件。因此，这一问题的落脚点，在于"一个信息在什么时候形成内幕信息"。如果信息已经形成内幕信息，则这个信息此后是发展成为 A 信息公开，还是继续从 A 信息演化成 B 信息才公开，均属于内幕信息。

在林某内幕交易行政诉讼案①［案号：（2019）京行申 1437 号］中，2017 年林某被山东证监会作出行政处罚决定，主要内容为：

（1）内幕信息形成和公开过程。杨某良为山东博某纸业股份有限公司（以下简称博某纸业）实际控制人。在杨某良授意下，2014 年 12 月 24 日晚，山东博某集团有限公司（以下简称博某集团）副总经理杨某召集某证券公司执行董事周某军、某律所合伙人王某青、博某纸业时任董事会秘书杨某栋一起讨论如何改善公司的融资环境，涉及引入优质项目实施定向增发、更换上市公司受到处罚的高管人员及“高送转”等事项。12 月 25 日，杨某等人将上述事项的初步讨论结果向杨某良汇报，讨论结果是准备尝试从外部寻找项目进行定向增发，并将“10 转 10”利润分配考虑作为备选方案。其后，杨某良安排杨某找增发合作项目。2015 年 2 月 19 日过后，因定向增发条件不成熟，增发工作搁浅。杨某良、杨某二人再次讨论博某纸业“10 转 10”利润分配方案，并决定尽快实施。2015 年 3 月 2 日，杨某良通知杨某栋、博某集团拟提议实施“10 转 10”利润分配的提案，后经博某集团、博某纸业履行相关程序，博某纸业于 3 月 4 日公告了上述利润分配预案。上述定向增发、利润分配事项属于旧《证券法》第 75 条第 2 款第 2 项规定的“公司分配股利或者增资的计划”。内幕信息形成于 2014 年 12 月 24 日。

（2）林某知悉内幕信息及交易“博某纸业”情况。2015 年 2 月 4 日下午，杨某栋到广州拜访广州市杉某投资管理有限公司（以下简称杉某投资），并参加了杉某投资举行的公司年会聚餐。晚餐结束后，林某及杉某投资总经理林某、吴某夫与杨某栋等人返回林某办公室一起聊天，聊天过程中，杨某栋提起公司可能会增发。2015 年 2 月 13 日至 4 月 13 日，林某利用“刘某”账户和本人账户买卖“博某纸业”股票。

---

① （2019）京 02 行终 858 号行政判决书；（2018）京 0102 行初 545 号行政判决书；中国证券监督管理委员会山东监管局〔2017〕4 号行政处罚决定书。

林某操作"刘某"账户及本人账户交易"博某纸业"共计获利3010097.14元。林某与内幕信息知情人杨某栋在内幕信息未公开前有接触，其操作的"刘某"账户资金变化、交易"博某纸业"股票情况与内幕信息形成、传递及公开过程基本一致，账户集中单一交易"博某纸业"股票行为明显异常。其行为构成内幕交易行为。

林某对上述行政处罚不服，向证监会提起行政复议，证监会决定维持被诉处罚决定。林某不服，向法院提起行政诉讼，对涉案内幕信息和其形成时间的认定等事实提出异议，一审法院经审理驳回了林某的诉讼请求，林某以"一审法院对内幕信息及敏感期认定错误"等事实认定错误为由向北京市第二中级人民法院提起上诉。二审法院对各方就涉案内幕信息及内幕信息敏感期认定的争议问题回应如下："'公司分配股利或者增资的计划'是《证券法》明确列举的内幕信息之一。"本案涉及的"定向增发"是指上市公司向特定投资者非公开发行股票的行为；"高送转"是指上市公司大比例送红股或大比例以资本公积金转增股票的行为，博某纸业2015年3月4日发布利润分配预披露公告中"以公司未来实施分配方案时股权登记日的总股本为基数，向全体股东每10股以资本公积金转增10股"，即为"高送转"的一种类型。因此，博某纸业定向增发、"高送转"等事项，均属"公司分配股利或增资计划"，该信息能够对公司证券市场价格产生重大影响，在其未公开之前，应当认定为内幕信息。林某诉称2014年12月24日谈话涉及的定向增发、"高送转"等信息不应认定为内幕信息，理由在于：第一，谈话中定向增发、"高送转"是一种概括性提法，没有具体计划和内容，更没有精确到"10转10"方案；第二，结合公司被处罚及发布退市警示公告等背景，2014年12月24日的讨论认为实施"高送转"并无意义且未得到公司董事长杨某良的同意，与其后公开的"10转10"方案并无关联。林某诉争的问题实际上是如何认定内幕信息的产生即内幕信息敏感期的认定起点问题，不影响对内幕信息性质的认定。故山东证监局在被诉处罚决定中认定博某纸业定向增发、"高送转"等事项属于内幕信息，认定事实清楚。

4. 利用从未公开过的信息进行证券交易，不构成"内幕交易"

"内幕信息"自始至终未公开过，能否构成内幕信息？内幕信息的"非公开性"是相对于内幕信息"必须（或必然）公开"而言的，如行为人因违规披露而最终未公开，并不影响内幕信息"本身"的认定（内幕信息已经形成），但必然将影响是否存在内幕交易的判定。

例如，行为人获悉 A 信息，A 信息符合《证券法》所列重大事件，但因上市公司违规未披露而未公开，此时 A 信息是否属于内幕信息？考查一个信息是否属于内幕信息，是看其是否符合《证券法》第 52 条、第 80 条、第 81 条等相关规定定义和列举的情形，如符合则内幕信息已经形成，形成即已构成内幕信息，不论最终有无公开或披露，均不影响其"形成"。《证券法》对内幕信息的形成和公开时间、即对应的内幕信息敏感期并未作规定，只明确了知情人员对内幕信息的保密义务，内幕信息敏感期是在刑法领域的《内幕交易司法解释》第 5 条中予以规定，而确定内幕信息敏感期的目的，在于判定是否存在内幕交易，只有在内幕信息敏感期内发生的证券交易行为才可能构成内幕交易。从《内幕交易司法解释》第 2 条第 2 项、第 3 项及第 3 条第 1 项至第 6 项相关规定也可看出，构成内幕交易罪，必须以存在"内幕信息敏感期"为前提。如果前述行为人获悉的 A 信息自始至终未公开，即使行为人利用 A 信息从事证券交易，行为人也可以此作为不构成"内幕交易"的抗辩事由。因为一个自始至终从未公开的内幕信息，意味着内幕信息敏感期无从判定；行为人的交易时间范围、交易是否异常无从判定；该信息对证券市场价格有无影响、影响大小也难以判定，行为人即使因交易获利或避免损失，也难以认定与该内幕信息相关。在此种情形下，对行为人的交易行为自然不应当以"内幕交易罪"来定罪处罚。因此，行为人利用"内幕信息"（A 信息）交易的行为，并不构成内幕交易罪。

（三）理论及司法实践中对内幕信息界定的其他标准

1. 内幕信息是否应具备"确定性"

我国现行法律法规中并未将"确定性"纳入内幕信息应具备的特征之

一。但从内幕信息现有的界定来看，信息确定的程度，将直接影响其"重大性"，缺乏确定性的信息，也将丧失其重大性。或许有人会考虑，依此逻辑，单独考查"重大性"就已经足够充分，何须再考查确定性？但确定性相比重大性而言，更有利于实操、更容易形成一个可量化执行的标准。例如，行为人获悉"公司近期拟并购""公司近期拟并购 A 公司""公司将在下月初并购 A 公司"，三个信息的重要程度、确切程度均依次升高。三个信息是否都能构成内幕信息？此时，单独以重要性这一特征来判断，或者说只要求内幕信息需具备重要性将有所不足。如以重要性来判断，上述三个信息，一般投资者是否均会认为属于重要信息？信息在类似情况下披露是否均会发生明显股价波动？对此不同认知水平下的投资者可能得出的结论将有所不同；而如果以确定性来判断，将已确定具体并购对象的信息认定为内幕信息，未确定并购对象的则不属于内幕信息，如此量化后的标准，则更有利于形成执法上的统一的标准。

"确定性"是指该信息能够表明相关重大事项已经进入实质操作阶段并具有很大的实现可能性，使一般投资者能够依据该信息对相关证券的价值重新估量并得出对证券价格产生影响的结论。内幕信息应具备"确定性"：

第一，行政执法实践和刑事司法案例中，对内幕信息的界定实则体现了确定性这一特征。

例如，在颜某明诉中国证监会证券行政处罚纠纷案[①]中，一审法院认为：并购重组型内幕信息从形成到公开，是一个动态、连续、有机关联的发展过程。当某事实的发生能够表明相关重大事项已经进入实质操作阶段并具有很大的实现可能性时，该事实的发生时点即为内幕信息的形成时点……本案中，2013 年 9 月下旬，利某股份董事长王某荣、董事长秘书张某波在民某证券钱某陪同下，在上海与上海漫酷郑某东进行了会面。根据在案证据，在会面商谈过程中，利某股份了解了上海漫酷的基本情况，双方就收购事宜初步表达了合作意愿，并决定继续推进该事项后续工作。

---

① 中国证券监督管理委员会〔2016〕79 号行政处罚决定书。

王某荣及郑某东分别为利某股份及上海漫酷重要决策人员，上述事实表明利某股份收购上海漫酷这一事项已经初步进入实质操作阶段并且具有较大的实现可能性。

再如，在杜某库、刘某华内幕交易案及刘某华泄露内幕信息案中，法院查明：杜某库获取的十四所拟收购、重组高淳陶瓷公司的信息属于内幕信息。2009 年 1 月，十四所为配合某市政府"再造十家百亿企业集团工程"项目的实施，做大做强其下属企业国睿集团，欲通过该地区一家上市公司进行资产重组实现借壳上市。2009 年 2 月初，十四所多方促进收购、重组高淳陶瓷公司股份，2009 年 3 月 6 日十四所草拟了《合作框架》，意味着十四所拟收购、重组高淳陶瓷公司借壳上市的工作基本确定。2009 年 4 月 20 日高淳陶瓷公司发布《关于公司重大事项停牌公告》，宣布公司控股股东正筹划重大资产重组事项，意味着收购、重组信息的公开。2009 年 2 月初至 4 月 19 日为该内幕信息的敏感期。该案对内幕信息的认定也体现涉及并购重组的内幕信息至少应具备有确切的相关重大交易主体（否则应认定形成时间为 2009 年 1 月确定拟借壳上市的时间），交易主体尚未确定，也就意味着"内幕信息"尚未形成，或者现有的信息尚不构成内幕信息。内幕信息从形成到公开往往经历多个环节：产生想法、寻求咨询、实地考察、调查询证、形成初步方案、双方高层磋商会谈、达成初步合作意向、董事会决议、监管部门批准、签订合同协议等。在这一过程中，交易情况不断发展、信息不断变化，相关信息在哪个时点开始具备确定性、重大性，才能认定为"表明相关重大事项已经进入实质操作阶段并具有很大的实现可能性"，从而认定内幕信息的形成时点。如行为人知悉该信息时，该信息尚处于很大的不确定性状态，则内幕信息尚未形成，当信息具有了确定性时，信息才有可能成为"内幕信息"。

第二，从域外法的相关规定上看，欧盟以及我国香港地区均将确定性纳入内幕信息所应具备的特征。

例如，欧盟在《反市场滥用条例》中规定，"假如信息表明一些可能会出现的经济状况或事件，在它已经具体到可得出一个关于这些经济状况或事件将会对价格带来影响的结论，那么此种信息将被视为具有确定性。在这方面就一个持续的过程来说，它将引起或导致：特殊的经济状况或特殊的事件、未来的经济状况或未来的事件和这个过程中与引起或导致这些未来的经济状况或未来的事件有关的中间步骤，可能被视为具有确定性的信息。一个持久的过程的一个中间步骤应视为内幕信息的话，是由于它本身满足了本条所指的内幕信息的标准"。

再如，根据我国香港地区《证券及期货条例》第 245（2）条、第 307A（1）条以及香港证监会的《内幕消息披露指引》规定，确定一项消息或资料是否构成内幕消息，需要看该项消息或资料是否同时满足三个条件：具体性、保密性、价格影响性。其中，具体性即为确定性。

2. 内幕信息是否应具备"真实性"

内幕信息应当具备"真实性"，对这一"真实性"，可从以下两个方面理解。第一，内幕信息必须真实发生，谣言、猜测和没有根据的信息不构成内幕信息；第二，信息真实的程度，是要求信息所涉的"主要事实"是真实发生的，并非信息所涉的"全部内容"均真实发生。

"主要事实"的界定，可参考我国刑法及相关司法解释中关于自首的认定。"被告人自动投案，如实交代主要犯罪事实"的构成自首，其中"主要犯罪事实"是指能够决定行为人的行为是否犯罪是构成此罪还是构成彼罪的定罪事实，以及对行为人的量刑有重大影响的特定事实。

"真实性"的界定，只要信息中"关于能决定该信息是否构成内幕信息"的"主干部分"真实、符合内幕信息"重大性"要件，其余"枝节部分"是否属实，就不影响真实性的认定。同样参考上述肖某庆受贿、内幕交易案中的裁判观点，如行为人知道某上市公司将收购 A 公司的信息，但该上市公司最终收购的是 B 公司，行为人所获悉的信息仍符合"真实性"要件。

在陈某生内幕交易案中，法院对涉案内幕信息的认定也体现了"真实性"的要求：……结合本案具体案情，可以认定创某科技注入资产事项具备内幕信息的法律特征：内幕信息应当是真实的信息。在某种意义上，证券市场就是信息市场，证券市场中各种信息是投资者投资决策的基本依据。所谓的"真实性"是指有关信息必须真实确切，任何谣传、猜测和无根据的信息都不是内幕信息，据此进行的交易也不能认定为内幕交易。也就是说，相关信息只要不是谣传或凭空想象，而是处于发展中事物的准确信息，尽管尚未实现，尚未构成事实，都应认定其具有真实性。就本案看，陈某生要将其控制的资产注入创某科技中，并非空穴来风，而是有资证实的信息。在案证据证实，陈某生早在 2007 年 2 月、3 月就有将其所持有的上海振某公司的资产注入创某科技的想法，并为此咨询了湘某证券的黄某；同时指令创某科技董秘李某联系券商，咨询资产注入的可行性方案；同年 4 月初，李某与华某国际的檀某见面，并就创某科技资产注入问题进行沟通，而后华某国际草拟了《创某科技再融资建议书》并以电子邮件形式发给李某；4 月 17 日，陈某生召集创某科技高管李某等人与华某国际的檀某、王某共同探讨资产注入方案，之后双方进行多次沟通、论证，并于 5 月 10 日就创某科技资产注入事项向证监会作了预沟通报告。由此可见，陈某生将其资产注入创某科技的计划付诸于实施、推进，该事项是确实存在的。陈某生之所以取消以定向增发方式注入资产的方案，是因为其所要注入资产的权属尚不清晰，且其本人及一致行动人违规购买创某科技股票等问题。创某科技资产注入事项最终未能实现并不影响此前内幕信息的确切存在。

3. 内幕信息是否应具备"相关性"

从《证券法》对内幕信息的定义和列举来看，内幕信息应具备相关性，即信息是与"发行人的经营、财务或者与发行人证券市场价格"相关的信息。该规定对于"相关"的范围实则并未作任何限定（如限定必须是上市公司自身内部事务），无论信息是有关上市公司（发行人）的经营财务内部事务，还是上市公司子公司、母公司、关联公司的事务，只要会影响相关证券价格，都能认定"相关"，其判定相关性范围的落脚点，仍是在是否能影响证券价格或引起价格波动。

同时，相关性的范围应排除如市场环境变化、政策变化、政局变动等外部因素信息、非与特定上市公司相关的特定信息（本案不属于此类情况）。这一类外部因素信息同样可能影响证券价格，但不应认定为内幕信息。一方面，其虽与上市公司相关，但不是与特定上市公司相关，而与诸如某特定行业的多家上市公司相关；另一方面，非与特定上市公司相关的信息可能构成"未公开信息"而不构成内幕信息。从刑法体系解释的角度，2009 年《刑法修正案（七）》中增加"利用未公开信息交易罪"作为第 180 条第 4 款，将利用未公开信息交易罪从内幕交易罪中剥离出来，规定了内幕交易罪与利用未公开信息交易罪两个不同罪名；《关于办理利用未公开信息交易刑事案件适用法律若干问题的解释》第 1 条明确列举了"内幕信息以外的其他未公开的信息"，包括下列信息：证券、期货的投资决策、交易执行信息；证券持仓数量及变化、资金数量及变化、交易动向信息；其他可能影响证券、期货交易活动的信息。从上述列举以及证券法对内幕信息的列举来看，未公开信息与上市公司管理本身无直接关联，而内幕信息则能体现与特定上市公司内部事务、经营管理、股权结构等的关联性。

从反向逻辑来看，会被证券监管部门或司法部门立案调查/侦查的案件，通常又是基于监管部门监测到有关于特定证券的异常价格波动、有异常交易的存在，即因发生了证券价格波动（被影响）的结果，再去倒推是什么信息致使其被影响，这一影响证券价格的"相关"性的因果链条在内幕交易调查过程中几乎是最先被确定下来的，因此，除外部因素信息外，辩方如果想要在内幕交易案件中，以相关性来否定某信息属于内幕信息，难以得到支持。

二、内幕信息形成时间的认定

根据上述司法解释规定，旧《证券法》第 67 条第 2 款所列"重大事件"的发生时间，第 75 条规定的"计划""方案"等的形成时间，应当认定为内幕信息的形成之时。影响内幕信息形成的动议、筹划、决策或者执行人员，其动议、筹划、决策或者执行初始时间，应当认定为内幕信息的形成时间。

（一）内幕信息形成时间应早于重大信息披露义务生成时间

该规定实质上是将内幕信息形成时间认定在相关重大信息披露义务生成的时间之前。其背后法理逻辑在于，上市公司重大事件、重大经营行为等是一个持续演进与不断发展的过程，相关信息在反映事件或者行为进程时具有多个发展阶段。在信息发展过程中，禁止从事内幕交易的时间起点，即信息具备重大性的时间，与应依法披露的信息具备重大性的时间，应适用不同司法判断标准——内幕信息形成时间应当早于开始具有披露重大信息义务的时间。因为较早地认定信息具有重大性而强制上市公司进行披露可能会损害上市公司利益（如在并购交易初期就要求对磋商情况进行披露，会刺激市场反应，导致投资者或投机者大量购买目标公司证券，从而推高收购成本，甚至造成交易价格所依赖的证券市场价格畸高而取消并购计划），或者误导投资者（如披露并购初期信息后，市场预期并购最终将会发生从而大量做多目标公司证券，但由于并购初期磋商远未涉及并购交易核心问题，在后续谈判中由于双方无法达成一致意见、执行困难等原因而出现并购失败，目标公司证券价格暴跌，投资者产生重大损失）。而在上市公司重大事件、经营行为发展阶段的早期就将反映事件内容的信息界定为重大信息，不仅与市场交易行为总是对信息进行提前反映的现实相契合，而且能够通过内幕信息形成时间的提前认定压缩内部人交易时间，相对有效地提高知情人员在未公开信息性质模糊的存续时间进行内部人员交易的成本。因此，实践中应确立内幕信息形成时间显著早于重大信息披露义务生成时间的基本原理。[1]

（二）不同知情人员应认定不同的内幕信息形成时间

根据上述司法解释规定，要将动议、筹划、决策或者执行初始时间认

---

[1] 谢杰：《内幕信息形成时间司法认定问题研究——以法释〔2012〕6号司法解释第5条为中心的刑法解析》，载《中国刑事法杂志》2013年第5期。

定为内幕信息形成之时、从而以该形成之时为限判定行为人交易过程是否异常，前提是行为人必须是影响信息形成的动议、筹划、决策及执行人员。之所以限定该前提，是因为不同知情人员知悉内幕信息的时间不同，也就是对于不同知情人员，对其限定内幕信息敏感期的起算时间、即内幕信息形成时间应不同。内幕交易犯罪的本质在于内幕人员利用知悉的内幕信息，提前预测相关证券、期货的交易价格趋势而做出买卖行为，其破坏了证券期货市场公平、公开、公正的基本规则，扰乱正常交易秩序，对其他未掌握内幕信息的股民间接造成财产损失。因此，对不同的内幕人员，内幕信息确定的时间应有不同，认定内幕信息的形成时间应立足实质，从内幕人员所处的职位、对相关信息的影响力等因素出发，站在内幕人员的立场判断内幕信息的形成时间点。

对于外围的内幕信息知情人员，即采取非法方式获取内幕信息的人员，由于其不存在了解内幕信息进展情况的职权，也无法通过内部信任关系佐证其对内幕信息的确信，只有在其看到确切的书面文件之后才有理由相信该消息为真实，并基于这种相信作出买卖决定，才能认定其系利用内幕信息交易，而不是一种大胆的博弈或专业判断。此类人员相比内幕信息的核心人员并不具备信息资源优势，对其禁止交易的义务应相对内幕信息核心人员而言适当放宽，如将其内幕信息敏感期自重大决议形成书面文件之日起算。

而对于内幕信息核心人员，即影响内幕信息形成的动议、筹划、决策或者执行人员，由于其左右、决定了该信息的形成、发展直至最后确定，"窥一斑而知全豹"，其在初始阶段即可清晰预判形势和走向并根据预判作出交易决定。此类人员无疑占据了绝对的信息资源优势，其禁止交易的义务要求更高、时间范围更广，因而对此类人员内幕交易的禁止时间应从内幕信息相关的动议、筹划、决策作出或执行的初始时间起算。

这一"动议、筹划、决策或者执行初始时间"标准看似明确，实则宽泛，究竟是以动议、筹划、决策、执行中的哪一个的初始实践为形成之时？动议又具体是什么动议，筹划又应指向筹划到哪一步，是筹划筛选交易对手，还是确定好交易对手后筹划方案？

（三）内幕信息形成时点应为该信息能表明相关重大事项已经进入实质操作阶段并具有很大实现可能性之时

判断内幕信息的形成时点，实则是判断一个信息在生成、发展、变化、确定过程中，该信息何时具备了内幕信息应具备的各项特征。正如前文中关于内幕信息"确定性"界定中所述，当某信息"能够表明相关重大事项已经进入实质操作阶段并具有很大的实现可能性，使一般投资者能够依据该信息对相关证券的价值重新估量并得出对证券价格产生影响的结论时"，该信息的发生时点即为内幕信息的形成时点。这一标准虽仍然宽泛，但比起"动议、筹划、决策或执行初始时间"的标准而言，既符合内幕信息的应有之义，同时也更为具体、更具可操作性。当然，这一标准并未被法律法规明文规定，仅在部分理论研究中提出过此类主张，例如，《人民检察》杂志与上海市检察院第一分院遴选典型案例，共同邀请有关专家，曾就内幕交易疑难认定问题进行深入研讨，所形成的检察实务研究文章中，引用了同济大学法学院教授金泽刚"对于内幕信息形成之时的认定，应体现出相关重大事项已经进入实质操作阶段并具有很大的实现可能性"的主张。[①]

再进一步而言，什么样的信息能表明相关事项"已经进入实质操作阶段并具有很大实现可能性"，是否能总结出一个更确切的"事件信号"？例如，上市公司重大重组类的内幕信息形成时间，能否统一认定为上市公司选定交易对手之时，或上市公司确定具体重组方案之时，或交易双方达成初步意向之时，或双方签订书面合作文件（合作备忘录等）之时？内幕信息涉及有上市公司重大资产重组、重大投资、公司股权重大变更、利润分配方案、定期报告披露等多种类型，不同类型内幕信息具有不同的生成和发展规律，判断不同类型信息何时形成为内幕信息，必然对应有不同的"事件信号"。

---

① 杨赞：《内幕交易、泄露内幕信息行为疑难认定》，载《检察日报》2017年5月4日，第3版。

（四）不同类型内幕信息形成时间的"事件信号"

1. 并购重组类内幕信息

从当前行政执法实践和司法实践来看，上市公司并购重组①环节是内幕交易行为的高发地带。原因不难想象，上市公司并购重组交易往往涉及包括交易双方、上市公司董事会、股东大会、第三方独立财务顾问、律师事务所、会计师事务所相关人员在内的众多参与方，筹备工作众多、操作流程复杂、持续时间较长，相关内幕信息的保密难度相较其他类型的内幕信息而言更高，内幕信息被泄露、传递的风险也更高。

并购重组类内幕信息的形成时间，应认定为不早于并购重组交易双方确定之时。判断并购重组类内幕信息形成的"事件信号"，即在并购重组交易中，从制定战略、选择对象、制订方案、开展评估、磋商谈判、合同签约等整个从提出动议到最终实施落地的过程中，具体发展至哪一步或发生什么"事件信号"时，就意味着该并购重组事项已经进入实质操作阶段且具有很大实现可能性。从并购重组事项的本身逻辑、结合内幕信息应具备特征和相关司法实践，该标准宜认定为不早于并购重组交易双方确定之时。②

第一，接触交易对手≠确定交易对手。

从并购的核心本质内容来看，其本质是上市公司股东或其实际控制人与特定交易对手之间的资产交易，股东或实际控制人出让部分股份或者整体退出上市公司，交易对手方支付对价。具有并购意向的公司一般只有在互相直接接触或者通过投行等中介机构协助接触的基础上才有可能确定拟

---

① 并购重组并无明确的法律概念，通常理解，上市公司并购重组主要包括控制权转让（收购）、资产重组（购买、出售或置换等）、股份回购、合并、分立等对上市公司的股权控制结构、资产和负债结构、主营业务及利润构成产生较大影响的活动。并购（收购）主要涉及公司股权结构的调整，其目标大多指向公司控制权变动，核心内容是"股东准入"，重组则主要涉及公司资产、负债及业务调整，其目标是优化公司的资产规模和质量、产业或行业属性，核心内容是"资产业务准入"，但是，自出现以股权类证券作为交易支付手段后，两类"准入"可通过一项交易同时完成，因此二者之间的界限逐渐模糊（重组上市/借壳）。

② 该观点及下述相关说理论述部分，参见谢杰：《内幕交易司法解释的理论分析与实践应用》。

交易对象并进行初步磋商。从逻辑上分析并购交易的行为过程，接触事实发生在前，交易主体确定在后。因此，原则上不能认为处于"过于初始阶段的接触信息"① 具有重大性。因为目标公司与收购方的管理层均极有可能在接触之后直接否定展开初步磋商必要，即排除对方成为拟交易对手。并购的自然过程通常最先表现为寻求收购或者被收购的行为，即收购方（被收购方）或者其委托的公司官员主动接触被收购方（收购方），在基本排除接触环节相关事实所形成的信息具有重大性的前提下，后续环节中的被接触方的反应对信息重大性认定显得极为关键。一旦被接触方开始对主动接触方的收购提议表现出部分认同倾向，可认定交易主体已经确定，也才可认定为该事项"具有很大实现可能性"。因此，并购拟交易双方到位或确定之时，可认定为内幕信息形成。

第二，何为交易双方到位，可区分如下几种情形来讨论：

第一种情形是由上市公司本身决定启动并购，这种资产交易实际上是上市公司控股股东或实际控制人选择特定对手及其提出的方案，退出上市公司并获取对价的交易过程。上市公司控股股东或实际控制人对于是否进行资产重组具有主动性与选择性。在其通过并购可行性论证等确定主要交易对手的方案时，并购对手方已经处于相对确定状态，可以认为拟交易主体就位。例如，在李某红等内幕交易、泄露内幕信息案②中，在实际控制人为国有资本投资主体的情况下，所谓的初步磋商实际上等同于并购计划向行政负责人进行汇报。该案中上市公司控股股东（集团公司）系国有资本控股，集团公司的重大资产处置须经行政审批，集团公司董事长向市委书记汇报重组方案并取得支持之时被认定为内幕信息形成时间。该案经审理查明，被告人李某红，原系某地市委副书记、市长。被告人谭某中，原系中山某公用事业集团股份有限公司董事长。2006 年年底，中山某公用科

---

① Mill Bridge V, Inc. v. Benton, 2010 WL 5186078（E. D. Pa. 2010）. 该案所涉及的信息由于处在过于初始的并购接触阶段而被法院认定为不具有重大性。

② 最高人民法院刑事审判第一、二、三、四、五庭：《刑事审判参考（总第 83 集）》第 735 号指导案例，法律出版社 2012 版。

技股份有限公司（以下简称科技公司）的控股股东中山某公用事业集团有限公司（后更名为中山某公用事业集团股份有限公司，以下简称集团公司）筹备集团公司整体上市。谭某中将集团公司整体资产注入科技公司的构思告诉郑某龄（原系中山某公用事业集团有限公司总经理助理），共同研究资产重组的可行性。2007年6月11日，谭某中向陈某楷汇报了拟将集团公司优质资产注入科技公司实现集团公司整体上市的计划。陈某楷表示同意，并要求李某红具体负责此事。后谭某中即要求郑某龄准备好有关集团公司重组科技公司并整体上市的材料，并于6月26日向李某红全面汇报了公司整体上市的情况。2007年7月3日，李某红、谭某中、郑某龄等人向中国证监会汇报了科技公司重大资产重组的初步方案。法院认为，在司法实践中，一般是将旧《证券法》第75条规定的"重大事件""计划""方案"等正式形成的时间认定为内幕信息形成之时。然而，对于影响内幕信息形成的决策者、筹划者、推动者或执行者，其决意、筹划、推动或者执行行为往往影响内幕信息的形成，足以影响证券期货交易价格。因此，上述人员决意、决策、动议或执行之时应认定为内幕信息形成之时。就本案而言，谭某中于2007年6月11日向当地市委书记陈某楷汇报了科技公司资产重组的方案，陈某楷明确表示支持科技公司资产重组的方案，这表明科技公司资产重组的方案在6月11日已基本确定。事实上，科技公司股票从该信息形成后直至公告停牌前、复牌后，市场价格不断持续上涨，因此2007年6月11日应当认定为内幕信息形成之时。2007年7月4日，科技公司发出公告，称公司近期讨论重大事项，该内幕信息公开。因此，2007年7月4日应当认定为内幕信息敏感期的公开时。再如，在冷某伟内幕交易行政处罚一案①中，证监会将上市公司确认将开展重组保壳工作、并向实控人汇报只能通过招投标让第三方进行重组之日认定为内幕信息形成之时。证监会查明，2016年2月，某热电股份有限公司（以下简称ST热电）财务部根据董事长杨某贤指示，对2016年度公司全年经营效

---

① 中国证券监督管理委员会〔2019〕28号行政处罚决定书。

益进行摸底测算，发现公司 2016 年仍会亏损。财务总监黄某 1 向杨某贤作了汇报，认为必须尽快进行重组，并建议杨某贤和总经理伍某向抓紧和股东深圳市某能源集团有限公司（以下简称能源集团）、深圳市 A 实业有限公司（以下简称 A 实业）、深圳市国资委进行沟通。2016 年 2 月初，时任能源集团总经理王某农带领能源集团证券事务代表周某晖、伍某向前往深圳市国资委汇报 ST 热电经营情况，希望能开展重组保壳工作，深圳市国资委表示同意，但对于重组对象要求优先考虑能源集团自身和深圳市国资系统，其次考虑第三方参与重组。2016 年 3 月初，杨某贤向王某农及 A 实业董事长张某泉汇报了 ST 热电 2014 年、2015 年连续亏损的情况，表示 2016 年仍扭亏无望，2016 年 ST 热电的重中之重是重组保壳。王某农、张某泉二人均表态要开展重组保壳工作。2016 年 3 月 23 日，ST 热电就重组问题开会，内容是根据公司财务状况，要抓紧时间开展重组工作。2016 年 3 月 31 日，周某晖、伍某向一起向深圳国资委副主任张某沙汇报，由于大股东能源集团靠自身无法重组 ST 热电，国资系统也没有合适资产，只能走招投标让第三方进行重组这条路。汇报完后，深圳市国资委让伍某向做好重组准备工作，并准备一份相关材料报深圳市国资委。当时汇报在场人员有深圳市国资委资本运作处时任副处长任某、黄某 2 等。2016 年 4 月 1 日，伍某向主持召开 ST 热电办公例会，会上提出不重组就要退市，开始启动公司下属企业资产和股权转让工作的相关调研，准备资产重组、资产评估和转让工作，参会人员包括公司整个管理层、各部门一把手、各二级公司一把手，冷某伟、李某、黄某 1 等人出席……2016 年 5 月 31 日早上 8 时许，ST 热电伍某向接到任某电话通知要求停牌，6 月 1 日 ST 热电发布重大事项停牌公告，6 月 15 日发布公告确认重大事项为重大资产重组事项。6 月 22 日发布《重大资产重组停牌进展公告》，称 6 月 15 日已向意向重组单位发出了《意向重组方邀标书》。证监会认为，2016 年 ST 热电开展以保壳为目的的重大资产重组事项，该信息属于旧《证券法》第 75 条第 2 款第 8 项规定的内幕信息。内幕信息形成于 2016 年 3 月 31 日，公开于 2016 年 6 月 15 日。ST 热电伍某向、冷某伟等人为内幕信息知情人。

第二种情形是上市公司与并购交易对手方为同一主体实际控制，则相关并购交易双方的接触、确定、启动初步磋商等都是实际控制人的主观意志，客观上难以分理出明显且独立的选择、确定交易对手的事实，只能将内幕信息形成时间顺位推移至与之相隔最近的时间节点——实际控制人、上市公司及相关资产管理人员、证券交易中介等初步磋商的开始时间。实际控制人全局主持下的并购重组本质上是将其本人实际控制的其他资产与上市公司资产之间的再度配置，实际控制人之外的行为主体进行动议或者筹划，其确定性存在很大的疑问，而实际控制人本人的动议或者筹划，很大程度上是一种主观性的思考，一般不具有外部的、直观的表征。因此，只有在客观化的初步磋商启动时才能确认实际控制人控制下的上市公司的交易对手方，这种认定结论的规则依据仍然是并购重组的交易主体到位。例如，在陈某生内幕交易罪案①中，上市公司资产重组交易双方都处于单一行为主体的实际控制之中，重组是否进行完全取决于实际控制人的意志，故陈某生会同创某科技高管以及证券中介商讨资产注入方案之日被认定为内幕信息的形成时间。该案中对于辩护人提出的证监会出具的《认定函》所确认的价格敏感期缺乏事实和法律依据的辩护意见，法院认为，对价格敏感期的认定，不同案件认定的依据应有所区别。在"某钢构"内幕交易案中，由于内幕信息属于双方的法律行为，所以证监会是以谈判双方就项目的价格、数量、工期等内容基本达成一致意见之日，作为"内幕信息形成日"。而在"广某证券"内幕交易案中，证监会则以广某证券内部制作《广某证券股份有限公司借壳上市》方案，确定以辽宁时代、延边公路为备选壳的借壳上市方案之日为"内幕信息形成日"。该二案均以证监

---

① （2009）厦刑初字第 109 号／（2010）闽刑终字第 398 号（二审上诉人撤回上诉）。判决结果：被告单位上海祖某公司的董事长陈某生为了单位利益，利用其担任创兴科技董事长和实际控制人的身份，在组织、推进创兴科技以定向增发方式注入资产事项尚未公开前，决定以上海祖某公司的资金买卖创兴科技股票共计 6226724 股，交易金额合计 83371645.10 元，账面盈利数额达 19153010.40 元，情节严重，上海祖某公司行为已构成内幕交易罪。判决如下：一、被告单位上海祖龙景观开发有限公司犯内幕交易罪，判处罚金人民币一千九百一十五万三千零一十元四角。（罚金应于本判决发生法律效力的第二日起三十日内缴纳。）二、被告人陈某生犯内幕交易罪，判处有期徒刑二年，缓刑二年。

会认定的起始时间为标准。具体到本案中，证监会《认定函》对价格敏感期的确认是客观合理的，应予以采信。理由有：首先，创某科技实际控制人将其控制的资产注入上市公司的事项，依其发展过程包括计划、接触、磋商和协议四阶段。陈某生作为创某科技的实际控制人和上海振某公司的控股股东，从公司治理结构看，有权决定将其所控制的上海振某公司的资产注入创某科技，其单方法律行为就足以引起创某科技股票波动。因此，陈某生于 2007 年 4 月 17 日召集创某科技高级管理人员李某等与华某国际的檀某等就资产注入事项进行磋商，该行为涉及公司股权结构的重大变化，已足以影响到理性投资者的投资行为，直接会对创某科技股票的市场价格产生重大影响，所以从当天起，内幕信息便已然形成。其次，创某科技股票在此一时间段内股价不断上涨，从 4 月 17 日收盘价 9.27 元上涨到 5 月 8 日的收盘价 16.54 元；而同期股指数从 3611.87 点上涨到 3950.01 点，其股价波动情况比同期指数波动明显异常，这也足以说明该信息对创某科技股票价格产生了重大影响。因此，证监会将 2007 年 4 月 17 日认定为本案价格敏感期的起始日，并确认价格敏感期从 2007 年 4 月 17 日起至 5 月 9 日止，具有事实依据。辩护人提出的此节辩护意见，理由不足，不予采纳。

第三种情形是由非公众公司拟收购上市公司以借壳上市，则相关并购交易的主动性集中于今后可能控制上市公司的母公司，非公众公司通过方案论证等选定借壳上市的壳资源，意味着其后续采取的措施单方面即可影响上市公司股价，故确定壳公司就代表并购重组的交易双方已经确定。

笔者整理了如下 10 个 2020 年至 2021 年中国证监会作出的涉并购重组类内幕交易行政处罚案例。在这 10 个案例中，除案例一是在重组对象尚在上市公司初步筛选阶段、还未确定之时即认定内幕信息已经形成，其余 9 个案例均是认定内幕信息形成时间为交易双方确定之时或之后，如确定交易双方高管正式会面达成合作意向之时、论证分析重组方案之时、重组方案初步形成之时、准备启动尽职调查之时、双方签署框架协议之时、向有关政府部门请示之时，等等。

表 1-2 中国证监会内幕交易行政处罚案例（并购重组类）

序号	文号	内幕信息	内幕信息形成时间	形成时间节点发生事项
1	〔2021〕46 号	重大资产重组（乐通股份筹划收购中科信维 100% 股权）	初步筛选重组对象之时－不晚于 2018 年 7 月 18 日	2018 年 6 月，赵某告知周某科中科信维收购 PCPL 事项已经谈妥且进入签署相关协议阶段。周某科表示希望待中科信维收购 PCPL 成功后，由乐通股份收购中科信维。赵某表示会把乐通股份置于备选名单中。双方就乐通股份收购中科信维一事继续保持沟通。 2018 年 7 月 18 日，中科信维与 MTPL 正式签署《股份购买协议》后，赵某委托中天国富证券有限公司（以下简称中天国富）启动筛选上市公司实现资本退出的工作，并推荐了乐通股份。 2018 年 8 月 7 日，中天国富根据中科信维的要求筛选出包括乐通股份在内的 10 家上市公司。2018 年 8 月 15 日上午，乐通股份、中科信维、中天国富相关人员在深圳见面商谈，达成了乐通股份与中科信维资产重组的合作意向。这次会面以后，中天国富项目组开始了并购重组的材料准备工作。
2	〔2021〕9 号	重大资产重组（齐翔腾达收购华立新材料 51%-100% 股份）	确定收购方案之时－不晚于 2018 年 3 月 7 日	2018 年 2 月 25 日，车某聚通过手机微信向公司实际控制人雪松控股集团有限公司（以下简称雪松控股）董事局主席张某请示收购事宜，并发送了文档《菏泽华立新材料有限公司简介》，同时建议时任雪松控股副总裁韩某赴齐翔腾达组成专门小组尽快谈判。张某同意了该请示，并安排韩某负责华立新材料项目，时任雪松控股投行部总经理陈某跟进。 2018 年 3 月 7 日，祝某茂、焦某到上海与陈某建、陈某忠见面，正式讨论齐翔腾达收购华立新材料股份的细节以及工作安排。此次谈判确定了齐翔腾达收购华立新材料 51% 以上股权，华立新材料估值 15 亿-20 亿元，至于是否需要增资再考虑。2018 年 3 月 8 日，祝某茂、焦某返程后向车某聚汇报了谈判情况，车某聚要求继续推进该项目，同时表示会向雪松控股汇报。

续表

序号	文号	内幕信息	内幕信息形成时间	形成时间节点发生事项
3	〔2021〕12 号	重大资产重组（广州基金拟收购爱建集团）	提交收购请款指示（已确定收购对象及方案）之时－不晚于2017年1月18日	2017年1月18日前，广州产业投资基金管理有限公司（以下简称广州基金）董事长韩某、华豚（集团）有限公司（以下简称华豚集团）实际控制人钱某伟、广州汇垠天粤股权投资基金管理有限公司（以下简称汇垠天粤）董事长兼总经理闵某与顾颉经过多次商谈，敲定由华豚集团、广州基金、顾颉一起增资华豚企业，并通过华豚企业收购爱建集团的方案。 1月18日，汇垠天粤投后管理部向公司董事会提交了《关于向广州科技金融创新投资控股有限公司（以下简称科金控股）提请10亿元资金授权开展上市公司股权收购事项的请示》（以下简称《请款请示》），其中明确资金用于收购某上市公司，为保密起见暂不披露具体标的。 1月19日，汇垠天粤董事会通过《请款请示》，并上报审批。1月20日，科金控股董事会通过《请款请示》。
4	〔2021〕17 号	重大资产重组（吸收合并白药控股）	确定重组对象、确定开始研究重组方案之时－2018年6月28日	2017年6月，云南白药控股有限公司（以下简称白药控股）完成混合所有制改革，混改期间至2018年6月，由于同业竞争、混改资金闲置等问题，白药控股董事长、新华都董事长陈某树有意推动白药控股与云南白药合并，但云南省人民政府国有资产监督管理委员会（以下简称云南省国资委）认为条件不成熟，故未参与也未授意其他方推进吸收合并。 2018年6月28日，云南省国资委主任罗某斌、副主任谢某华前往云南白药调研。白药控股总裁、云南白药董事长王某辉，白药控股副总裁杨某红，白药控股副董事长汪某，向罗某斌、谢某华提起吸收合并事项。罗某斌、谢某华了解相关情况后，认为合并时机已经成熟，可以开始启动前期工作，并决定让中国国际金

续表

序号	文号	内幕信息	内幕信息形成时间	形成时间节点发生事项
				融股份有限公司（以下简称中金公司）提前介入。当天调研结束后，王某辉向陈某树汇报与云南省国资委的沟通情况。同日，谢某华、汪某分别与中金公司投资银行部执行总经理王某联系，表示可以开始研究吸收合并方案。当天晚上，汪某与中金公司项目组人员见面沟通吸收合并事项。 2018年6月29日，陈某树、白药控股监事陈某辉前往云南白药与王某辉、杨某红沟通吸收合并事项。当天陈某树、汪某交流了与云南省国资委的沟通情况，提出适时择机召开董事会讨论吸收合并事项。王某当天前往云南白药与王某辉、杨某红讨论吸收合并方案。
5	〔2020〕109号	重大资产重组（东方钽业拟收购西材院的事项）	确定重组对象、初步论证方案之时-不晚于2017年12月13日形成	2017年12月11日，提供资料、论证可行性；2017年12月13日，王某、郝某、马某前往中色东方商谈重大资产重组事宜，初步论证将西材院注入东方钽业的方案。其他与会人员包括李某光、牛某刚及广发证券杨某建等人；2017年12月29日，二次商谈重大资产重组，讨论广某证券提出的初步方案要点和注意事项。
6	〔2020〕58号	重大资产重组（海陆重工重启发行股份及支付现金购买江南集成股权）	联系对收购对象作尽职调查之时-2016年12月25日	2016年12月中旬，潘某华联系朝希投资的惠某玉，目的还是想找合适的项目注入海陆重工。2016年12月22日，海陆重工和朝希投资签订了《战略合作协议》，委托朝希投资为其提供兼并收购等财务顾问及投资咨询服务。自2016年5月至调查时止，朝希投资只给海陆重工介绍了江南集成这一家标的公司。同日，惠某玉将江南集成的《利润表》《资产负债表》以及通过国浩律师（南京）事务所（以下简称国浩律所）取得的《法律尽职调查报告》发送给申万宏源证券承销保荐有限责任公司（以下简称申万宏源）。

续表

序号	文号	内幕信息	内幕信息形成时间	形成时间节点发生事项
				2016年12月25日，申万宏源保荐代表人蔡某电话联系惠某玉沟通江南集成尽职调查的时间，惠某玉遂致电吴某文告知其将派券商和律所去江南集成做尽职调查。 2017年1月4日，为准备券商进场尽职调查，江南集成吴某文在公司的工作例会上要求各项目负责人"所有文件夹在券商进场前做好相应的目录"。2017年1月11日，申万宏源到江南集成进行尽职调查。同日，国浩律所到江南集成做合规梳理。
7	〔2020〕102号	重大资产重组（天通股份拟现金竞买成都亚光75.73%股权）	双方确定重组意向，可进一步商谈之时-不晚于2016年5月3日	在4月中下旬成都永和顺和成都第三实业公司通过股东会决议组成竞买联合体拟受让欣华欣58.2%股权后，2016年5月3日，羊某文通过电话告诉潘某清可以去成都出面商谈成都亚光重组事宜。2016年5月20日，潘某清、刘某、郑某彬等人前往成都和羊某文商谈具体细节并与成都工业投资集团有限公司副总经理马某兵沟通。2016年5月21日，羊某文安排潘某清一行对成都亚光进行参观考察。
8	〔2020〕48号	重大资产重组（上海临港此次重组事项）	论证分析重组方案之时-2015年12月21日	2015年11月18日，上海临港控股股份有限公司（以下简称上海临港）借壳上海自动化仪表股份有限公司（股票名称"自仪股份"）上市。为兑现其关于避免同业竞争的承诺，上海临港经济发展（集团）有限公司（时为上海临港控股股东的母公司，以下简称临港集团）于12月开始酝酿、筹划对上海漕河泾开发区经济技术发展有限公司（临港集团下属园区开发运营主体，以下简称浦江公司）的一、二级土地开发业务的评估、剥离方案，临港集团时任总裁、上海临港时任董事长袁某华决定由临港集团投资发展部、财务金融部牵头启动相关工作。

续表

序号	文号	内幕信息	内幕信息形成时间	形成时间节点发生事项
				2015年12月21日，临港集团投资发展部、财务金融部牵头组织召开会议，中介机构相关人员参加，会议议题为浦江公司内部重组方案的论证分析工作。会议确定由国泰君安证券股份有限公司（以下简称国泰君安）牵头，其他中介机构共同组成项目组。2016年1月8日，项目组就浦江公司内部重组事项的初步想法向袁某华进行汇报。上海临港时任总经理吕某、时任董事会秘书陆某、时任财务总监邓某宗列席会议。
9	〔2020〕46号	重大资产重组（盛洋科技拟收购虹晟光电及科麦特股权）	正式达成收购意向之时－不晚于2016年5月16日形成	2016年5月左右，科麦特、虹晟光电的规范问题基本得到解决。2016年5月16日，叶某明与裘某樑在叶某明办公室会面，正式达成收购意向，并初步商定以2016年6月30日作为审计、评估基准日。6月上旬，裘某樑将签署名字未签署日期的《合作意向书》交给叶某明，由叶某明决定停牌时间。2016年5月19日，叶某明与虞某桢、周某琴在叶某明办公室会面，正式达成收购意向，并初步商定以2016年6月30日作为审计、评估基准日。虞某桢将签署名字未签署日期的《合作意向书》交给叶某明，由叶某明决定停牌时间。2016年5月20日，有关各方在科麦特召开中介机构沟通会。参与人包括虞某桢、周某琴、方某、李某、林某飞等人。
10	〔2020〕90号	重大资产重组（南卫股份收购万高药业70%股份）	双方已进行初步询价洽谈，决定进一步沟通之时－不晚于2018年3月26日形成	2018年3月左右，杨某就南卫股份收购万高药业相关事宜征询姚某华意见，姚某华同意双方商谈。之后杨某多次致电并到万高药业与姚某华进行沟通，询问收购价格预期及万高药业利润、成长性等相关情况。2018年3月20日左右，李某2、李某1与杨某一起讨论万高药业的相关情况，李某2提出可以与万高药业进一步沟通。2018年3月26日，杨某

续表

序号	文号	内幕信息	内幕信息形成时间	形成时间节点发生事项
				致电姚某华，商议与李某 2 见面的事项。杨某告诉姚某华，如果双方商谈顺利，南卫股份决定 4 月 9 日停牌。姚某华同意见面商谈。同日，杨某与李某 1 联系，确定双方在清明假期见面。2018 年 3 月 30 日，李某 1 为双方人员预定宜兴某酒店房间，入住时间为 4 月 5 日。2018 年 4 月 5 日，李某 2 与姚某华在宜兴会面。4 月 6 日，李某 2、李某 1、姚某华、杨某等人当面商谈南卫股份收购万高药业的事项，李某 2 和姚某华表示同意收购，并决定 4 月 9 日"南卫股份"停牌。

2. 财务类内幕信息

我国《证券法》或其他涉内幕信息、内幕交易的法律法规中均未对"内幕信息的类型"作明确分类。从广义上看，《证券法》把发行人经营、财务且尚未公开的信息界定为内幕信息，第 80 条第 2 款所列"重大事件"中"重大投资行为""订立重大合同、提供重大担保""重大债务""重大亏损""分配股利、增减资""重大诉讼"无一不直接影响公司财务数据，即除上市公司重大股权架构变动、人员变动及特定偶发事件（如高管被刑事立案）等事件外，几乎所有信息、包括前述"并购重组类"内幕信息均可归于财务类内幕信息。如此划分，显然不利于内幕信息形成时间规律的总结，须从狭义上界定。财务类内幕信息，从狭义上看，是指"与上市公司经营业务的收益与亏损直接关联的、以财务资料形式呈现的重大未公开财务信息"[1]，包括：（1）上市公司年度报告、中期报告、业绩预告等

---

① 钱列阳、谢杰：《证券期货犯罪十六讲》，法律出版社 2019 年版，第 150 页。

依法或依交易所要求需定期披露的财务公告;[①] （2）上市公司发生重大收益、重大亏损；（3）上市公司发生重大债务、重大担保。同样分情况来讨论：

第一，定期报告类信息。

前述总结的财务类内幕信息中，可进一步区分为依法须在每年特定时期公告的财务信息和同样依法须披露的临时、偶发类的财务信息。前一类信息形成时间最直观事件信号为相关财务报告制作完成之时。但从执法实践来看，该形成时间的认定会因上市公司对相关内幕信息和知情人的管理登记制度等有所提前。例如，在吴某内幕交易一案[②]中，证监局将公司年度业绩预告信息认定为内幕信息，该信息形成时间节点，是公司证券事务代表邮件告知公司高管拟披露业绩预告事项之时。此时公司业绩预告所需的财务数据尚未导出，报表尚未制作，是在邮件发送两周以后，业绩预告相关数据和对应公告草稿才正式确定。该案中证监局认定：2018 年 1 月 2 日，友某达证券事务代表李某娉，将《友某达：2017 年年度业绩预告》通过电子邮件发送给友某达时任财务总监丁某清、友某达财务总监廖某丽、友某达董事会秘书沈某钊，该邮件写明：公司 2017 年年度业绩预告须在 2018 年 1 月 31 日前披露，现拟计划于 2018 年 1 月 22 日披露上网，附件为业绩预告模板。2018 年 1 月 9 日，李某娉将《关于 2017 年度业绩预告内幕信息知情人告知书》通过电子邮件发送给友某达董事长兼总经理崔某、董事董某锋及丁某清、廖某丽、沈某钊等 25 人，该邮件提醒相关内幕信息知情人，友某达预计在 1 月下旬披露业绩预告，相关内幕信息知情人不要在敏感期间交易友某达股票，禁止内幕交易。2018 年 1 月 11 日，廖某丽通过财务软件导出财务报表。2018 年 1 月 15 日，友某达测算出用

---

① 《上市公司信息披露管理办法》（2021）第 12 条规定："上市公司应当披露的定期报告包括年度报告、中期报告。凡是对投资者作出价值判断和投资决策有重大影响的信息，均应当披露。年度报告中的财务会计报告应当经符合《证券法》规定的会计师事务所审计。"第 13 条规定："年度报告应当在每个会计年度结束之日起四个月内，中期报告应当在每个会计年度的上半年结束之日起两个月内编制完成并披露。"

② 中国证券监督管理委员会甘肃监管局〔2019〕001 号行政处罚决定书。

于报税的 2017 年 12 月财务报表，该报表预估了友某达 2017 年度部分销售人员的年终奖及存货跌价准备，预估了友某达 2017 年度净利润。2018 年 1 月 19 日，经沈某钊、廖某丽、丁某清、李某娉讨论后，确定了业绩预告的相关数据，廖某丽向崔某、友某达副总经理尹某刚汇报后，形成公告草稿。2018 年 1 月 21 日 14 时，经崔某、沈某钊批准后，李某娉向深圳证券交易所信息披露系统提交 2017 年年度业绩预告。2018 年 1 月 22 日（星期一）开市前，友某达发布《深圳友某达科技股份有限公司 2017 年年度业绩预告》。证监局认为，《友某达：2017 年年度业绩预告》在公开前，属于旧《证券法》第 75 条第 1 款规定的内幕信息，该内幕信息不晚于 2018 年 1 月 2 日形成，于 2018 年 1 月 22 日开市前公开。

第二，临时报告类信息。

《上市公司信息披露管理办法》（2021）第 22 条①规定了上市公司应当立即披露的重大事件类型，其中属于财务类信息的包括"公司发生大额赔偿责任""公司计提大额资产减值准备""预计经营业绩发生亏损或者

---

① 《上市公司信息披露管理办法》（2021）第 22 条："发生可能对上市公司证券及其衍生品种交易价格产生较大影响的重大事件，投资者尚未得知时，上市公司应当立即披露，说明事件的起因、目前的状态和可能产生的影响。前款所称重大事件包括：（一）《证券法》第八十条第二款规定的重大事件；（二）公司发生大额赔偿责任；（三）公司计提大额资产减值准备；（四）公司出现股东权益为负值；（五）公司主要债务人出现资不抵债或者进入破产程序，公司对相应债权未提取足额坏账准备；（六）新公布的法律、行政法规、规章、行业政策可能对公司产生重大影响；（七）公司开展股权激励、回购股份、重大资产重组、资产分拆上市或者挂牌；（八）法院裁决禁止控股股东转让其所持股份；任一股东所持公司百分之五以上股份被质押、冻结、司法拍卖、托管、设定信托或者被依法限制表决权等，或者出现被强制过户风险；（九）主要资产被查封、扣押或者冻结；主要银行账户被冻结；（十）上市公司预计经营业绩发生亏损或者发生大幅变动；（十一）主要或者全部业务陷入停顿；（十二）获得对当期损益产生重大影响的额外收益，可能对公司的资产、负债、权益或者经营成果产生重要影响；（十三）聘任或者解聘为公司审计的会计师事务所；（十四）会计政策、会计估计重大自主变更；（十五）因前期已披露的信息存在差错、未按规定披露或者虚假记载，被有关机关责令改正或者经董事会决定进行更正；（十六）公司或者其控股股东、实际控制人、董事、监事、高级管理人员受到刑事处罚，涉嫌违法违规被中国证监会立案调查或者受到中国证监会行政处罚，或者受到其他有权机关重大行政处罚；（十七）公司的控股股东、实际控制人、董事、监事、高级管理人员涉嫌严重违纪违法或者职务犯罪被纪检监察机关采取留置措施且影响其履行职责；（十八）除董事长或者经理外的公司其他董事、监事、高级管理人员因身体、工作安排等原因无法正常履行职责达到或者预计达到三个月以上，或者因涉嫌违法违规被有权机关采取强制措施且影响其履行职责；（十九）中国证监会规定的其他事项。上市公司的控股股东或者实际控制人对重大事件的发生、进展产生较大影响的，应当及时将其知悉的有关情况书面告知上市公司，并配合上市公司履行信息披露义务。"

发生大幅变动""未按规定披露或者虚假记载"等。《上市公司信息披露管理办法》（2021）第 24 条①规定了对于此类重大事件，上市公司应当及时履行披露义务的时间，即表面上看，指向的是内幕信息应当公开的时间。第 24 条第 1 款首先确定了一般情况下（该重大事件尚未泄露、交易市场未发生任何相关异常波动）的信息公开时间，即以公司对相关事件形成决议，或与他方达成协议，或公司高管知悉相关事件发生中的最先发生的任一时点。要求在三者中"最先发生的任一时点"履行披露义务，更多是考虑到取证难度、证明标准的问题，因为如无书面资料，难以获取确切证据证实"高管知悉相关事件"的时间。而从相关案例来看，证监局在认定此类内幕信息形成时间时，与上述内幕信息"应公开"时间，采取的是一样的判定标准。例如，在某租赁有限公司、盛某莲、金某内幕交易行政处罚一案②中，证监会将公司高管确认公司业绩将发生重大修正之时（不晚于 2019 年 4 月 20 日）认定为内幕信息形成时间：2019 年 4 月 8 日，ST 新海聘请银信资产评估有限公司（以下简称银信评估）对相关项目进行资产评估。银信评估黎某带队于 4 月 15 日左右完成现场工作，评估认为陕西通家、新纳晶均存在资产减值，ST 新海需计提减值准备。2019 年 4 月 20 日，银信评估黎某、大信所黄某生前往苏州，与 ST 新海董事长张某斌、董事长秘书徐某、财务总监戴某见面沟通评估事宜。三方对新纳晶计提减值及减值金额达成一致，调减 ST 新海利润 1.1 亿元。三方对陕西通家计提减值看法一致，在减值金额方面虽然存在分歧，但至少要调减 ST 新海利润 1 亿元左右。此次会议确定减值事项后，ST 新海 2018 年度已确定大

---

① 《上市公司信息披露管理办法》（2021）第 24 条："上市公司应当在最先发生的以下任一时点，及时履行重大事件的信息披露义务：（一）董事会或者监事会就该重大事件形成决议时；（二）有关各方就该重大事件签署意向书或者协议时；（三）董事、监事或者高级管理人员知悉该重大事件发生时。在前款规定的时点之前出现下列情形之一的，上市公司应当及时披露相关事项的现状、可能影响事件进展的风险因素：（一）该重大事件难以保密；（二）该重大事件已经泄露或者市场出现传闻；（三）公司证券及其衍生品种出现异常交易情况。"该规定首先确定了一般情况下的判定规则，即以公司对相关事件形成决议或达成协议、公司高管知悉相关事件发生中的最早时点为内幕信息形成时间。"最先发生的任一时点"履行披露义务，更多是考虑到取证难度、证明标准的问题，因为如无书面资料，难以获取确切证据证实"高管知悉相关事件"。
② 中国证券监督管理委员会〔2021〕50 号行政处罚决定书。

幅亏损。2019 年 4 月 23 日，张某斌、徐某、戴某等 5 人前往大信所北京总部沟通年报审计事宜，最终确定多项计提减值方案，即 2019 年 4 月 27 日公告的内容，ST 新海 2018 年度亏损 452238132.69 元。2019 年 4 月 27 日，ST 新海披露《2018 年度业绩快报修正公告》将 2018 年度净利润由盈利 41177577.55 元修正为亏损 452238132.69 元。

又如，在方某良内幕交易行政处罚案①中，证监会将公司高管确认在相关财务报告制定前债务人将无法支付相关款项（将计提坏账准备）之时（2017 年 6 月 12 日）认定为内幕信息形成时间：2017 年 5 月底，因望远管委会始终未能按照协议约定向银峰合金支付征收回购款项，且王某及其关联方债务关系复杂，武某德将相关情况向季某汇报，并建议对王某及银峰合金提起法律诉讼，季某表示同意，并要求其准备前期工作。2017 年 6 月 12 日，陈某兴、马某、季某、尹某华、武某德等人在陈某兴办公室开会，因望远管委会、银峰合金始终未能支付相关款项，基本确认在 2017 年中报制定前王某及其关联方所涉贷款难以按期偿还。2017 年 6 月 22 日，青龙小贷起诉银峰合金、王某等借款人，涉及逾期贷款 28 笔，累计金额 7900 万元。2017 年 6 月 29 日左右，青龙小贷财务人员张某向尹某华反馈青龙小贷当期贷款损失准备计提波动较大，预测需增加计提金额约 5000 万元。因贷款损失准备计提金额大幅超过预期，可能导致青龙管业需进行业绩修正披露，尹某华要求青龙小贷 7 月提前提供财务报表，并将相关情况向陈某兴、马某、季某汇报。青龙管业后于 2017 年 7 月 21 日发布公告说明。

从上述两个案例来看，证监局在认定内幕信息形成时间时，是以高管确认等明显事件信号发生为标准，这也正是《上市公司信息披露管理办法》（2021）第 24 条第 1 款规定的"应当予以披露"的时间。其原因，正如之前论述不同内幕信息知情人员应确定不同的内幕信息形成时间一样，判定知情人员的内幕信息形成时间，除了看信息本身形成的时间，如债务违约人、直接实施参与了财务造假的人，对于该事件发生的知情时间显然

---

① 中国证券监督管理委员会〔2020〕13 号行政处罚决定书。

将比其他被隐瞒的高管要提前，还要看知情人员何时对该事件"知情"。同时，"应当予以披露的时间"和最终"正式披露的时间"显然也是允许存在一定时间差的，如因虚增利润、财务造假导致的年度财务报告的调整，在确定须调整，到调整数据的确定和报告的完成、到监管部门备案审批，中间必然会经历一段时间，这段时间即为内幕信息知情人员的"内幕信息敏感期"。

3. 其他类内幕信息

除前述并购重组类内幕信息、财务类内幕信息外，还有一些涉及公司股权结构重大变化、公司分配股利或增资计划、高管被采取强制措施等其他类型的内幕信息。相关事件信息何时形成内幕信息，同样是看该信息在发展过程中，从什么时间节点开始具备了内幕信息应具备的重大性、确定性特征。如公司持股5%以上的股东持有股份情况发生重大变化，对应内幕信息应形成于转让和受让股权双方确定，或双方已就转让股权事宜初步达成一致之时；高管被采取强制措施，对应内幕信息应形成于其第一次被公安机关传唤之时，或在其他高管人员确认其被刑事拘留之时。

此外需注意的是，《证券法》第80条第2款第11项和第81条第2款第10项规定的属于"重大事件"的情形，仅限于公司控股股东、实际控制人、董事、监事、高级管理人员被依法采取强制措施和公司涉嫌犯罪被立案调查的情形，即公司及公司特定人员涉嫌刑事犯罪的信息属于内幕信息。而在《上市公司信息披露管理办法》（2021）第22条第2款第16至第18项中，另外规定了以下"可能对上市公司证券交易价格产生较大影响的""应当立即披露的"重大事件，包括公司或其控股股东、实际控制人、董事、监事、高级管理人员，因涉嫌违法违规被证监会立案调查或收到证监会及其他有权机关的行政处罚；因涉嫌违法违纪或职务犯罪被纪检监察机关或其他有权机关采取留置措施或强制措施且影响其履行职责；除董事长或者经理外的公司其他董事、监事、高级管理人员因身体、工作安排等原因无法正常履行职责达到或预计达到3个月以上的情形，即除《证券法》规定的涉嫌刑事犯罪的情形外，公司或公司特定人员涉嫌违法违规违纪的情形，也属于"应当立即披露的"重大事件，这类"重大事件"是否构成内幕信息？从目前公开可检索到的证监会 2019—2021 年的内幕交易行政处罚案例来看，有公司高管涉嫌犯罪被公安机关采取强制措施，相关信息被认定为内幕信息的案例，① 但未发现有案例中涉及涉嫌违法违规违纪的内幕信息。笔者认为，回归到内幕信息应具备重大性这一本质特征来看，这类信息亦属于内幕信息，但因该类信息"应当立即披露"，故其形成时间与公开时间间隔较短，在此短暂的内幕信息敏感期期间发生的交易行为，难以追踪到或判定出其异常性。

三、内幕信息公开时间的认定

内幕信息公开时间是指"内幕信息在国务院证券、期货监督管理机构指定的报刊、网站等媒体披露"的时间。容易混淆之处在于，相关内幕信息的披露可能同样会经历漫长的过程，从一开始筹划停牌、到中间公告各类进展、到公告最终形成的方案，应以哪个时间节点认定为公开时间，如上述两起最高人民法院案例对此认定标准即有不同，李某红案件中，系以公司公告称公司近期讨论重大事项的时间为内幕信息公开时间；黄某裕内幕交易、泄露内幕信息一案②中，则以公司公告发行股票购买资产暨关联交易"预案"的时间（在公告筹划重大事项并停牌后的 6 个月）为内幕信息公开时间。但该问题通常在实践中并不会引发争议，行为人也通常不会对证监会对该问题的认定提出反对意见，理由在于，公开时间不管认定在初次公告/停牌的时间，还是认定在公告具体方案的时间，通常均发生在"停牌"期间，其间没有交易发生，不会涉及对行为人交易异常性及交易额的判断。

---

① 中国证券监督管理委员会〔2020〕33、34 号行政处罚决定书。
② （公报案例）《最高人民法院公报》2012 年第 10 期。该案系最高人民法院 2012 年出台内幕交易司法解释时同时披露的内幕交易案件之一。内幕交易成交额 13.22 亿余元，犯内幕交易罪判处有期徒刑 9 年。

四、内幕信息知情人员的认定

《刑法》第 180 条规定实施内幕交易罪的犯罪主体，包括证券、期货交易内幕信息的知情人员，和非法获取证券、期货交易内幕信息的人员两类人员。《内幕交易司法解释》规定，《证券法》第 51 条（原第 74 条）、《期货交易管理条例》第 81 条第 12 项（原第 85 条）规定的人员，属于本罪规定的"证券、期货交易内幕信息的知情人员"。

新《证券法》第 51 条在旧《证券法》第 74 条的基础上对内幕信息知情人员的范围作了扩大，从相关修订内容来看，对内幕信息知情人员的界定标准在扩宽、范围在扩大，因职务或职务行为可能获取到内幕信息的人，均可能成为内幕信息知情人员。《期货交易管理条例》第 81 条第 12 项亦规定，内幕信息的知情人员，是指由于其管理地位、监督地位或者职业地位，或者作为雇员、专业顾问履行职务，能够接触或者获得内幕信息的人员。

结合上述规定，笔者认为，认定内幕信息知情人员的核心在于，是否因其职务或职务行为获知了内幕信息。如果行为人获取内幕信息与其职务或职务行为无关，则可能构成"非法获取内幕信息的人员"；行为人即使没有"直接获取"内幕信息，只要是在判断时依据了因职务或职务行为获取的信息，也应认定为内幕信息的知情人员。例如，在杜某库、刘某华内幕交易案[①]中，法院认为：因职务行为获取部分信息后利用自身专业知识判断出重组对象的人员仍属于内幕信息的知情人员。对于具有专业知识的人员，无论其是否利用专业知识掌握了内幕信息的内容，原则上只要其判断时依据了因其职务或工作获取的信息，就应当认定为内幕信息的知情人员。否则，就给证券、期货领域中具有证券、期货专业的人员开辟了一条绿色通道。这样的认定也符合当前打击证券、期货违法犯罪的政策精神。

---

① 最高人民法院刑事审判第一、二、三、四、五庭：《刑事审判参考（总第 85 集）》第 757 号指导案例，法律出版社 2012 版，第 28—32 页。

据此，可以做以下总结：只要行为人获知内幕信息的结果与其职务或职务行为有因果关系，就可能构成内幕信息知情人员。是否存在"因果关系"，通常又会涉及"介入因素"与因果关系的判断。《刑事审判参考》第 685 号指导案例张某抢劫案①中对因果关系的中断作了界定："成立中断的因果关系，必须具备以下条件：其一，须有另一原因的介入；其二，介入原因须为异常原因，即通常情况下不会介入的某种行为或自然力；其三，中途介入的原因须合乎规律地引起最后结果的发生。其具体判断标准为：一是先前行为对结果发生所起的作用大小。作用大，则先前行为与结果有因果关系，反之则无。二是介入因素的异常性大小。过于异常，则先前行为与结果无因果关系，反之则有。三是介入因素本身对结果发生所起的作用大小。作用大，则先前行为与结果无因果关系，反之则有。"

回到杜某库一案：杜某库通过职务活动获知的"拟收购重组"的信息，属于"先前行为"，后"通过检索或专业判断确定重组对象"属于"介入因素"，最终获取内幕信息，属于"行为结果"。此时须判断，该介入因素是否导致了先前行为与结果的因果关系的中断，如果中断，则杜某库的先前行为与其最终获取内幕信息无关，杜某库不属于内幕信息知情人员。本案中，杜某库以先前获取的拟收购重组的信息去做检索判断，不具有异常性，其先前获取的信息对最终获取内幕信息结果所起作用较大，因此，因果关系未发生中断，杜某库获知内幕信息的结果与其职务或职务行为有因果关系，构成内幕信息知情人员。

五、非法获取内幕信息人员的认定

正如"概述"中所介绍，《内幕交易司法解释》将非法获取内幕信息的人员分为三类，分别为非法手段型、关系密切型、积极联系型。在刑事司法实践中，第一类人员的认定需有证据证实行为人实施了通过窃取、骗

---

① 最高人民法院刑事审判第一、二、三、四、五庭：《刑事审判参考（总第 79 集）》第 685 号指导案例，法律出版社 2011 版。

取等非法手段获取内幕信息的行为；第二类人员的认定需有证据证实行为人与内幕信息知情人员关系密切；第三类人员则需有证据证实行为人在内幕信息敏感期内与内幕信息知情人员存在联络、接触。

对这三类人员的认定，首先可总结出两大必备的前提：一是需有证据证明行为人获取内幕信息的来源，即证明行为人系通过上述三类方式之一，从特定的内幕信息知情人员处非法获取到了内幕信息。尽管在上述三类人员中，第二类、第三类人员的判定均是适用推定规则，但推定须是针对某特定的知情人员来进行的推定，"特定知情人员"是确认的事实，行为人"与该特定知情人员的关系密切，或在敏感期内发生了联络、接触"是确定的事实，在这些确定事实基础上，才能推定出行为人非法获取了内幕信息的结论。例如，在侯某丽、兰某内幕交易、泄露内幕信息一案①中，法院认为，侯某丽的该交易行为确属反常，但综合全案证据，认定被告人侯某丽属于非法获取内幕信息的人员应查明"内幕信息"来源，现侯某丽从何处得到的内幕信息不明，认定其属于非法获取内幕信息的人员，并构成内幕交易罪的证据不足。并且这三类人员都需符合主客观相一致的要求，即认定行为人非法获取内幕信息，除了要求其在客观上通过一定的行为获取信息并从事或者明示、暗示他人从事该信息有关的证券交易，还要求行为人在获悉信息时主观上明知该信息是内幕信息。

分述来看，由于第一类人员所待查明的事实证据的法律适用过程均相对清晰，本文将重点分析第二类、第三类人员。

（一）关系密切型非法获取人员的认定

第二类中"其他与内幕信息知情人员关系密切的人员"的认定是主观的、模糊的、没有明确证明标准的。这类人员是基于与内幕信息知情人员的"密切关系"而获知了内幕信息，只是获取的手段隐蔽、难以调查取证，故免除了司法机关关于如何获取内幕信息的举证责任。也就是说，对

① 案号：（2017）冀01刑初102号。

于第二类关系密切人员，司法机关只须证明行为人属于与内幕信息知情人员关系密切的人员，客观上交易行为明显异常且无正当理由或来源，即可推定其非法获取了内幕信息，从而认定其构成内幕交易罪。在这样的推定规则下，就要求司法机关在认定密切关系时从严把握，审慎认定，否则就容易陷入错误归罪的风险当中。

例如，行为人跟某上市公司高管是亲戚、朋友、同事、同学等关系，如果该高管曾经向行为人谈及过公司发展前景良好，行为人因此而开始关注该公司的股票，并在基于对股票长时间的分析、评估基础上决定买入该公司股票，恰好这一买入行为发生在内幕信息敏感期内。此时行为人是否应当评价为内幕交易行为？在此种情形下，司法机关对于行为人与该高管是否具有密切关系的认定就显得尤为重要，因为只有认定其属于密切关系，才有推定行为人构成内幕交易犯罪的情理和法理基础。密切关系应当如何认定？笔者认为，"密切关系"可从法律关系层面和社会关系层面综合认定。

1. 法律关系层面

《内幕交易司法解释》第 2 条第 2 项将"其他与内幕信息知情人员关系密切的人员"放在"内幕信息知情人员的近亲属"之后，二者属于并列关系。从体系解释角度上看，"关系密切的人员"与"近亲属"在主体身份上应具有相似性，即与知情人之间关系密切程度具有相似性。司法解释之所以这样规定，原因在于根据社会经验和逻辑常理，内幕信息知情人通常是对证券交易行为规则有充分认知的人，其明知我国法律法规明确禁止泄露内幕信息，因此只有在基于与行为人系近亲属或关系密切到与近亲属相似的前提下，才有可能冒着违法犯罪的风险，将内幕信息泄露给行为人。

司法案例中也体现了上述逻辑认定。在公开可检索到的相关案例中，均是在非法获取内幕信息的行为人与内幕信息知情人存在亲戚、"发小"、男女朋友等具有密切私交关系的基础上认定。也就是说，除近亲属以外，至少要达到情侣、"发小"、知己这种程度，才会使人们产生内幕信息知情人会为了行为人的利益而冒着违法犯罪的风险泄露内幕信息的合理怀疑，从而来推定行为人与知情人关系密切。如果只是一般的同事、朋友、客户，则相当于是将怀疑对象延伸到所有与知情人认识的人员层面，丧失了怀疑的合理性和法理的正当性。

例如，在倪某琴、胡某和内幕交易、泄露内幕信息一案①中，法院认定，胡某和与倪某琴有亲戚关系，且胡某和曾借过大额款项给倪某琴夫妻购房，两家关系较亲近，胡某和因为生活和企业业务、转型投资等与倪某琴经常联系。因此，胡某和与倪某琴属于关系密切的人员。而且，倪某琴供述2011年10月至2012年3月，胡某和曾向其了解深圳广电网络改革重组的有关信息。在芮某、张某1内幕交易、泄露内幕信息一案②中，法院认为，关于上诉人张某1及其辩护人提出张某1没有从芮某处非法获取内幕信息，不属于非法获取内幕信息的人员的上诉理由和辩护意见。经查，在案证据证明张某1与芮某两人曾经一起开办过公司，张某1在遗书中亦提出若身故将公司交给芮某处理。两人之间资金往来、联络频繁，关系密切，故张某1属于与内幕信息知情人员关系密切的人员。在石某甲、蔡某甲内幕交易③一案中，法院认为，证人何某某、石某乙等人的证言均能证实，被告人石某甲系内幕信息知情人员何某某丈夫石某乙的妹妹，有亲属关系，被告人蔡某甲与石某甲是同居的男女朋友，并与石某乙共同经营小榄镇某A贸易行，联系密切，又具有合作关系，且被告人石某甲、蔡某甲与石某乙、何某某经常共同居住在某镇，可以认定被告人石某甲、蔡某甲与内幕信息知情人员何某某关系密切，属非法获取内幕信息人员。在吴某某内幕交易、泄露内幕信息④一案中，法院查明，证人谢某（冠某科技董事长）的证言证明，其与吴某某系"发小"。被告人吴某某开办的福州金飞达电子有限公司与冠某科技有业务往来。2013年5月29日中午，吴某

---

① 案号：（2015）粤高法刑二终字第151号。
② 案号：（2018）鄂刑终139号。
③ 案号：（2015）中二法刑二初字第243号。
④ 案号：（2015）榕刑初字第182号。

某到其办公室喝茶聊天。其间，其办公室座机接到胡某打来的电话，通话内容主要是商谈新大陆公司收购冠某科技的相关事宜……其认为胡某当时主要是想表达新大陆公司收购冠某科技的意愿，希望冠某科技不再与其他公司磋商收购事宜……本院认为，被告人吴某某作为非法获取内幕信息的人员。在谢某内幕交易罪一案①中，上诉人冯某明供述其于2001年认识谢某，她是我的女朋友。我从2004年起担任德赛公司总经理，主要负责公司的日常经营。……2011年11月底12月初，我安排谢某、李某某、饶某某找一些可靠的人开立股票账户购买德赛电池股票。我还与谢某约定股票的亏损由我负责，如有收益由我来安排处理。原审被告人谢某的供述："我与冯某明是亲密的朋友关系……"本院认为，上诉人冯某明为证券交易内幕信息的知情人员，原审被告人谢某为非法获取证券交易内幕信息的人员。

2. 社会关系层面

行为人与内幕信息知情人的社会关系是否密切，主要是基于常识和基本经验，从双方客观交往情况来判断。笔者将其总结为以下几个方面：

第一，双方认识的情况。是因私人生活中的接触而认识，如同学、校友、室友或者生活圈子有所交集；还是因工作往来而认识，通常前者发展为密友的可能性会比后者大。

第二，双方日常见面的联系频率、内容。例如，是否在同一个城市、同一个公司、同一个小区，见面频率大小、聊天内容等。

第三，双方日常微信、电话的联系频率、内容。双方是否保持稳定联系频率，聊天内容是否涉及工作生活的各方面等。

第四，双方的家人、朋友之间是否有交集。如互相都认识彼此的朋友、伴侣、子女等，则可以佐证二人的社交圈已经相互渗透，从而认定为关系密切。

---

① 案号：（2013）粤高法刑二终字第274号。

（二）积极联系型非法获取人员的认定

同第二类关系密切人员的认定规则类似，司法机关只须证明行为人与内幕信息知情人员在内幕信息敏感期内联系接触，客观上交易行为明显异常且无正当理由或来源，即可推定其非法获取了内幕信息，从而认定其构成内幕交易罪。结合相关规定和实践来看，这里所称的"联络接触"，通常指向的均是通话联系，即无法查明联系内容，但在内幕信息敏感期内发生的电话联系频率较高，或者与内幕信息的形成、公开时间有所印证，因此推定行为人通过相关通话获取到了内幕信息。

行为人与内幕信息知情人员在内幕信息敏感期内发生过的见面、电话、微信、短信联系的证据较容易查实固定，其中，微信、短信文字内容一般不可能留下关于内幕信息的痕迹，而见面和电话联系的内容是无法通过客观证据来还原的，在发生联系的双方对此均称未发生过与内幕信息相关的联系时，证监局、司法机关通常均以发生联系的频率较高，或者与内幕信息的形成、公开时间有所印证，来推定行为人通过相关通话获取到了内幕信息。

也正因为这一结论是推定的结果，而非有确实充分证据证明的事实，一定程度上留给了行为人辩解其未通过这些联络接触获取内幕信息的空间。在"概述"相关内容中，笔者已对认定此类人员的主客观相一致原则作了介绍，在这一原则指导下，行为人主观上与内幕信息知情人员的联络接触的目的，是为了获取内幕信息，还是基于其他工作等正当事由，就可以成为辩护和出罪的立足点。如果有证据证实，相关联系是基于与内幕信息无关的正当事由，联系并非偶发于内幕信息敏感期内，而是在内幕信息敏感期前后都在长期持续发生；或者结合相关通话发生的时间与微信、短信（有可查证文字内容）联系发生的时间，二者时间记录能相互印证，从而说明该通话联系是与当下微信、短信联系沟通的内容相关，而与内幕信息无关。

1. 被动型获取内幕信息的人员

针对被动型获取内幕信息的人员能否认定为非法获取内幕信息的人

员，必须明确两个前提：第一，此处被动型获取内幕信息的人员必须是前述三类非法获取内幕信息人员之外的人，否则即属于非法获取内幕信息的人员。第二，被动型获取内幕信息的人员同样应符合主客观相一致的原则，主观上必须是明知，一是明知信息的性质，即明知信息是内幕信息；二是明知信息的来源，即明知信息是内幕信息的知情人员泄露的或者明知信息是他人非法获取的。

在《理解与适用》中，最高人民法院对该问题的态度是："内幕信息的人员从事内幕交易或者泄露内幕信息的情形又十分复杂，实践中难以准确把握，出于审慎起见，《内幕交易司法解释》未将被动型获取内幕信息的人员明确规定为非法获取内幕信息的人员。值得强调的是，如果被动获取内幕信息的人员与传递信息的人员具有犯意联络，则可能构成内幕交易、泄露内幕信息罪的共犯。"基于此，被动型获取内幕信息的人员，单从法律规定层面上看，是一刀切地被认定为不具备内幕交易罪主体身份的，这一观点也是刑法学界的通说观点。但在司法实践中也有不一样的观点。

如在陈某兴涉嫌内幕交易一案中，法院查明，2007 年 2 月 11 日，陈某兴与某钢构公司事业部经理罗某君等在杭州聚会时，罗某君谈起公司正与香港中基公司洽谈安哥拉安居房建设工程，金额达 300 亿元。2 月 12 日下午，陈某兴为核实情况，主动打电话给罗某峰。在电话中，罗某峰将自己知悉的安哥拉项目相关信息透露给了辞职不久的"老领导"。法院认为，非法获取内幕信息并不意味着必须通过法律定义的"非法"手段获取内幕信息，但应禁止任何不在《证券法》第 51 条范围内的人获取内幕信息。只要他们能接触到内部信息，无论是通过非法途径还是其他途径获得的，都应该被认定为非法获取内部信息的主体。

当然，该案发生在 2007 年，彼时司法解释尚未出台，对被动型获取内幕交易人员的认定尚未形成统一执法标准，但对案件本身的分析，仍具有一定实践意义。笔者认为，该案处理结果正确，但得出结论的法律适用过程错误。法院认为，"不需要手段非法"就能构成内幕交易的主体（非法获取内幕信息的人员），即不管手段合法或非法，只要获取到了内幕信息，就属于"非法获取内幕信息的人员"（内幕信息知情人除外）。如若依次逻辑，司法解释规定"非法获取"这四字将变得毫无意义。该案正确的定罪逻辑是，不应适用"非法手段型"，而应适用"积极联系型"。陈某兴不是因其手段非法而构成非法获取内幕信息的人，而是因其主动联络内幕信息知情人罗某峰，其行为目的就是想从内幕信息知情人员处获取内幕信息，其获取行为是非法，因而构成非法获取内幕信息的人员。假设该案中，陈某兴只是因参加饭局偶然听到信息，2月12日下午没有去联系罗某峰直接就依据饭局上偶然听到的消息买入股票，就不构成内幕交易罪。

据此可总结如下，被动型获取内幕信息的人员，实际上就是本身没有知悉内幕信息的合法权利，但以既不违法也不合法的方式获取了内幕信息，知道了不该知道的信息的一种非法事实状态。但这一状态并不当然构成违法犯罪，其必须明知这个信息是内幕信息，且利用其交易，交易异常且无正当理由，才构成内幕交易的违法犯罪。

2. 行政执法与刑事司法相关证明标准的差异

关于行为人是否属于非法获取内幕信息的人员，证监机构在行政执法上的证明标准与刑事司法证明标准有明显差异，证监机构执法系采取"优势证明"标准；而刑事司法则要求证据确实充分且排除全部合理怀疑。

如在陈某某涉嫌内幕交易不起诉案（行转刑不起诉）[①] 中，2015年2月5日，邓某某（内幕信息知情人）在获知内幕信息后，电话联系被不起诉人陈某某，次日陈某某使用其实际控制的他人账户申购涉案股票78万股，实际买入金额629万元；同月7日至26日，邓某某与陈某某联系异常频繁；26日涉案股票停牌。5月4日至8月8日，四川证监局对陈某某涉嫌内幕交易作出行政认定并处以罚款，陈某某未复议并缴纳罚款。江西省南昌市人民检察院认为，陈某某交易行为异常，但现有证据不足以认定陈某某系非法获取内幕信息的人员，决定对陈某某不起诉。

---

① 江西省南昌市人民检察院洪检公刑诉不诉〔2017〕3号不起诉决定书。

在周某和内幕交易行政处罚案（刑不立案回转行）① 中，周某和被证监会认定有内幕交易行为，但公安机关认为其涉嫌内幕交易犯罪的证据不足。证监会认为，周某和与张某业（另案处理，被以内幕交易罪追究刑事责任）关系密切，在内幕信息公开前与内幕信息知情人张某业联络频繁，二人为师生关系……周某和与张某业在 2014 年 4 月 15 日至 6 月 6 日，通话 35 次。在周某和 5 月 8 日买入"江泉实业"前两天，周某和与张某业通话 6 分 53 秒。周某和已经明知张某业作为中间人参与江泉实业与泰合置业重组的事实，张某业作为中间人参与江泉实业重组，其向周某和提供江泉实业重组预期的信息，具有较强的确定性与较大的实现可能……再结合分析周某和交易"江泉实业"行为的特征，进而认定周某和知悉本案内幕信息亦不违背常理。该案证监会于 2014 年 7 月 7 日决定立案调查，在调查过程中因发现张某业等人涉嫌犯罪，于 2014 年 10 月 14 日移送公安机关，2015 年 7 月 15 日，四川省公安厅公安局对周某和作出《终止侦查决定书》，查明周某和涉嫌内幕交易证据不足；2015 年 7 月 28 日，公安部将周某和交易"江泉实业"案移送证监会依法处理，2016 年 1 月 4 日，证监会向周某和作出《行政处罚事先告知书》。最高人民检察院和证监会将此案作为证券违法犯罪典型案例之一予以发布并认为，证监会在行政调查过程中发现周某和、张某业涉嫌内幕交易犯罪，通过行刑衔接程序将案件移送公安机关，后司法机关依法对本案开展刑事侦查，最终对周某和以证据不足决定终止侦查程序，并移交证监会处理。由于行政执法与刑事司法在证明标准、法律适用等方面存在区别，公安机关终止侦查的决定，是对犯罪嫌疑人是否符合刑事追诉标准作出的独立判断，不影响行政执法机关依法履行行政处罚程序。

---

① 中国证券监督管理委员会〔2019〕101 号行政处罚决定书、（2016）京 01 行初 1076 号判决书、（2017）京行终 2804 号判决书、（2017）最高法申 8678 号裁定书。该案为 2020 年 11 月 6 日最高人民检察院联合证监会发布的 12 起证券违法犯罪典型案例之一。

六、交易行为明显异常的认定

《内幕交易司法解释》第 3 条对行为人"相关交易行为明显异常"应当如何认定作了规定,"概述"章节中对此总结了"六大异常指标"。《内幕交易司法解释》第 2 条规定的第二类、第三类非法获取内幕信息的人员,均必须是在内幕信息敏感期内从事或明示、暗示他人从事与内幕信息相关的证券、期货交易,相关交易行为明显异常且无正当理由或正当信息来源。

根据这一规定,行为人具有非法获取内幕信息的主体身份,且"相关交易行为明显异常",这一事实属于基础事实;其证券交易行为构成内幕交易,这一事实属于推定事实。司法机关需要对基础事实承担举证责任,行为人则对推翻基础事实和推定事实承担举证责任,只有司法机关认定的基础事实成立,才需要行为人承担后续举证责任。例如,在苏某鸿诉中国证监会行政处罚和行政复议决定案①中,法院认为,证监会认为苏某鸿与内幕信息知情人殷某国在内幕信息敏感期内有过多次联络,且苏某鸿交易威华股份的时点与资产注入事项的进展情况高度吻合,且没有为此交易行为提供充分有说服力的解释,应当推定构成内幕交易。苏某鸿在内幕信息敏感期内与内幕信息知情人殷某国多次联络接触且苏某鸿证券交易活动与内幕信息进展情况高度吻合属于基础事实,苏某鸿的证券交易活动构成内幕交易属于推定事实。证监会需要对基础事实承担举证责任,苏某鸿则对推翻基础事实和推定事实承担举证责任,只有证监会认定的基础事实成立,才需要苏某鸿承担后续举证责任。在基础事实中,殷某国为内幕信息知情人的事实是其重要组成部分,而根据第二个焦点问题的分析,证监会对该事实的认定构成事实不清,因而导致推定的基础事实不清。在此情况下,证监会对苏某鸿证券交易活动构成内幕交易的推定亦不成立。

因此,行为人能否对其行为提出正当理由或作出合理解释,是行为人出罪的理由,而不是入罪的条件。但司法实践中,行为人提出正当理由或

---

① 案号:(2018)京行终 445 号。

合理解释的举证责任，往往会被进一步前置。其理由在于，"相关交易行为"是客观事实，"明显异常"是主观认定。司法机关对行为人的相关交易的客观事实举证完成后，很容易就会达成内心确信，认定行为人的相关交易明显异常。因此司法实践中，行为人的举证责任相当于被前置了一步，即司法机关只须负责对行为人的相关交易的整个过程、交易手段、交易量举证，而由行为人对此进行合理解释，包括交易行为是如何发生、为什么在这个时间点发生、为什么会选择这只股票进行交易，以及对交易量、交易手段作出解释等；无法合理解释的，即认定为明显异常。

七、交易具有正当理由、合理解释的认定

《内幕交易司法解释》第 4 条采用"列举 + 兜底"方式规定了四项内幕交易犯罪的阻却事由，包括"按照事先订立的书面合同、指令、计划从事相关证券、期货交易""依据已被他人披露的信息而交易"等，实践中争议较大的是在第 4 条第 4 款规定的"交易具有其他正当理由或者正当信息来源"这一兜底项。怎样的解释才能被认定为合理解释？笔者试从以下两个方面论述。

（一）合理解释应具备的特征

（1）具体性。行为人的解释必须具体才能有说服力。例如，领导交代的事情没有按时完成，你的解释是"家里出了点事情"。这种过于省略的解释，显然会被视为你是在偷懒、拖延、工作不尽责。如果你具体一点解释，如你已经做完但电脑出了问题未能及时保存，电脑无法开机已经送去维修等——这种具体的解释就让人更容易理解、信服。

（2）全面性。行为人的解释应当是对所有重大疑点一一进行回应。如果只对部分疑点进行解释，即使这部分的解释都在情在理，也恐难推翻司法机关对于交易异常的认定。例如，行为人声称其交易是基于专业判断，并对是基于什么前提所作的判断进行了说明，但未对其使用他人账户进行

交易进行解释，此类不全面的解释便难以得到采信。

（3）真实性，即行为人所作的解释，应当有相关的证据予以证明，而不是行为人的一面之词。

（二）合理解释的切入点

1. 涉案交易行为是否背离行为人的交易习惯。例如，行为人除涉案交易外，还有多次类似本次交易的短线买入、卖出的交易，交易金额也均相近，就说明没有背离其交易习惯。

2. 行为人购买涉案股票是一次性买入，还是分多笔多次逐渐买入。例如，行为人在购买过程中，发现有资金不断进入，从而坚定了购买信心，便持续关注、多次买入，说明行为人是在基于专业判断的基础上进行的交易行为。

3. 除本次涉案交易行为外，行为人是否还有买卖涉案股票的行为。如果有则说明行为人有持续关注涉案股票，从而证明行为人购买涉案股票的理由至少有一部分是基于其专业判断。

4. 行为人的涉案交易量占其证券账户总资金和市值的比重。如果行为人获取了内幕信息，往往会为了追求最大利润，重仓甚至全仓投入，而如果行为人投入的资金占其总资金和市值的比例相对较小，说明行为人除了买入涉案股票外还同时持有大量其他公司的股票，不合常理，因此可以推定行为人在买入涉案股票时并未获悉内幕信息。

5. 行为人是否使用他人账户或临时开设账户以逃避监管。

6. 行为人购买涉案股票的资金来源是否正常，是否存在借资以重仓购入涉案股票的行为。

7. 行为人是否存在基于多年投资经验、分析、判断而购买涉案股票的可能。行为人如果是常年炒股，对涉案股票又长期关注；或者自身与发行涉案股票的公司有合作或往来，对该公司有一定了解，则就不能排除行为人是基于自身判断而购买涉案股票的合理怀疑。

遗憾的是，不论是行政执法领域还是刑事司法领域，笔者均未能检索到任何将行为人对其交易行为进行的解释认定为是"合理解释"的案例，但我们仍可从证监会、法院对行为人所做解释的驳斥思路、裁判逻辑中借鉴一二。笔者选取了以下三个较具参考价值的案例。

在金某强内幕交易案①中，证监会认定：金某强在 2015 年 4 月 7 日上午 8 时 36 分 51 秒与内幕信息知情人金某华通话后，于 9 时 49 分 40 秒开始交易"东某电缆"，并在 4 月 8 日、4 月 9 日持续买入。此次交易系金某强使用楼某娟和其本人账户首次交易"东某电缆"。金某强将其本人账户在内幕信息敏感期内买入的"东某电缆"卖空后，于 4 月 9 日将 3350000元资金转入楼某娟账户，主要用于交易"东某电缆"，且成交量突然放大，截至 2015 年 4 月 9 日收盘，金某强与楼某娟账户合计持有的"东某电缆"市值占两账户当日持股市值的比例为 27.51%，楼某娟单个账户持有的"东某电缆"市值占其账户当日持股市值的比例为 86.72%，且 4 月 9 日楼某娟账户 14 时后买入的股价均价高于金某强账户 11 时 9 分至 13 时 8 分卖出的股价均价，交易行为明显异常。金某强及其代理律师提出如下申辩意见：（1）金某强交易"东某电缆"具有充分的正当理由和信息来源，是根据证券市场公开信息和技术分析进行研究后的交易。关注"东某电缆"是由于 2015 年 4 月 3 日"东某电缆"最高涨幅达 9.65%，登上 5 分钟涨速榜。东某电缆属于典型的次新股，4 月 10 日是预约公布年报的时间，分析后认为有大概率高送转可能。4 月 7 日，东某电缆开盘后即走高，看到有资金进入后立即跟盘买入。（2）金某强交易"东某电缆"的操作手法与其以往以短线交易为主、追高买高的交易习惯一致。（3）金某强没有进行内幕交易的意图，在金某华从业的十几年时间内，从未打探消息，更不会为了非实质利好的高送转信息触犯法律规定。（4）金某强交易"东某电缆"不存在任何异常：从买入资金所占比例来看，没有集中买入、单一持股的异常情形，没有突击加大资金情况；换仓交易主要是规避因交易量大带来的庄家砸盘风险；（5）与金某华的通话次数与以往月份并无重大异

---

① 中国证券监督管理委员会〔2017〕81 号行政处罚决定书。

常，通话是因为家中房屋拆迁、补偿事项，未涉及内幕信息。（6）《行政处罚事先告知书》单一认定楼某娟账户市值比例错误，合并金某强账户重新计算后，"东某电缆"仅占总市值的 26.64%，持股情况不存在异常。

证监会认为：（1）金某强买入"东某电缆"与其以往追高买高的交易习惯存在不一致，其提出的基于自身分析买入的解释不足以采信。一是从 2015 年 4 月 3 日开盘至"东某电缆"达到当日最高价期间的市场各股累计涨幅来看，"东某电缆"的累计涨幅并不居前。此外，5 分钟涨速榜是滚动出现的，其在前一个 5 分钟上榜，未必在下一个 5 分钟乃至持续在多个 5 分钟上榜。因此，在上海证券交易所上市交易的 1000 多只股票中，仅凭累计涨幅和 5 分钟涨速榜而关注"东某电缆"，进而大量买入的关注理由实属牵强。二是金某强于 2015 年 4 月 7 日 9 时 49 分首次买入"东某电缆"时，股价为 29.48 元，比当日开盘价 29.02 元仅高出 1.6%，且"东某电缆"当日开盘不久便下跌至 28.87 元，金某强买入时，"东某电缆"股价刚刚回归到开盘价附近，在其买入后不久，市场成交量才放大，股价被拉升。此外，"东某电缆"在其买入的前两日涨幅分别为 4.36%、4.5%，均未出现涨停。因此，金某强于 2015 年 4 月 7 日买入"东某电缆"的操作手法不符合以往追高买高的交易特征。（2）金某强作为多年从事股票交易的人员，知悉内幕交易可能带来的收益，其以往是否打探内幕消息不影响本次内幕交易的认定。（3）金某强与金某华保持较为频繁的联络，说明二人关系密切，不排除在讨论家庭事务之外传递内幕信息的可能。（4）无论是单个计算楼某娟的账户还是将楼某娟与金某强的账户合并计算，截至 2015 年 4 月 9 日收盘，金某强持有"东某电缆"的市值与其当日所持其他股票市值相比，均排名第一位。作为首次买入，其持股情况存在明显异常。（5）金某强没有合理理由解释换仓交易的行为。其称换仓是由于个人账户交易量较大，楼某娟的账户较新、账户名是女的，使用楼某娟账户可规避庄家砸盘风险。但从股票交易实际看，使用楼某娟账户交易并不能达到规避庄家的目的，其提出的理由不合理，无法解释在内幕信息敏感期内，突然选择向楼某娟账户转入大额资金并集中交易"东某电缆"

的异常性。综上，金某强交易"东某电缆"的时间与内幕信息高度吻合，与金某华的通信联络时间高度吻合，没有提出合理理由解释交易的异常，证监会对其申辩意见不予采纳。

在陈某龙犯内幕交易、泄露内幕信息罪一案①中，关于辩护人所提陈某龙投资富某环保股票的动因系基于自己的分析判断，法院认为，从时间吻合程度和交易背离程度来看，不能推断出陈某龙实施了内幕交易行为；陈某龙开通融资融券功能与是否存在内幕交易的犯罪事实不具有关联性的辩护意见。从陈某龙股票投资的交易情况来看，在购入富某环保之前，其雇用朱某作为操盘手进行其他股票的炒卖确实获得了一定收益，但从在案证据来看，其从其他股票上获取的收益正是建立在对投资的股票所属行业的熟悉程度以及听取朱某的建议的基础上，且股票建仓采取的交易手法并非短时间全仓购买。而陈某龙在投资富某环保股票时，在朱某明确表示不看好富某环保的情况下，不仅将股票账户内的股票全部卖出，违背原来的交易习惯短时间全仓购买富某环保，甚至还融资全仓购买富某环保。虽然在这个过程中，陈某龙对富某环保有过一定程度的了解，但是从其购入富某环保的时间节点来看，其炒卖富某环保的时间与富某环保 2012 年度高送转利润分配内幕信息的形成、变化、公开时间基本一致，结合其具有利用刺探手段获取该内幕信息的行为，以及在该内幕信息敏感期内，与内幕信息知情人频繁联系，足以认定其实施了内幕交易行为。故上述辩护意见与查明事实不符，不予采信。

八、交易数额的认定

《刑法》第 180 条规定犯内幕交易罪应并处或单处违法所得一倍以上五倍以下罚金；《内幕交易司法解释》第 10 条规定，内幕交易犯罪的"违法所得"，是指通过内幕交易行为所获利益或者避免的损失。同时，《内幕交易司法解释》第 6 条、第 7 条分别规定了内幕交易罪"情节严重""情

---

① 案号：（2015）浙杭刑初字第 78 号。

节特别严重"的标准，除行为人通过交易获利或避免损失的数额外，行为人的交易成交额（期货案件为占用保证金额）也可成为本罪定罪量刑的依据。背后的立法逻辑在于，正如前述对"内幕信息"重大性的阐述，内幕信息是"可能"对证券市场交易价格产生重大影响，即行为人获取的内幕信息公开后，并非必然导致证券价格的波动，行为人也并不必然能通过相关内幕交易行为获得预期的利益。由此，本罪出现了三个与内幕交易行为相关的数额指标，一是交易"违法所得"；二是通过交易"获利或避免损失数额"；三是交易"成交额"，这三个数额都直接影响本罪的定罪量刑。实践中，对这三类数额的界定存在不同看法。结合最高人民法院在《理解与适用》中的相关观点和相关案例，笔者对此总结如下。

1. 获利或者避免损失的数额，已卖出的以实际所得计算，未卖出的以某特定基准日的账面所得计算。《理解与适用》认为，"经调研，在有的案件中，股票仅卖出一部分；在有的案件中，行为人为逃避处罚通常选择卖亏；而在有的案件中，对未抛售的涉案股票可能需要进行应急处理，根据具体股市行情决定是否抛售。考虑到实际情况纷繁多变，《内幕交易司法解释》未对获利或者避免损失数额的认定确立一个总的原则。实践中比较倾向的观点是，对已抛售的股票按照实际所得计算，对未抛售的股票按照账面所得计算，但对为逃避处罚而卖亏的股票，应当按照账面所得计算。对于涉案股票暂不宜抛售的，在认定获利或者避免损失数额时，应当按照查封股票账户时的账面所得计算，但在具体追缴财产或退赔财产时，可按最终实际所得认定获利或者避免损失数额"。实践中，行为人利用利好型内幕信息买入预计会盈利的股票以达到获利目的，利用利空型内幕信息卖出预计会亏损的股票以达到避损目的。在利好型内幕信息的场景下，根据交易时间节点的不同，可分为如下几种获利类型（假定以下四类情形中行为人均获利）：一是在内幕信息敏感期内买入和卖出；二是在内幕信息敏感期内买入，信息公开或股票复牌后全部卖出；三是在内幕信息敏感期内买入，信息公开或股票复牌后卖出部分，持有部分；四是在内幕信息敏感期内买入股票，信息公开或股票复牌后仍继续持有。后三类案件中，证监会和司法机关通常采用前述"实际所得+账面所得"的标准来衡量，但在"账面所得"计算基准日上存在不同标准，有"内幕信息公开日""股票复牌日""证监会调查发函日""调查终止日""行为人被立案侦查之日""司法机关查封账户日"等不同标准。同时，还存在部分案件中，证监会未计算违法所得，仅处以一定数额罚款；或者暂不计算违法所得，而是责令当事人限期处理其持有的相关股票，如有盈利再予以没收，有亏损则视为没有违法所得。

例如，在王某泄露内幕信息、徐某内幕交易一案[①]中，2012年2月3日下午，王某在与其大学同学徐某电话联系过程中向徐某透露了"德赛电池"股票即将因该公司重大资产重组而停牌的信息。徐某获悉该信息后，于同年2月6日至8日连续买入"德赛电池"股票62万余股，成交金额1328万余元。同年2月10日，"德赛电池"股票临时停牌；2月18日德赛电池发布《关于重大资产重组停牌公告》并于2月20日正式停牌；3月26日，德赛电池发布《关于终止筹划重大资产重组事项暨公司证券复牌公告》并于同日复牌，当日徐某所购"德赛电池"股票以收盘价计算账面盈利150万余元。法院经审理认定王某和徐某的行为分别构成泄露内幕信息罪和内幕交易罪，且均属情节特别严重。该案中，徐某从王某处获悉的德赛电池公司资产重组信息属于利好型内幕信息，但在复牌日德赛电池公司宣告重组失败，徐某获悉的利好内幕信息在复牌后未兑现。徐某在复牌后没有马上抛售，而是选择继续持股，并于3个月后陆续抛售所有涉案股票，共获利730万余元。根据"德赛电池"股票价格变化情况，徐某涉及利用内幕交易的股票在复牌日仍然有获利，且之后该股票价格呈上涨趋势，应将徐某继续持股归于其对市场的判断而作出的选择，而复牌日的获利因与利用内幕交易存在因果关系，故本案中徐某的违法所得应以复牌之日即2012年3月26日的账目获利认定为违法所得，而不能以实际获利的730万余元全部认定为违法所得。[②]

---

① 参见2013年度上海金融犯罪十大典型案例之四。

② 参见罗开卷（上海高院刑二庭法官）：利用利好型信息及利空型信息从事内幕交易的违法所得认定。

　　而对于第一类内幕信息敏感期内买卖股票获利的案件，此时行为人虽有获利，但该获利是否是基于内幕交易行为而获利，即是否应计入内幕交易犯罪的违法所得，证监会与司法机关均存在一定争议。此类情形中，内幕信息公开前，市场尚未对该信息作出反映，行为人所交易的股票价值尚未受到内幕信息的影响，因此在部分案件中，证监会没有将其计入违法所得，仅处以一定数额的罚款，但也有部分案件中，行为人在敏感期内全部卖出并有所获利的，证监会也会将获利金额直接认定为违法所得数额，如在陆某阳内幕交易行政处罚案[①]中，证监局认定，陆某阳知悉内幕信息，使用账户组在内幕信息敏感期内买入"宝某能源"，内幕信息敏感期内，账户组共买入"宝某能源"98100股，金额909866元，内幕信息敏感期内全部卖出，金额914292元。经计算，该账户组盈利2077.74元。基于此，证监会对其作出没收陆某阳违法所得2077.74元，并处以15万元罚款的处罚决定。还可能出现的一种情形是，行为人在敏感期内实际卖出获利的数额对比其利好消息公开时的账面收益更高，或者行为人虽因在敏感期内买入卖出而有所获利，但股票价格后因意外原因（如重组失败）在复牌后并未受到内幕信息的影响或受到负向影响，此时证监会也倾向于认定行为人在内幕信息敏感期内买卖股票获利的结果与利用内幕信息交易的行为存在因果关系，虽不符合惯有的公开前买入、公开后卖出的行为模式，但仍按实际获利金额计算违法所得。

　　2. 单次交易金额以"买入金额"和"卖出金额"中数额较大的认定为成交额。《理解与适用》中对此的解释为："买入金额、卖出金额均能体现行为的社会危害程度。在有的案件中，买入金额最能准确体现行为的社会危害大小，而在有的案件中，卖出金额最能准确体现行为的社会危害大小。考虑到具体案件中情况比较复杂，《内幕交易司法解释》对此未确立一个统一的原则。实践中，对于单次买入金额、卖出金额不同的，比较普遍的做法是按照'从一重处断'原则，即将数量大的认定为成交额（占用保证

① 中国证券监督管理委员会〔2019〕100号行政处罚决定书。

金数额）。"

3. 发生多次交易的应依法累计计算。因"证券、期货犯罪与其他挪用公款的职务犯罪不同，证券、期货犯罪主要体现在交易量的变化对市场秩序以及由此导致的对股民权益的侵害，应当对成交额（占用保证金数额）、获利或者避免损失数额进行累计"，《内幕交易司法解释》第 8 条也对此作出了明确规定。

第四节　其　他

一、内幕交易罪的管辖

（一）级别管辖

《最高人民法院、最高人民检察院、公安部、中国证监会关于办理证券期货违法犯罪案件工作若干问题的意见》第 10 条规定："涉嫌证券期货犯罪的第一审案件，由中级人民法院管辖，同级人民检察院负责提起公诉，地（市）级以上公安机关负责立案侦查。"

（二）地域管辖

在最高人民法院《证券犯罪若干疑难问题之研讨——证券行政执法与刑事审判衔接座谈会综述》中，存在三种观点之争。一种观点建议确立管辖在先原则，由最先发现证券、期货犯罪行为所在地的法院管辖。另一种观点主张，根据《公安机关办理刑事案件程序规定》，涉嫌主罪属于公安机关管辖的，由公安机关为主侦查，人民检察院予以配合；涉嫌主罪属于人民检察院管辖的，由人民检察院为主侦查，公安机关予以配合。还有一种观点主张，关于证券、期货犯罪案件的管辖，可借鉴网络赌博案件，本着有利于查清犯罪事实、有利于诉讼的原则，遇到管辖权不明的，可协商解决。经协商无法达成一致的，可由公安部商最高人民法院、最高人民检察院指定管辖。单位犯罪的，由犯罪地管辖。如果被告单位住所地管辖更为适宜，也可由住所地管辖。

二、内幕交易罪的自首

根据《刑法》第 67 条第 1 款规定，犯罪以后自动投案，如实供述自己的罪行的，是自首。具体到内幕交易案中：①

（一）"自动投案"的认定

内幕交易案通常都是由证券监管部门移送相关犯罪线索，而在案件移送前，证券监管部门往往已经启动了立案稽查程序。也就是说，在案件正式进入刑事诉讼阶段前，行为人已经接受过证券监管部门的调查和询问。因此，不能仅凭行为人没有向司法机关投案的情形就认定其不构成"自动投案"，还应看其向证券监管部门联系的情况。如果行为人有主动向基层组织或者证券监管部门联系（如主动预留联系方式），或者明知会有证券监管部门同其联系，并自愿等候有关部门处理的，均可以认定为自动投案。比如，行为人向证券监管部门预留了其联系方式，或者证券监管部门在向行为人调查前已经向其他涉案人员进行调查，其他涉案人员将行为人的联系方式告知了证券监管部门且行为人对此明知；并在预留地址自愿等候有关部门处理的，可以比照"明知他人报案而在现场等待"的规定，认定其构成"自动投案"。

（二）"如实供述"的认定

内幕交易案中行为人的如实供述内容，应当包括：行为人的主体身

---

① 最高人民法院刑事审判第一、二、三、四、五庭：《刑事审判参考（总第 100 集）》第 1019 号指导案例，法律出版社 2015 版，第 1—7 页。

份；所购买的相关股票名称、数量；行为人获悉内幕交易等相关情况。有两点需要强调：第一，如果行为人没有供述其获悉内幕交易的情况，只供述其从事内幕信息相关交易的情况则不构成"如实供述"。行为人须如实供述主要犯罪事实，主要犯罪事实不仅包括"从事内幕信息相关交易"，还包括其属于非法获取证券、期货交易内幕信息人员的事实。第二，行为人对其行为作出的是基于专业判断而买卖相关股票的辩解，或者行为人关于内幕信息敏感期的异议，对内幕信息知情人员身份的异议等，均属于性质辩解，而非事实辩解，因此不影响对其"如实供述"的认定；具体行为人是否是基于专业判断而作出交易行为，或者内幕信息形成时间如何确定等问题，应由审判机关综合全案证据来认定。

此外，如果行为人已经供述了自己获取内幕信息的事实，同时又辩解其虽然获取了内幕信息，但不是基于内幕信息而是基于专业判断而作出的证券交易，这一辩解本身也难以获得采信。一方面从常理判断，行为人只要获取了内幕信息，就难以撇清该内幕信息对促使其作出交易决定的影响，从而推定行为人是利用内幕信息从事交易。另一方面从法律、司法解释相关规定来看，本罪的认定并不要求直接证明非法获取内幕信息的人员是"利用内幕信息"从事证券交易，只需证明非法获取了内幕信息，从事了内幕信息相关交易，交易明显异常即可。

例如，在满某某、孙某甲内幕交易、泄露内幕信息罪一案①中，关于孙某甲是依据公开信息和自己的专业判断还是利用内幕信息交易宝莫股份的问题，法院认为，判断行为人是利用内幕信息还是依据其他进行交易，关键看促使行为人作出交易决定的因素中有无内幕信息的影响。只要行为人获取的内幕信息对促使其交易决定具有一定影响，即帮助其在一定程度上确信从事相关交易必定获得丰厚回报，就应当认定行为人是利用内幕信息从事内幕交易。本案中，孙某甲关注宝莫股份，是基于内幕信息，买入宝莫股份并不断加大仓位是基于内幕信息，甚至满某某在加拿大考察谈判

① 案号：（2016）鲁05刑初14号。

期间遥控指挥孙某甲取回 270 余万元集资款也全部买入宝莫股份，也是基于内幕信息。从被告人孙某甲使用的两个股票账户分析，在 2013 年 10 月 23 日至 2014 年 1 月 20 日资金量异常放大，并不断转入资金且仅买入宝莫股份一只股票，所买入的宝莫股份绝大部分在内幕信息公开后卖出，两个账户资金变化及交易宝莫股份的时间与内幕信息形成、变化、公开的时间高度吻合。被告人孙某甲及其辩护人所提依据公开信息和自己的专业判断交易宝莫股份的辩解、辩护意见不足以解释孙某甲交易行为的异常，且即使公开信息和行为人自己的判断在交易时起到一定作用，亦不影响对孙某甲利用内幕信息从事内幕交易的认定。对孙某甲购买宝莫股份的股票不属于从事与内幕信息有关的证券交易的辩护意见不予采纳。

第二章

操纵证券、期货市场罪①

第一节　概　述

市场操纵行为可谓一项古老的犯罪行为，其普通法的判例最早可追溯到 1814 年英国的雷克斯诉德贝伦杰案（Rex v. de Berenger）一案。彼时，英法战争正酣。1814 年 2 月 21 日，德贝伦杰到处散布拿破仑已被杀死的虚假信息，刺激伦敦证券交易所中的政府证券，导致价格飞涨，后又迅速通过反向交易获取丰厚利润。德贝伦杰等被告在庭审中辩称，其共谋提高政府的公共基金和其他政府证券价格，有助于提高国家信誉，使得公众受益。法庭则指出："问题的本质在于，公众有权享受一自然而不受不当影响的市场。"该判例开启了操纵证券市场案件的先河，而散布虚假信息以行市场操纵行为至今依然被英美法明确认定为操纵市场犯罪的手段之一。②

市场操纵行为同时又是一项不断更新的犯罪行为。随着社会、资本市场的不断发展，科学技术的日新月异，亦不断诞生出新型的犯罪手段，譬如利用高频软件进行虚假申报操纵，又如利用公开荐股引诱他人交易后进行反向操纵的"抢帽子"操纵等。

而在我国，资本市场起步较晚，相关的立法及执法亦相对滞后。直至 1997 年《刑法》修订，市场操纵行为方正式纳入我国刑法规制范围。在

---

① 撰稿人：廖晓斌。

② 余磊：《操纵证券市场罪研究》，武汉大学 2010 年博士学位论文。

此之前，有关市场操纵行为的法律规制，先散见于各地政府的地方规定，后逐渐过渡到由证监会及国务院颁布的暂行条例。① 而1997年后，为了适应资本市场的发展，《刑法》亦对市场操纵行为的刑法规制进行了多次修正。从以往仅规制"操纵证券交易价格"，扩展到"操纵证券、期货交易价格"，从以往仅规定"操纵交易价格"，扩展到"影响交易价格及交易量"，从以往仅明示列举"连续交易、自我交易、约定交易"三类常见操纵类型，扩展到包括"虚假申报操纵、蛊惑性操纵、抢帽子操纵"等操纵手段。我国的立法逐步完善，亦积累了不少司法实践经验。

我国于2020年11月、2021年7月先后发布了《关于依法从严打击证券违法活动的若干意见》《关于依法从严打击证券违法活动的意见》，证明近几年我国打击证券违法活动的力度逐步加大。根据中国证监会2020年、2021年的案件办理情况通报，2020年全年新增操纵市场立案案件51起，同比增长11%，② 而2021年证监会向公安机关移送相关犯罪41起，同比增长1.5倍。③

如今，市场操纵行为以其行为手段之复杂多样且隐蔽，司法实践认定之困难，学术理论之艰深，"刑行民"多法律部门之交叉等特点，被称为证券类犯罪中最为疑难的犯罪类型。该行为不仅带有证券欺诈之属性，同时又兼具滥用市场交易规则的行为特征。该罪名充满挑战，并时刻考验着法律人的智慧及勇气。

本章内容，选取了中国证监会对外公布的证监稽查典型案例，以及最高人民法院等法院公开的司法判例进行研究，从实务出发，从辩护的角度，结合必要的理论学说，依据相关法律法规，尝试为读者展示一个较为全面的操纵证券、期货市场罪。

---

① 陈恩：《论操纵证券、期货市场罪的认定》，上海大学2014年硕士学位论文。
② 《证监会通报2020年案件办理情况》，中国证券监督管理委员会网站，网址：http://www.csrc.gov.cn/csrc/c100200/cde2e163c393c4d69a384b228dc0fe2af/content.shtml，最后访问日期：2022年6月4日。
③ 《证监会通报2021年案件办理情况》，中国证券监督管理委员会网站，网址：http://www.csrc.gov.cn/csrc/c100028/c1921138/content.shtml，最后访问日期：2022年6月4日。

第二节　本罪概念及其构成要件

我国法律并未对操纵证券市场行为作出完整的定义，而仅有描述性规则。根据《刑法》第 182 条，[①] 该行为可概括为：操纵主体通过连续交易、约定交易、自我交易等市场操纵手段，影响证券交易价格或者证券交易量。简言之，即"市场价量操纵行为"。参考杨万明、周加波在《〈刑法修正案（十一）〉条文及配套〈罪名补充规定（七）〉理解与适用》（以下简称《刑法修正案（十一）理解与适用》）一书中的解读，[②] 以及全国人大常委会法工委刑法室黄太云教授在《〈刑法修正案（六）〉的理解与适用（下）》中的观点，[③] 该罪本质内涵在于，通过各种人为的手段，制造扭曲的、虚假的市场价格（包括营造虚假的繁荣、制造市场活跃的假

[①] 《刑法》第 182 条规定："有下列情形之一，操纵证券、期货市场，影响证券、期货交易价格或者证券、期货交易量，情节严重的，处五年以下有期徒刑或者拘役，并处或者单处罚金；情节特别严重的，处五年以上十年以下有期徒刑，并处罚金：（一）单独或者合谋，集中资金优势、持股或者持仓优势或者利用信息优势联合或者连续买卖的；（二）与他人串通，以事先约定的时间、价格和方式相互进行证券、期货交易的；（三）在自己实际控制的帐户之间进行证券交易，或者以自己为交易对象，自买自卖期货合约的；（四）不以成交为目的，频繁或者大量申报买入、卖出证券、期货合约并撤销申报的；（五）利用虚假或者不确定的重大信息，诱导投资者进行证券、期货交易的；（六）对证券、证券发行人、期货交易标的的公开作出评价、预测或者投资建议，同时进行反向证券交易或者相关期货交易的；（七）以其他方法操纵证券、期货市场的。单位犯前款罪的，对单位判处罚金，并对其直接负责的主管人员和其他直接责任人员，依照前款的规定处罚。"

[②] 杨万明、周加海：《〈刑法修正案（十一）〉条文及配套〈罪名补充规定（七）〉理解与适用》，人民法院出版社 2021 年版，第 145 页。该书对本罪的犯罪客体解读为：行为人扭曲证券、期货交易价格、影响交易量，诱导投资者盲目跟进操作，既侵犯了证券、期货市场秩序，同时也侵犯了投资者的合法权益。

[③] 黄太云：《〈刑法修正案（六）〉的理解与适用（下）》，载《人民检察》2006 年第 15 期。该文第十点载明，《刑法修正案（六）》修改了刑法第一百八十二条操纵证券、期货交易价格罪的处罚标准。证监会、公安部提出，刑法上述规定在执行中遇到一些问题：（1）本罪规定操纵证券、期货交易价格，获得不正当利益或者转嫁风险，情节严重的，才构成犯罪。但考虑到操作者能否实际获利取决于市场等多方面因素。操纵行为对证券、期货市场秩序的危害、对其他投资者的损害并不在于操纵者本人是否能从操纵行为中获利，而在于人为操纵的、扭曲的证券、期货价格欺骗了公众投资者，扰乱了证券、期货市场秩序。（2）……故最终作出了相应修改。

象），引诱他人进行交易，破坏自由竞争的市场机制及正常的供给需求，扰乱市场交易秩序，损害投资人合法权益。以下阐述本罪的四个构成要件。

（一）犯罪主体

本罪的犯罪主体为一般主体，包括自然人和单位。即任何人单独实施或共同实施了市场操纵行为的，均可能构成该罪，这就包括证券投资者，以及非证券投资者。

理论上，本罪主体方面还存在如何区分自然人犯罪及单位犯罪的问题。关键取决于行为人市场操纵行为是否体现为单位意志，以及操纵最终的收益是否归单位所有。盗用单位名义实施犯罪，违法所得由实施犯罪的个人私分的，则显然属于自然人犯罪。① 然而，不同于内幕交易犯罪，某内幕交易行为被定性为单位犯罪的，将可能直接帮助相关负责人降低刑罚档位；② 本罪无论在情节严重及特别严重之情形，抑或在量刑上，拟被追究刑事责任的自然人与单位犯罪中的相关负责人并无明显区别，从有效辩护角度，过多区分两者可能并无太多实际意义，故笔者在此不再赘述。

（二）本犯罪客体

本罪的犯罪客体为复杂客体。根据《最高人民法院、最高人民检察院关于办理操纵证券、期货市场刑事案件适用法律若干问题的解释》（以下简称《操纵市场司法解释》）的导言部分③可知，本罪侵犯的客体包括证券、期货市场的管理秩序，以及投资者的合法权益。

---

① 《最高人民法院关于审理单位犯罪案件具体应用法律有关问题的解释》第3条规定：盗用单位名义实施犯罪，违法所得由实施犯罪的个人私分的，依照刑法有关自然人犯罪的规定定罪处罚。

② 根据《刑法》第180条第2款规定，单位犯内幕交易、泄露内幕信息罪的，其直接负责的主管人员和其他直接责任人员仅有一档刑罚，与自然人犯该罪存在两档刑罚不同。

③ 《操纵市场司法解释》导言部分为："为依法惩治证券、期货犯罪，维护证券、期货市场管理秩序，促进证券、期货市场稳定健康发展，保护投资者合法权益，根据《中华人民共和国刑法》《中华人民共和国刑事诉讼法》的规定，现就办理操纵证券、期货市场刑事案件适用法律的若干问题解释如下。"

（三）主观方面

本罪的主观方面，即行为人应具有操纵证券市场之故意。该故意既包括直接故意，即行为人明知实施市场操纵行为将影响市场价量、破坏市场交易秩序，依然实施该行为并希望危害结果发生；又包括间接故意，即行为人预见到市场操纵行为的危害结果发生的可能性，并加以放任。譬如，后文将提起的，明知他人实施市场操作行为，依然为其提供大量资金、证券户口进行市场操纵之行为，该行为可构成本罪的帮助犯。此时资金、证券账户提供者所持的，便为放任的态度，即使行为人并未直接参与操纵行为。又如，在"蛊惑性操纵""抢帽子操纵"等信息型操纵类型中，行为人可能基于放任的心态散布虚假信息，依然可以构成市场操纵之行为。[1]

主观方面的争议及难点存在于两个方面，一方面为本罪是否为目的犯，即是否应该具有主观目的要件；另一方面则为实践中应如何认定操纵市场之故意。

1. 关于本罪之主观目的要件

在 2006 年的《刑法修正案（六）》颁布之前，《刑法》关于本罪的文义描述存在"获取不正当利益或者转嫁风险"。然而，《刑法修正案（六）》却将该描述进行了删除。

删除的原因，与当时司法实践中存在该描述属于客观结果要件还是属于主观目的要件的争议有着直接关系。从文义表述逻辑上看，原描述"操纵证券、期货交易价格，获取不正当利益或者转嫁风险，情节严重的"，其中"获取不正当利益或者转嫁风险"明显是操纵行为描述完毕之后的结果描述，属于结果要件。换言之，行为人即便实施了严重影响市场秩序的操纵行为，但若操纵结果失败，则不构成本罪。[2] 然而，这显然与立法目的不符。回望前述操纵市场罪的本质，操纵行为对证券或期货市场秩序的

---

[1] 余磊：《操纵证券市场罪研究》，武汉大学 2010 年博士学位论文。
[2] 顾肖荣、张国炎：《证券期货犯罪比较研究》，法律出版社 2003 年版，第 207—208 页。

危害、对其他投资者的损害并不在于操纵者本人是否能从操纵行为中获利，而在于人为操纵的、扭曲的证券、期货价格欺骗了公众投资者，扰乱了证券、期货市场秩序。显然，本罪规制的是市场操纵行为的本身，而非因操纵行为而获利或转嫁风险的结果。这也是另一观点认为该描述本应属于主观目的要件的理由之一。该观点认为，行为人除需要具备操纵的故意外，还需要具有"非法获取不正当利益或者转嫁风险"的目的，方构成本罪，但不要求最终危害结果的实际发生。此后，全国人大常委会删减了该描述以图消除争议。

但是，该描述删除之后，又引起本罪是否属于目的犯之争。一种观点认为，该描述删除后，则无论出于何种目的、是否从中受益，只要行为人故意操纵市场，情节严重的都可构成该罪。[1] 该理解亦被部分学者批评为明显武断。这应与国家干预市场行为（譬如，为了救市而采取的连续交易等行为），符合市场交易规则的上市公司并购行为（可对应市场操纵行为中的约定交易行为），以及量大且合法的连续交易行为等严格区分。这些行为表面上均符合市场操纵行为，但该行为并不违法，反而是对市场有利或应为法律所允许之行为。[2]

那应如何看待或解决这个问题呢？一种观点认为，理应借鉴或仿效国外立法，引入"引诱他人进行证券交易"的目的要件，以更好地区分合法投资行为与市场操纵行为之界限。[3] 另一种观点则从立法技术层面上作出分析。其认为，删除的原因主要是缘于该要件规定的不科学，并未改变该罪目的犯的性质；追求经济利益或转嫁风险是一切经济行为的根本动因，无须赘述；利益的正当与否取决于获利客观行为是否合法，亦无须赘言；删除"获取不正当利益或者转嫁风险"符合立法简明要求。该观点主张，

---

① 刘淑莲：《操纵证券、期货市场行为的刑法新规制研究》，载《北京工商大学学报（社会科学版）》2008年第5期，第105页。
② 何洁群：《操纵证券市场罪研究》，宁波大学2019年博士学位论文。
③ 张岳男：《操纵证券市场罪之主观要件及司法认定》，载《河南司法警官职业学院学报》2012年第3期。

意图影响市场行情正是该犯罪目的所在。[1]

《刑法修正案（十一）理解与适用》一书对于本罪主观方面则认为，"本罪主观上要有操纵证券、期货市场，影响证券、期货交易价格或者交易量的意图。其犯罪动机一般是反向卖出获利，也可能是所管理的资产管理产品禁止，或者避免穿仓风险等。但动机不影响本罪的成立"。[2] 笔者认为，该观点本质上认为本罪并非目的犯，而是可能存在不同的动机，且动机不影响罪名之成立。

笔者赞同上述观点，即本罪并非目的犯。

首先，前述学者可能忽视了我国刑法理论对于"故意"的丰富内涵。我国刑法理论对行为人的主观要件的成立，需要行为人同时对其行为的性质、行为的违法性及行为的后果都要有相应的认识。至于本罪，行为人首先需要明知自己的行为属于操纵市场的行为，明知该行为为法律所禁止并且也深知该行为会造成危害后果（如侵害投资者权益、破坏市场秩序等），最后希望或者放任危害结果的发生。[3] 然而，前述所列举的"政府救市行为、符合交易规则的上市公司收购行为、量大但合法的连续交易行为"，行为人对于行为的性质、行为的违法性、行为的后果认识，以及对于危害后果的主观心态（希望或放任），均不能完全符合"故意"的构成要件。其一，这些情况下，行为人对行为性质的认识，显然不认为属于市场操纵行为，毕竟上述行为本质上为法律法规或证监会所允许。其二，从行为人对行为后果的认识，以及是否希望或放任危害结果发生的主观心态上分析。在这些情况下，行为人所追求的，是有利于市场或符合市场交易规则的行为，具有正面价值，换言之，行为人并不认为自身行为侵害社会或资本市场，进而也并不存在希望或放任危害结果发生的主观心态，就不构成

① 田宏杰：《操纵证券市场罪：行为本质及其司法认定》，载《中国人民大学学报》2014 年第 4 期。
② 杨万明、周加海：《〈刑法修正案（十一）〉条文及配套〈罪名补充规定（七）〉理解与适用》，人民法院出版社 2021 年版，第 148 页。
③ 余磊：《操纵证券市场罪研究》，武汉大学 2010 年博士学位论文。

本罪的故意。综上，前述所列举的均不是"本罪应为目的犯"的有效例证。

其次，正是由于本罪之故意包括间接故意，放任的主观心态与"获取不正当利益或者转嫁风险"等目的要件明显相互矛盾。

最后，如前述，实施本罪的行为人所持目的或动机丰富多样，难以统一成唯一的目的要件。

综上，笔者认为，本罪无须人为僵硬地设置目的要件以区分合法投资行为或者市场操纵行为，从实务的角度出发，我们只需要根据主客观相统一原则，综合评判该行为是否违法，进而判断行为人主观是否存在操纵市场的故意，以甄别是合法交易行为还是市场操纵行为。而这也是司法实践中的疑难点所在。

2. 关于市场操纵之故意的司法认定

司法实践中，司法机关除直接通过当事人陈述、证人证言等证据予以证明外，还常通过调查、核实行为人的交易异常行为，来综合推定行为人的市场操纵之故意。

譬如，"抢帽子"市场操纵行为，行为人通常在证券市场上具有一定知名度和影响力，通过事前建仓，其后利用知名度和影响力推荐股民争相买入其推荐之股票，在股价被托升后再进行反向交易获利。简言之，即"事前建仓，公开荐股，反向操作"。上述的"反向操作"可谓是较能证明行为人具有市场操纵之故意的客观行为之一。不过，实践中该市场操纵行为也存在诸多争议。这亦是笔者认为，从有效辩护的实务角度出发更具有研究价值的内容之一。这部分内容将放在后文章节中再行阐述。

（四）客观方面

1. 概述

本罪客观方面即行为人具体实施的犯罪行为，造成的或可能造成的危害结果。具体到本罪，一方面为手段复杂多变的各类型市场操纵行为；另一方面为市场操纵行为所造成的或可能造成的"影响证券、期货交易价格或者证券、期货交易量"。

本罪自1998年第一次修正以来，进行过多次重大修改，以适应快速发展的证券、期货市场。2020年修正的《刑法》，一方面，吸收了2019年修订的《证券法》以及2019年颁布的《操纵市场司法解释》之规定，新增订了虚假申报操纵、蛊惑型操纵、"抢帽子"操纵等操纵证券市场之手段；另一方面，则将以往在具体各类型操纵手段中分别逐条规定的"影响证券、期货交易交割或者证券、期货交易量"，合并规定到了主条文中。可以看出，现行《刑法》将市场操纵行为界定为其本质是一种市场价格或者交易量之操纵，简言之，即前文所提及的"价量操纵"。

由于市场操纵行为的复杂多样，亦是本罪的重点内容，具体市场操纵行为的司法认定将放在后文章节中，结合具体案例再行阐述。

2. 关于客观方面的结果要件及因果关系

本罪客观方面，市场操纵行为造成的或可能造成的危害结果，即"影响证券、期货交易价格或者证券、期货交易量"。现行《刑法》关于本罪的文义表述逻辑即"操纵证券、期货市场，影响证券、期货交易价格或者证券、期货交易量，情节严重的"。表面上看，本罪客观方面采取了"结果犯"的描述，即文义上具有"影响交易价格或者交易量"的实际结果，且操纵行为与影响价量结果之间存在因果关系。换言之，从文义上看，公诉机关除需要证明行为人实施了操纵手段外，还需要证明市场交易价格或交易量的结果上受到了实际影响，两者之间才存在因果关系。

然而，从长期的司法实践来看，市场操纵行为的认定，仅需要有现实的危险可能性，并不要求有实质的操纵结果，即所谓的"具体危险犯"。[1] 从笔者检索到的案例来看，即使存在进行市场操纵行为后亏损的结果，并未达到行为人拟获利或者减损的目的，也不妨碍证监会或者法院最终对行为人作出行政处罚或者刑事判决。

---

[1] 田宏杰：《操纵证券市场罪：行为本质及其司法认定》，载《中国人民大学学报》2014年第4期。

【案例1】在朱某洪、上海某邦等人合谋操纵"宏某新材"一案①中，上市公司宏某新材实际控制人朱某洪与私募机构上海某邦投资有限公司合谋利用资金、信息优势操纵"宏某新材"股价。其中，朱某洪负责寻找并购重组题材和热点、控制有关信息披露时点，并提供交易资金支持，上海某邦通过连续交易和在自己实际控制的账户之间进行交易。本案行为人交易最终亏损，但仍被处以 300 万元的法定最高罚款。

【案例2】在蝶某资产、谢某华与阙某斌合谋操纵恒某医疗股票一案②中，恒某医疗集团股份有限公司实际控制人阙某彬为实现高价减持股票的目的，与蝶某资产实际控制人谢某华合谋实施信息操纵。行为人通过"讲故事、造热点、炒股价"，最终达到了高价减持股票之目的，最终被证监会予以了行政处罚。在该案中，行为人曾提出抗辩认为"公告发布后股价走势不存在异常状况，公司公告与公司在涉案期间股价大幅上涨的结果无关"。当事人不服证监会的处罚，向北京第一中级人民法院提起了行政诉讼。

该案法院对市场操纵行为的认定作出较为详细的说理。北京市第一中级人民法院认为："一般而言，操纵证券市场行为的认定可从以下两点予以把握：一是行为人客观上实施了可能影响证券交易价格或者证券交易量的行为；二是行为人主观上具有操纵证券交易价格或者证券交易量的意图。关于行为对证券交易价格或者证券交易量产生影响的可能性，考虑到证券市场的价格形成往往是多个因素促成的结果，且各个因素作用在各个价格形成阶段的比重各有不同，精确判断要素作用发挥程度及大小几无可能。因此，这一点可由证券执法人员根据证券市场有关状况或证券市场发展规律，依据普遍的经验法则和证券市场常识予以判断。需要指出的是，

① 中国证券监督管理委员会〔2016〕32号行政处罚决定书（上海永邦投资有限公司、朱德洪、杨绍东等4名责任人员）。又可见上海市第一中级人民法院（2017）沪01刑初86号刑事判决书。

② 中国证券监督管理委员会〔2017〕80号行政处罚决定书［蝶彩资产管理（上海）有限公司、谢风华、阙文斌］。

客观性的价量变动并非必要条件，而仅仅是判断行为本身具有影响的佐证。"① 最终法院维持了证监会的处罚结果。

上述判决深刻地反映了目前司法实践对行为人市场价量操纵结果的态度——行为对价量产生影响具有可能性，但客观性的变动并非必要条件。

这主要是由于，就如上述判决所言，操纵行为与市场波动之间的因果关系，复杂且难以证明，亦可谓是"因果关系的折磨"。市场操纵行为亦不一定最终会出现行为人所预料的结果。笔者认为，或是出于市场监管、防范金融风险、降低司法成本等目的，司法实践对操纵行为的结果，不多作要求。

事实上，2019 年 12 月修订的《证券法》第 55 条，② 新增"意图影响"证券价格或交易量的描述，这亦可充分说明，我国从立法层面拟刻意淡化操纵市场结果要件。这与该修正案从严治理证券犯罪的立法目的是一致的。

那么，司法实践是如何论证或者认定，行为具有对市场价量产生影响的可能，或者已经客观上造成了影响？在证券市场中，交易异常是其核心表现之一，也是证监会及司法机关认定市场操纵行为常用的客观证据之一。换言之，即证券交易价格的变动与同期相关指数的涨跌幅之间的偏离度。参考《深圳证券交易所交易规则》（2021 年 3 月修订）第 6.3 条之规定，交易明显异常的情形包括：（1）同一证券营业部或同一地区的证券营业部集中买入或卖出同一证券且数量较大；（2）证券交易价格连续大幅上涨或下跌，明显偏离同期相关指数的涨幅或跌幅，且上市公司无重大事项公告。

譬如，在上述案例 1 中，上海某邦在利用信息优势连续买卖、操纵期间，宏某新材累计上涨 71.40%，同期中小板综指累计涨幅 25.54%，偏离

---

① 见北京市第一中级人民法院（2018）京 01 行初 77 号行政判决书。又可见北京市高级人民法院（2019）京行终 2311 号行政判决书。

② 《证券法》第 55 条：禁止任何人以下列手段操纵证券市场，影响或者意图影响证券交易价格或者证券交易量……

45.86 个百分点。

即便如此，笔者坚持，与行政处罚不同，如果某市场操纵行为需要被刑法所规制，则公诉机关依然需要证明行为客观上影响了市场价量。这方面是本章辩护的重点内容之一，将会在后文中再行阐述。

3. 关于本罪情节

《操纵市场司法解释》对"情节"的入罪标准作出了新的具体规定，比 2010 年颁布的《最高人民检察院、公安部关于公安机关管辖的刑事案件立案追诉标准的规定（二）》（以下简称《追诉标准（二）》（2010 年））中的规定入罪门槛更低，充分体现了政府严厉打击证券市场犯罪的态度。而 2022 年 4 月，最高人民检察院、公安部研究修订了《追诉标准（二）（2010 年）》，颁布了最新的《追诉标准（二）》（2022 年），亦将过时的市场操纵行为的其他类型以及认定标准，全部修改为与 2019 年《操纵市场司法解释》保持一致。根据《操纵市场司法解释》第 2 条、第 3 条、第 4 条，市场操纵行为的犯罪情节如下表：

表2-1 市场操纵行为的犯罪情节（证券类）

操纵手段	情节严重	情节特别严重	特殊情节
连续交易	1. 持有或者实际控制证券的流通股份数量达到该证券流通股份总量10%以上，连续10个交易日的累计成交量达到同期该证券总成交量20%以上的； 2. 违法所得数额在100万元以上的。	1. 持有或者实际控制证券的流通股份数量达到该证券流通股份总量10%以上，连续10个交易日的累计成交量达到同期该证券总成交量50%以上的； 2. 违法所得数额在1000万元以上的。	违法所得数额在50万元以上，为"情节严重"；违法所得数额在500万元以上，为"情节特别严重"，具有以下情形之一的，为"情节特别严重"： 1. 发行人、上市公司及其董事、监事、高级管理人员，控股股东或者实际控制人实施操纵证券、期货市场行为的； 2. 收购人、重大资产重组股份或控股股东或董事、监事、高级管理人员，或者实际控制人实施操纵证券、期货市场行为的； 3. 行为人明知操纵证券、期货市场行为被有关部门调查，仍继续实施的； 4. 因操纵证券、期货市场行为受过刑事追究的； 5. 2年内因操纵证券、期货市场行为受过行政处罚的； 6. 在市场出现重大异常波动等特定时段操纵证券、期货市场的； 7. 造成恶劣社会影响或者其他严重后果的。
约定交易 自我交易	1. 连续10个交易日的累计成交量达到同期该证券总成交量20%以上的； 2. 违法所得数额在100万元以上的。	1. 连续10个交易日的累计成交量达到同期该证券总成交量50%以上的； 2. 违法所得数额在1000万元以上的。	
蛊惑型壹操纵 抢帽子操纵 制造重大信息操纵 控制信息操纵	1. 证券交易成交额在1000万元以上的； 2. 违法所得数额在100万元以上的。	1. 证券交易成交额在5000万元以上的； 2. 违法所得数额在1000万元以上的。	
虚假申报	1. 当日累计撤回申报量达到同期该证券总申报量50%以上，且证券撤回申报额在1000万元以上的； 2. 违法所得数额在100万元以上的。	违法所得数额在1000万元以上的。	

表2-2　市场操纵行为的犯罪情节（期货类）

操纵手段	情节严重	情节特别严重	特殊情节
连续交易 / 囤积现货操纵	1. 实际控制的账户合并持仓连续10个交易日的最高值超过期货交易所限仓标准的2倍，累计成交量达到同期该期货合约总成交量20%以上，且期货交易占用保证金数额在500万元以上的； 2. 违法所得数额在100万元以上的。	1. 实际控制的账户合并持仓连续10个交易日的最高值超过期货交易所限仓标准的5倍，累计成交量达到同期该期货合约总成交量50%以上，且期货交易占用保证金数额在2500万元以上的； 2. 违法所得数额在1000万元以上的。	违法所得数额在50万元以上，具有下列情形之一的，为"情节严重"；违法所得数额在500万元以上，具有以下情形之一的，为"情节特别严重"： 1. 发行人、上市公司及其董事、监事、高级管理人员、控股股东或者实际控制人实施操纵证券、期货市场行为的； 2. 收购人、重大资产重组人员、控股股东或者实际控制人实施操纵证券、期货市场行为的； 3. 行为人明知操纵证券、期货市场行为被有关部门调查，仍继续实施的； 4. 因操纵证券、期货市场行为受过刑事追究的； 5. 2年内因操纵证券、期货市场行为受过行政处罚的； 6. 在市场出现重大异常波动等特定时段操纵证券、期货市场的； 7. 造成恶劣社会影响或者其他严重后果的。
约定交易 / 自我交易 / 蛊惑型操纵 / 抢帽子操纵	1. 实际控制的账户连续10个交易日的累计成交量达到同期该期货合约总成交量20%以上，且期货交易占用保证金数额在500万元以上的； 2. 违法所得数额在100万元以上的。	1. 实际控制的账户连续10个交易日的累计成交量达到同期该期货合约总成交量50%以上，且期货交易占用保证金数额在2500万元以上的； 2. 违法所得数额在1000万元以上的。	
虚假申报	1. 当日累计撤回申报量达到同期该期货合约总申报量50%以上，且撤回申报的期货合约占用保证金数额在500万元以上的； 2. 违法所得数额在100万元以上的。	违法所得数额在1000万元以上的。	

从上述表格可见，本罪的入罪标准采取"数额加情节"的混合认定模式。数额上既包括行为数额（如持股持仓量及交易量），又包含了结果数额（违法所得额），情节上还包括行为主体、社会影响、既往史（违规受行政处罚），等等。

需要注意的是，市场操纵行为之认定是"定性"与"定量"之结合，上述的情节之规定仅满足定量部分，对于"定性"的部分依然需要结合其行为模式先行判断，评判其是否符合《刑法》中关于市场内操纵行为的实质内涵。特别是在连续交易、约定交易、自我交易、虚假申报等四种市场操纵行为中，由于交易量、申报量标准是其核心的定罪标准之一，在符合上述定量标准的情况下，若以此为准倾向性认定市场操纵行为，则会陷入司法认定的误区。[①]

此外，关于违法所得额应如何计算的问题，法律尚未作出明确规定，实践中争议极大。根据《操纵市场司法解释》第 9 条之规定，"违法所得"，是指通过操纵证券、期货市场所获利益或者避免的损失。然而，法律法规对于应如何具体计算的规则，仍然付之阙如。参考 2007 年中国证监会印发的《证券市场操纵行为认定指引（试行）》第 50 条及第 51 条之规定，违法所得的计算，应以操纵行为的发生为起点，以操纵行为终止、操纵影响消除、行政调查终结或其他适当时点为终点；在计算违法所得的数额时，可参考下列公式或专家委员会认定的其他公式：违法所得＝终点日持有证券的市值＋累计卖出金额＋累计派现金额－累计买入金额－配股金额－交易费用（指税费、交易佣金、登记过户费、交易中其他合理的手续费等）。

可以看出，应如何认定违法所得计算的起止点，是上述参考指引中的关键要素。显然，在不同的市场操纵行为模式下，起止点的认定亦有所不同，而前述指引的"终点日"甚至罗列了三种情况加兜底条款，规则较为模糊。

---

① 谢杰：《市场操纵犯罪司法解释的反思与解构》，载《法学》2020 年第 1 期。

需要补充说明的是，该指引自 2007 年发布至被废止之日已经长期存在，对理解与适用本罪有较大的指导及参考价值，该指引在某种程度上代表了实践中处理市场操纵行为认定的倾向性观点，故本文亦会在多处参考该规范性文件。

（五）市场操纵行为的本质内涵

了解完本罪的构成要件后，我们还需要了解市场操纵行为的本质，以更好地甄别市场操纵行为以及合法交易行为。

理论上对于市场操纵行为之本质，存在争议。有观点认为其本质属于证券欺诈，也有观点认为，从客观结果角度认为其本质属于市场滥用行为等。[1] 而本章在解读本罪构成要件之前，为了让读者有个整体的初步概念，笔者首先提及了本罪的本质，即通过各种人为的手段，制造虚假的市场价格，引诱他人进行交易，破坏自由竞争的市场机制及正常的供给需求，扰乱市场交易秩序，损害投资人合法权益。现作补充分析。

笔者认为，虽然带有欺诈之性质，但该行为随着社会、资本市场的变革而不断发展，至今已然与传统财产欺诈类犯罪显然不同。传统的各类诈骗犯罪直接通过事实的捏造或隐藏，达到行为人骗取财产之目的。然而，在交易型操纵手段中，譬如行为人通过大量或频繁的连续交易，引诱他人进行交易，拉抬股价后通过反向交易获取利润。此类操纵中，行为人并未直接捏造事实骗取他人财产，却有通过人为的手段引诱他人交易的欺诈性质。因此，直接以证券欺诈作为市场操纵行为之本质或内涵，显得浮于表面。[2] 故市场操纵行为的本质内涵，除带有欺诈的属性特征外，还应强调其市场操纵行为的客观方面。在操纵行为下，市场所反映的市场价格及交易量，是虚假的，扭曲的，并不能反映正常的供给需求。行为人旨在排除

① 田宏杰：《操纵证券市场罪：行为本质及其司法认定》，载《中国人民大学学报》2014 年第 4 期。
② 田宏杰：《操纵证券市场罪：行为本质及其司法认定》，载《中国人民大学学报》2014 年第 4 期。

市场竞争，而非充分地参与市场竞争。正常的市场竞争活动是被严重干扰、破坏的。在证券市场上，被操纵的某只股票的市场价格，则可能严重偏离其客观价值，与其基本面大不相符。

第三节　市场操纵行为的司法认定

本节主要聚焦实践中是如何认定各类型市场操纵行为的。需要说明的是，实践中行为人往往通过不止一种类型的操纵行为进行价量操纵。由于市场操纵行为本身的高门槛，具有专业性以及隐蔽性，尤其是在价格波动变幻莫测的证券市场，行为人为了达到获利或减损之目的，除利用资金、持股优势进行连续交易操纵外，还可能会串通他人进行约定交易，在自己控制的账户之间进行自我交易，甚至会对外发布虚假信息蛊惑投资人交易等，进行多维度多方位的或诱空或诱多的市场操纵。以下具体阐述。

一、"行为人实际控制的账户"的司法认定

在具体介绍市场操纵行为的各类型之前，需要先就这个问题进行阐述。这是因为在实践中，所有的操纵行为的调查、认定的逻辑前提，是需要先行找出行为人所实际控制的证券账户。这直接影响证券交易量及交易价格的认定，进而影响违法所得的计算。

根据《操纵市场司法解释》第 5 条之规定，可认定为"自己实际控制的账户"包括：

（1）行为人以自己名义开户并使用的实名账户；

（2）行为人向账户转入或者从账户转出资金，并承担实际损益的他人账户；

（3）行为人通过第 1 项、第 2 项以外的方式管理、支配或者使用的他

人账户；

（4）行为人通过投资关系、协议等方式对账户内资产行使交易决策权的他人账户；

（5）其他有证据证明行为人具有交易决策权的账户。

有证据证明行为人对前款第 1 项至第 3 项账户内资产没有交易决策权的除外。

从第 1 款第 5 项之兜底条款，以及第 2 款之规定可知，我国法律认定"自己实际控制的账户"的核心标准为"交易决策权"。这具体可分为：其一为名义标准，即以谁的名义开户并使用的；其二为资金标准，即资金经过谁的账户流入、流出，又由谁实际承担损益；其三则为其他方式的交易决策标准，即通过前两者以外的方式，包括投资关系、协议等方式进行管理、支配的具有决策权的账户。

那么实践中具体是如何认定"实际控制的账户"的呢？

【案例 3】在唐某博、唐某子等人操纵"同某顺""杰某科技"一案[①]中，证监会较为概括地说明了相关认定标准，其以交易股票品种类似、交易配合特征明显，下单所使用电脑、地址高度重合，有关银行账户网银转账地址高度重合，资金关联度高四个方面认定同案人员实际控制账户之情况。

【案例 4】在刘某东操纵"德某化工"股票行政处罚一案中，中国证监会在其发布的行政处罚决定书[②]中，详细地载明了其认定账户控制情况的具体标准，包括：

其一，相关人员的自认及指认，即根据刘某东自认、名义持有人及他人指认，可认定刘某东实际控制的相关证券账户；

其二，物理地址重合情况，即在历史委托下单中，涉案账户组所使用的 IP/MAC 地址、硬盘序列号等硬件信息存在重合；

---

① 中国证券监督管理委员会〔2017〕20 号行政处罚决定书（唐汉博、唐园子、袁海林等 5 名责任人员）。

② 中国证券监督管理委员会〔2020〕103 号行政处罚决定书（刘晓东）。

其三，资金来源情况，刘某东在其他人的协助下筹集资金，经他人账户划转至其控制的银行账户，再由刘某东经多道划转转入各涉案个人及信托证券账户；

其四，身份关系情况，即部分证券账户的名义所有人与刘某东存在亲友或者共同工作关系等；

其五，交易行为特征，即相关个人证券账户的开户时间相近，相关资金信托计划成立时间相近，且个人证券账户及信托计划均在成立后 10 日左右即交易同一只股票"德某化工"，具有交易趋同性。

《刑法修正案（十一）理解与适用》一书中，对账户控制关系的认定，认为可从以下方面综合认定，即"涉案账户之间的资金关联；涉案账户之间的 IP、MAC 地址或者其他软硬件关联；涉案账户交易的趋同性；投资关系、协议、融资安排或者其他安排；行为人自认；账户名义所有人等人员指认等"。[1]

上述五个方面，基本囊括了如今认定实际控制账户的综合标准。事实上这五个方面亦是围绕前述司法解释中的各项标准，结合实践进行的具体细化，其核心依然为交易决策权。可以看出，上述标准秉持"实质大于形式"之原则，对证券账户的交易决策权归属进行实质判断，从而认定行为人"实质控制的账户"。如今，证监会通过大数据技术可以准确地调查、核实行为人实际控制的账户。

此外，还值得关注的是，对于出借账户的名义持有人，应如何评价其出借账户给行为人进行市场操纵手段之行为。

在实践中，尤其是在连续交易操纵的情况下，市场操纵的行为人往往需要借用大量的非本人名义之账户，从事市场操纵行为。而《证券法》第58 条规定，任何单位和个人不得违反规定，出借自己的证券账户或者借用他人的证券账户从事证券交易。然而，笔者认为，该条规定仅针对出借账

---

[1] 杨万明、周加海：《〈刑法修正案（十一）〉条文及配套〈罪名补充规定（七）〉理解与适用》，人民法院出版社 2021 年版，第 150 页。

户本身的违规行为，并未作进一步法律评价。此外，从行政处罚及刑事判决的结果来看，一如上文提及的两个市场操纵案，单纯出借账户供他人进行证券交易的，并不会受到市场操纵行为的法律规制。

参考 2007 年中国证监会印发的《证券市场操纵行为认定指引（试行）》第 11 条之规定，证券公司明知投资人操纵证券市场，向其提供资金、账户等协助的，可认定为合谋操纵市场。笔者认为，在出借人明知行为人拟实施市场操纵行为，依然提供账户甚至巨额资金提供帮助，即使采取放任的心态，即便出借人并未直接实施市场操纵行为，但由于其对操纵行为的实施提供了实质上的帮助，出借人依然构成本罪的帮助犯。实践中还应根据主客观相一致之原则，进行综合认定。

二、连续交易

连续交易行为，为常见的传统市场操纵行为。《刑法》第 182 条规定的连续交易型市场操纵行为，指"单独或者合谋，集中资金优势、持股或者持仓优势或者利用信息优势联合或者连续买卖"。这里的关键要点有三：其一，"集中资金、持股或者持仓优势或者信息优势"；其二，"联合或者连续买卖"；其三，"连续交易操纵之故意"。

何为"集中资金、持股或者持仓优势或者信息优势"？集中资金、持股或者持仓优势较好理解。参考《证券市场操纵行为认定指引（试行）》第 17 条及第 18 条，资金、持股或持仓优势，是指行为人为买卖证券所集中的资金或持有的证券、期货相对于市场上一般投资者具有数量上的优势；这通常以行为人在行为期间动用的资金量及占相关证券的成交量的比例，同期市场交易活跃程度以及投资者参与交易状况，持有实际流通股份的总量及占相关证券的实际流通股份总量的比例，同期相关证券的投资者持股状况等因素综合分析判断。《操纵市场司法解释》第 2 条有关"情节严重"的规定，可以作为持股、持仓优势的参考标准之一，即"持有或者实际控制证券的流通股份数量达到该证券的实际流通股份总量百分之十以上""实际控制的账户合并持仓连续十个交易日的最高值超过期货交易所限仓标准的二倍"。

【案例5】 罗某东等人操纵市场一案①，则为一典型的利用资金、持股优势进行连续买卖的市场操纵行为的重大案件。该案中，犯罪团伙中的各行为人，合谋通过民间配资进行股票交易，集中资金优势（日配资2亿元左右）、持股优势，以连续交易等手段，操纵迪贝电气等数只股票，获利4亿余元。

较难理解的是"信息优势"。《证券市场操纵行为认定指引（试行）》第19条认为，信息优势，是指行为人相对于市场上一般投资者对标的证券及其相关事项的重大信息具有获取或者了解更易、更早、更准确、更完整的优势；前款所称重大信息，是指能够对具有一般证券市场知识的理性投资者的投资决策产生影响的事实或评价，包括但不限于内幕信息、对证券市场有重大影响的经济、金融政策、证券交易信息等。对于本罪的"信息"的范围，存在不同观点。笔者认为，这里的"信息"外延宽泛，既可为内幕信息，亦可为公开渠道获得的信息；可以是真实的信息，也可以是虚假的信息。即便是虚假的信息，通过编造、传播、散布虚假信息，依然可以形成信息优势进而连续买卖影响市场价量。故只要是能够影响一般理性投资者的投资决策或者投资行为的信息，均可归属于本市场操纵行为中的"信息"。

何为"联合或者连续买卖"？我国法律同样未有明确的定义。参考上述认定指引第20条，"联合买卖"即2个以上行为人，约定在某一时间段买入或卖出某种证券；而参考其第21条之规定，在1个交易日内交易某一证券2次以上，或在2个交易日内交易某一证券3次以上，即可构成"连续买卖"。

需要注意的是，连续交易市场操纵行为的构成要件，为利用持有的资

---

① 见浙江省高级人民法院（2020）浙刑终45号刑事裁定书。又可见浙江省金华市中级人民法院（2019）浙07刑初40号刑事判决书。

源优势加上联合或连续买卖行为，重点为连续交易行为，本质属于交易型操纵。这与后文的信息型操纵，包括蛊惑性操纵、重大事项操纵以及利用信息优势操纵等行为相区别。衡量交易型操纵是否构成犯罪，重点在于评价交易量情形，而信息型操纵并不要求行为人在交易中具有“联合或连续买卖”的特征。[①]《操纵市场司法解释》中对于情节的设定亦可见一斑（读者可参考前文证券类的情节归纳表格）。对于交易型证券市场操纵行为，主要设定资金或持股优势及成交量的量化标准；相反，对于信息型市场操纵行为，则主要采用“证券交易成交额”“违法所得额”作为认定标准。换言之，前者主要是以“连续买卖”行为影响市场交易价量，而后者则主要针对信息手段，以信息本身影响市场交易价量。

案例 1 朱某洪、上海某邦等人合谋操纵“宏某新材”一案中，则包含较为典型的利用信息优势连续买卖股票的市场操纵行为。在该案中，朱某洪通过大宗交易将 4788 万股宏某新材股票减持至杨某东（上海某邦的实际控制人）实际控制的账户，拟让上海某邦进行“市值管理”。后朱某洪陆续将其投资利好信息透露给上海某邦。上海某邦则利用其获悉宏某新材收购进程、重组规划、发展战略等信息的优势，在二级市场上通过连续买卖、自买自卖等方式拉抬宏某新材股票价格。

【案例 6】 陈某庆操纵“国某酝领”一案。[②] 陈某庆为国某酝领的董事长及法定代表人。该案中，陈某庆本身具有持股优势。而国某酝领在 2015 年 1 月至 5 月曾 6 次查询股东名册，中国证券登记结算公司在 2014 年年末、2015 年 3 月后每月月中、月末自动向国某酝领发送股东名册，国某酝领董事会秘书李某君向陈某庆发送了除 2015 年 2 月 27 日外的所有股东名册，陈某庆知悉包括做市券商在内所有股东的持股情况。陈某庆利用其持股优势及信息优势，连续大量买卖该只股票，拉抬股价，对国某酝领的股价及交易量产生了重大影响。

---

① 杨万明、周加海：《〈刑法修正案（十一）〉条文及配套〈罪名补充规定（七）〉理解与适用》，人民法院出版社 2021 年版，第 149 页。

② 中国证券监督管理委员会〔2015〕43 号行政处罚决定书（刘晓东）。

何为连续操纵市场之故意？如前述，市场操纵的故意，体现为意图影响证券市场的交易价格或交易量，引诱他人投资，人为扭曲、制造市场交易价格或交易量。然而，相较于下文将提及约定交易（对敲）、自我交易（洗售）、虚假申报等较为明显违反法律规定的市场操纵行为，连续交易行为在证券市场上表现为常见的交易策略或交易技术，若不触及操纵市场行为，法律本不予以禁止。应如何认定连续操纵的故意，是区分合法连续交易行为以及操纵性质的连续交易操纵的关键要素之一。

司法实践中，除通过当事人供述、证人证言、微信聊天记录、电子邮件往来内容等直接证据以证明行为人之故意外，还经常通过行为人是否进行反向操作以获利或避免损失、交易行为异常等间接证据予以论证。反向交易通常是证明的行为人市场操纵之故意的核心证据之一。譬如，在上述案例 1 中，上海某邦在利用信息优势连续买卖操纵期间，在不同的迅速拉抬股票价格的时间段中，存在拉抬股票后进行反向交易卖出的操作。笔者将在后文结合行为人提出的合法性抗辩事由再进行阐述分析。

三、约定交易

约定交易行为，又称"相对委托""对敲"。《刑法》第 182 条规定的约定交易行为，指"与他人串通，以事先约定的时间、价格和方式相互进行证券、期货交易的"行为。该行为常与连续交易、自我交易行为体现在同一市场操纵案件中，也是较为常见的传统市场操纵手段。在交易规模庞大的活跃市场中，仅靠一人的力量通常难以行使市场操纵行为，或难以操纵市场价格的走向，多数情况下会有共同操纵行为。

本行为构成要件包括"与他人串通""以事先约定的时间、价格和方式相互进行交易"。

"与他人串通"，说明行为人为了行市场操纵行为，而达成了意思联络。[①] 这种意思联络应该是深入的、双向的，互相知悉对方将进行市场操

---

① 《证券市场操纵行为认定指引（试行）》第 24 条。

纵行为。显然，"约定交易"行为，必然不存在仅有一方知悉另一方实施市场操纵行为的情形，这种情形不成立"相对委托"的市场操纵行为。然而，笔者认为，如前所述，明知他人实施市场操纵行为而依然提供帮助的，包括提供资金、账户等资源而后收取利息、管理费等，可以构成帮助犯。

"以事先约定的时间、价格和方式相互进行证券交易"，指行为人共同实施的，由一方做出交易委托，而另一方依据事先的约定做出时间相近、价格相近、数量相近、买卖方向相反的委托，双方相互之间进行的证券交易。[1] 鉴于交易的即时性、复杂性，市场操纵行为的隐蔽性，苛求每一笔交易委托数量相等、价格相同、方向相反，显然不合适。因此实践中常见的约定交易，每一笔的交易委托并不完全相同。当然，也存在交易委托数量相同、价格相等、时间相近的相对委托市场操纵案件。

【案例7】上海易某试与中某证券等合谋操纵"易某试"股票一案。[2] 中某证券为易某试的新三板挂牌主板券商以及做市商之一。相关行为人合谋主要采用中某证券做市交易在二级市场买入拉抬股价，同时通过易某试公告利好信息、向投资者推荐等其他方式拉抬易某试股价，之后将买入的易某试股票卖回给易某试方面操纵或安排的账户。在约定交易期间，交易双方出现诸多数量相等、价格相同、买卖方向相反、委托时间接近的委托。譬如，2015年8月7日9：10′55″，中某证券做市户以16.3元的价格委托卖出易某试股票59000股，而9：11′39″易某试控制的账户以16.3元的价格委托买入易某试股票59000股，双方成交59000股；又如，8月11日9：23′36″，易某试控制的账户以19.4元的价格委托买入易某试股票230000股，而9：29′51″和9：30′05″中某证券做市户以19.4元的价格分别委托卖出易某试股票130000股、100000股，双方成交230000股；等等。本案的约定交易行为，则较为明显。

---

[1] 《证券市场操纵行为认定指引（试行）》第25条。
[2] 中国证券监督管理委员会〔2017〕100号行政处罚决定书（上海易所试网络信息技术股份有限公司、中泰证券股份有限公司、章源等8名责任人员）。

四、自我交易

自我交易又称"洗售交易""冲洗买卖""对倒交易",亦是常见的传统市场操纵行为。《刑法》第182条规定的自我交易行为,指"在自己实际控制的帐户之间进行证券交易,或者以自己为交易对象,自买自卖期货合约的"行为。

该行为的构成要件关键之一在于,应如何认定自己实际控制的账户。这在前文已作过详细阐述,在此不再赘述。此外,值得注意的是,法律法规并未对自我交易行为的交易时间、价格、数量等操作方面作出明确规定,这就包括前述的《证券市场操纵行为认定指引(试行)》。对于该问题存在不同观点。笔者认为,这里可以参考前述相对委托对于交易操作的认定。同样由于市场操纵行为的隐蔽性、交易的复杂性,不应苛求每一笔交易的时间、价格及数量均相同且方向相反,但也应对自我交易操纵的操作要件有所限制。因此,对于洗售行为的具体操作的认定可以适当放宽,交易时间可以有先后,价格及数量亦可有所不同,但是显然必须存在一进一出的相对交易操作,否则不构成洗售,而有可能构成其他市场操纵行为。

洗售行为较之连续买卖、相对委托行为,人为扭曲的市场价格、制造虚假繁荣的客观表征更为明显。这是由于,按照一般投资常理,投资人对某只股票或者期货价格的走向看好或者看坏,在一段时间内应该具有一致性,不可能在短时间内频繁地一方面看多,另一方面又看空。这种证券所有权并未发生实际转移、徒增交易成本的行为,与市场常识不符。

【案例8】陈某操纵"国债1507"等国债案。[①] 本案中,陈某在"国债1507"等5只国债的交易中,频繁互为对手方交易,利用自己实际控制的账户,累计对倒该5只交投本不活跃的国债117次,抬高收盘价,以操纵形成的价格通过国债质押式回购业务超额融入资金,降低融资成本,影响了国债价格,构成市场操纵。

---

① 中国证券监督管理委员会〔2018〕45号行政处罚决定书(陈贤)。

五、虚假申报

虚假申报。根据《刑法》第 182 条之规定，其指"不以成交为目的，频繁或者大量申报买入、卖出证券、期货合约并撤销申报的"行为。参考《证券市场操纵行为认定指引（试行）》第 39 条之规定，频繁申报和撤销申报，是指行为人在同一交易日内，在同一证券的有效竞价范围内，按照同一买卖方向，连续、交替进行 3 次以上的申报和撤销申报。

与其他市场操纵行为的构成要件不同，虚假申报操纵行为比其他操纵行为多出一个主观目的构成要件，即"不以成交为目的"。证券交易规则中，本是允许投资者撤回申报的。应如何认定幌骗交易行为中"不以成交为目的"，是区分合法的高频交易行为①以及本罪市场操纵行为的关键问题。

笔者认为，与连续交易操纵故意的认定相似，是否存在反向交易操作套利或避免损失，是识别虚假申报操纵的主要标识。行为人通过设置正反方向的大小订单，故意通过大额订单引诱投资者，引起交易价量之变化后，迅速撤销大额订单，以成交反方向的小额订单，以此获取利润。② 再者，申报驻留时间。大额订单存续时间越短，越频繁地申报后撤销，越能反映行为人"不以成交为目的"的主观方面。最后，成交比例或撤单比例。如果成交的比例越低，而撤单的比例越高，亦能在很大程度上反映行为人的"不以成交为目的"的主观方面。根据《操纵市场司法解释》第 2条第 6 项之规定，"当日累计撤回申报量达到同期该证券、期货合约总申

---

① 高频交易主要是通过算法设定复杂的计算机程序进行大量的交易决策。算法交易在程序化的运作下，以毫秒为单位来计算相关交易时间，大量快速地进行证券买卖交易活动。高频交易主要是借助于复杂的算法程序和先进的技术系统，通过特定时间内大量、快速的证券买卖，以证券交易的价格差获取巨大利益。从本质上来说，高频交易属于中性的交易技术，是证券领域金融工具与科技手段的深层次结合，其借助算法的技术优势，在市场的瞬时定价差之间进行套利，参见商浩文：《大数据时代证券市场虚假申报操纵犯罪的司法认定》，载《中国刑事法杂志》2020 年第 6 期。

② 商浩文：《大数据时代证券市场虚假申报操纵犯罪的司法认定》，载《中国刑事法杂志》2020年第 6 期。

报量百分之五十以上，且证券撤回申报额在一千万元以上、撤回申报的期货合约占用保证金数额在五百万元以上的"可达到入罪门槛。这里规定当日撤回申报量达到 50%，说明成交量低于 50%，"不成交的目的"亦较为明显。

前述案例 3 唐某博等人操纵"同某顺"等股票一案中，证监会可以依据上述三种客观情形综合认定虚假申报操纵行为。该案中，在连续 23 个交易日，唐某博等人实际控制的账户组在每个交易日均交易"同某顺"，其中 14 个交易日存在对倒交易，18 个交易日存在反向交易，12 个交易日全日撤回申报量占账户组申报量比例超过 50%，且驻留时间极短，共获利 91805493.91 元。譬如，2 月 26 日通过控制的 A 账户以 82 元至 85.68 元申报买入 3615000 股，成交前撤回申报 3173524 股，占申报量的 87.79%，最短驻留时间为 6.3899 秒，成交 441476 股，成交金额 36808392 元，成交均价 83.38 元，通过控制的 B 账户以 83 元至 86.7 元价格申报卖出 1282134 股，成交 500810 股，成交金额 42736693.24 元，成交均价 85.34 元。该日中，既有反向交易之操作获利（卖出价量比买入价量高），申报驻留时间极短（最短驻留时间为 6.3 秒），且撤回申报比例相当高（87.79%）。

【案例 9】唐某博等人操纵"华资实业""京投银泰"一案。① 此案例的手段同上述案例类似。2012 年 5 月至 2013 年 1 月，被告人唐某博伙同被告人唐某子、唐某琦，利用实际控制的账户组，不以成交为目的，频繁申报、撤单或大额申报、撤单，影响股票交易价格与交易量，并进行与申报相反的交易。其间，先后利用控制账户组大额撤回申报买入"华资实业""京投银泰"股票，撤回买入量分别占各股票当日总申报买入量的 50%以上，撤回申报额为 0.9 亿余元至 3.5 亿余元；撤回申报卖出"银基发展"股票，撤回卖出量占该股票当日总申报卖出量的 50%以上，撤回申报额 1.1 亿余元，并通过实施与虚假申报相反的交易行为，违法所得共计 2581.21 万余元。

---

① 案号：(2019) 沪 01 刑初 19 号。

六、信息型操纵

1. 概述

以往信息型操纵，被学者认为属于新型操纵手段。这是因为，在很长一段时间内，《刑法》关于操纵证券、期货市场罪的正文表述中，仅存在连续交易、约定交易以及自我交易三种市场操纵行为的列举，其余的市场操纵行为，均放在了兜底条款当中。在 2019 年的《证券法》修订之前、《操纵市场司法解释》颁布之前，仅在《追诉标准（二）》（2010）中进行了规定。司法实践则以《刑法》与《证券法》的双重兜底条款对该类市场操纵行为作出同质性解释并继而进行司法认定，直至现如今立法的进一步完善。

有趣的是，在本罪的概述中笔者提到，历史上关于操纵市场的案件最早可以追溯到 200 年前英国的 Rex v. de Berenger 一案，该案中行为人正是通过散布虚假信息实施市场操纵行为，亦即本节的信息型操纵手段之一。故从历史上看，信息型操纵手段事实上由来已久。

相对于前述更注重交易操纵技术的交易型操纵，信息型操纵则侧重于信息本身对证券、期货市场交易价量的直接影响。这就包括本节介绍的"蛊惑性操纵""'抢帽子'操纵""重大事项操纵""利用信息优势操纵"。这类市场操纵行为围绕对市场价量可直接造成影响的信息做文章，包括虚假或不确定的重大信息，对交易标的公开作出的评价、预测、投资建议，投资并购等虚假重大事项等。即便如此，信息型操纵的违法性实质，并不在于信息本身具有欺骗性或欺诈性，而在于金融资本市场中，信息发布者与接受者之间存在利益冲突。这是由于，信息发布者发布的信息将可能直接影响或控制接受者的资本配置行为。若信息发布者在公布信息同时又参与相关金融商品的交易，则将可能构成信息型操纵。[1]

2. "抢帽子"操纵

"抢帽子"操纵，又称"黑嘴荐股"。根据《刑法》第 182 条之规定，

---

[1] 钱列阳、谢杰：《证券期货犯罪十六讲》，法律出版社 2019 年版，第 327 页。

该类操纵指"对证券、证券发行人、期货交易标的公开作出评价、预测或者投资建议，同时进行反向证券交易或者相关期货交易的"行为。简言之，即"事前建仓，公开荐股，反向操作"。行为人首先事前建仓，后利用其在市场上的知名度和影响力，推荐股民购入相关股票，在股价被托升后再行反向交易获取利润。

【**案例 10**】汪某中操纵证券市场一案。① 汪某中是北京首某投资顾问有限公司法定代表人。2007 年 1 月 9 日至 2008 年 5 月 21 日，汪某中采取先买入工商银行、中国联通等 38 只股票，后利用首某公司名义通过新浪网、搜狐网、上海证券报、证券时报等媒介对外推荐其先期买入的股票，并在股票交易时抢先卖出相关股票，人为影响上述股票的交易价格，获取个人非法利益。据中国证券监督管理委员会统计，在首某公司推荐股票的内容发布后，相关 38 只股票交易量在整体上出现了较为明显的上涨：个股开盘价、当日均价明显提高；集合竞价成交量、开盘后 1 小时成交量成倍放大；全天成交量大幅增长；当日换手率明显上升；参与买入账户明显增多；新增买入账户成倍增加。汪某中采取上述方式操纵证券市场 55 次，累计买入成交额人民币 52.6 亿余元，累计卖出成交额人民币 53.8 亿余元，非法获利共计人民币 1.25 亿余元归个人所有。

以往"抢帽子"操纵行为属于特殊主体行为。根据《追诉标准（二）》（2010 年）第 39 条之规定，"抢帽子"操纵的犯罪行为主体仅限于"证券公司、证券投资咨询机构、专业中介机构或者从业人员"。② 根据

---

① 何婧：《"股市黑嘴"汪建中操纵证券市场一审被判七年》，载中国法院网，https://www.chinacourt.org/article/detail/2011/08/id/459538.shtml，最后访问日期：2022 年 4 月 30 日。

② 《最高人民检察院、公安部关于公安机关管辖的刑事案件立案追诉标准的规定（二）》（2010年）第 39 条规定："……（七）证券公司、证券投资咨询机构、专业中介机构或者从业人员，违背有关从业禁止的规定，买卖或者持有相关证券，通过对该证券或者其发行人、上市公司公开作出评价、预测或者投资建议，在该证券的交易中谋取利益，情节严重的……" 又可见《证券市场操纵行为认定指引（试行）》第 35 条第 1 款规定："本指引所称抢帽子交易操纵，是指证券公司、证券咨询机构、专业中介机构及其工作人员，买卖或者持有相关证券，并对该证券或其发行人、上市公司公开做出评价、预测或者投资建议，以便通过期待的市场波动取得经济利益的行为。"

《证券法》等相关法律法规之规定,①这类人员本身属于禁止参与股票交易的人员,与信息接受者即一般的投资者之间存在明显的利益冲突。因此该类主体之"抢帽子"操纵行为首先被法律所规制。而针对非从事上述职业的人员,譬如一般财经新闻的主持人、嘉宾等媒体机构的从业人员,其实施的"抢帽子"行为能否受到法律规制,则存在争议。如今,随着立法的不断完善,"抢帽子"操纵行为已从以往的特殊主体扩充到一般主体,《追诉标准(二)》(2022年)已跟随《证券法》《操纵市场司法解释》《刑法》进行了跟进修订。

在上述法律法规修订之前,中国证监会曾经以《证券法》的兜底条款"以其他手段操纵证券市场"的规定,追究某财经节目的嘉宾主持人的行政责任。

【案例11】廖某强操纵证券市场案。本案系一起借助互联网短视频等形式公开荐股并从中牟利的"黑嘴"案件。廖某强是知名财经媒体上海广播电视台第一财经频道《谈股论金》节目的嘉宾主持,同时通过其经营的APP等平台发布荐股视频,积累了名气和受众。廖某强在不具有证券投资咨询执业资格情况下,利用自身影响力,在微博、博客上公开评价、推荐股票。在荐股前先行买入,然后推荐他人买入,并在股价上涨时迅速卖出,牟取短期价差。2015年3月至11月,廖某强实施46次操纵行为,涉及39只股票。2018年4月,证监会依法对廖某强作出行政处罚。

上述案件发生《操纵市场司法解释》颁布之前。由于此前《追诉标准(二)》(2010年)规定的本操纵行为的行为主体为特殊主体,根据刑法从旧兼从轻原则,廖某强之行为尚未受到《刑法》的规制,并不构成犯罪。

---

① 《证券法》第40条第1款、第2款规定:"证券交易场所、证券公司和证券登记结算机构的从业人员,证券监督管理机构的工作人员以及法律、行政法规规定禁止参与股票交易的其他人员,在任期或者法定限期内,不得直接或者以化名、借他人名义持有、买卖股票或者其他具有股权性质的证券,也不得收受他人赠送的股票或者其他具有股权性质的证券。任何人在成为前款所列人员时,其原已持有的股票或者其他具有股权性质的证券,必须依法转让。"

3. 蛊惑性操纵

根据《刑法》第 182 条之规定，该类操纵指"利用虚假或者不确定的重大信息，诱导投资者进行证券、期货交易的"行为。行为人既可以是虚假或者不确定的重大信息的编造者，也可以是其传播者或者散布者。[①] 该操纵行为模式与"抢帽子"操纵相似，即事前买入或卖出相关证券，后编造、传播或散布虚假或不确定的重大信息，股价发生波动后进行反向操作。[②]

虚假信息的传播或散布之对象，通常为不特定的多数人，方足以影响证券市场的交易价量；然而，这并不排除特定少数的投资者具有巨量资金、持股或持仓优势，其凭借一己之力足以引起金融市场的价格波动。如果行为人提供虚假信息诱骗特定少数投资者买卖证券、期货合约的，尚不足以影响市场价量的，可以构成《刑法》第 181 条第 2 款规定的"诱骗投资者买卖证券、期货合约罪"；如果足以影响市场价量的，笔者认为还需要结合行为人的行为模式、主观故意等方面综合认定，若行为人最终在通过证券、期货市场的价格波动中进行反向操纵最终获取利润的，即其本质上通过诱骗投资者买卖证券、期货合约进而影响市场价量，换言之前者只是手段，影响价量波动为其目的，则原则上成立本罪。[③]

本操纵行为的构成要件关键还在于如何认定虚假或者不确定信息的"重大性"。笔者认为，如前述"利用信息优势连续买卖"中"信息"的范围，信息型操纵的"信息"也应具有重大性，即"能够对具有一般证券、期货市场知识的理性投资者的投资决策产生影响的事实或评价"。如果"信息"不具有重大性，或者不具有影响证券、期货市场的可能，换言之，行为人的信息型操纵行为不具有现实的危害可能性，则不应构成该市场操纵行为。有关信息"重大性"的判断，本质上完全可以借鉴内幕交易犯罪中有关信息"重大性"的论证。

[①] 《证券市场操纵行为认定指引（试行）》第 31 条。
[②] 《证券市场操纵行为认定指引（试行）》第 32 条。
[③] 钱列阳、谢杰：《证券期货犯罪十六讲》，法律出版社 2019 年版，第 337—338 页。

【**案例 12**】吴某模操纵凯某德一案。① 吴某模为凯某德实际控制人。由于凯某德经营状况持续恶化，亏损严重，其控制凯某德发布涉及发展彩票业务、基金业务等新题材的利好信息拉抬股价，但凯某德对相关事项并未积极推进，部分事项相继宣告终止或者取消，相关信息披露存在不真实、不准确、不完整、不及时等情形。这种虚假或不确定的信息吸引投资者跟进买入。与此同时，吴某模控制账户组集中资金优势、持股优势连续买卖，并在自己实际控制的账户之间交易"凯某德"，配合拉抬"凯某德"股价，后卖出股票获取巨额利润。吴某模行为具有"先买入股票建仓—再发布利好信息配合二级市场交易拉抬股价—后卖出获利"的特征，构成蛊惑交易操纵行为。

4. 重大事项操纵

重大事项操纵，又称"忽悠式""画大饼"操纵。根据《操纵市场司法解释》第 1 条规定，该类操纵，指"通过策划、实施资产收购或者重组、投资新业务、股权转让、上市公司收购等虚假重大事项，误导投资者作出投资决策，影响证券交易价格或者证券交易量，并进行相关交易或者谋取相关利益的"行为。

有观点认为，重大事项操纵与蛊惑交易操纵的区别在于，蛊惑交易操纵中行为人并未实施虚假的行为，只是利用了虚假或者不确定的重大信息，而重大事项操纵中行为人实施了"策划、实施"重大事项的具体虚假行为。② 笔者认为，这观点仅停留在法条文字表面，显然理解错误。根据前述分析，蛊惑交易操纵的行为人既可以是虚假或者不确定的重大信息的编造者，也可以是其传播者或者散布者，当然也可以两者都有。2020 年修正的《刑法》，并未吸收 2019 年颁布的《操纵市场司法解释》有关重大事项操纵之规定，笔者认为这是因为重大事项操纵本质上属于蛊惑性操纵的特殊类型，为后者所包含。重大事项操纵的构成要件或者行为模式、行为

---

① 中国证券监督管理委员会〔2020〕52 号行政处罚决定书（吴联模）。
② 林雨佳：《操纵证券、期货市场罪中兜底条款的适用》，载《中国检察官》2019 年第 22 期。

特征，均完全符合蛊惑性操纵。只不过前者的虚假信息，描述的是实践中更为常见的上市公司的并购重组、投资新业务等，而实施、策划该类虚假信息的，通常是上市公司的实际控制人、协助作伪"市值管理"的投资公司等。

前述案例12其实也构成"重大事项操纵"。行为人吴某模控制凯某德发布发展彩票业务、基金业务等不真实的、虚假的利好信息，既是虚假的重大事项（重大信息）的传播者，也是虚假重大事项的编造者（实施、策划者）。行为人发布利好信息、诱导一般投资者入场后，股价被逐步抬升，最后进行反向操作，卖出股票获利。

5. 控制信息操纵

与上一节介绍的操纵类型相同，2020年修正的《刑法》同样未吸收《操纵市场司法解释》有关利用信息优势操纵之规定。根据《操纵市场司法解释》第1条规定，该类操纵，指"通过控制发行人、上市公司信息的生成或者控制信息披露的内容、时点、节奏，误导投资者作出投资决策，影响证券交易价格或者证券交易量，并进行相关交易或者谋取相关利益的"行为。

需要说明的是，笔者认为，上一节"重大事项操纵"与本节操纵行为，或来源于《追诉标准（二）》（2010年）第39条之规定，即"（六）上市公司及其董事、监事、高级管理人员、实际控制人、控股股东或者其他关联人单独或者合谋，利用信息优势，操纵该公司证券交易价格或者证券交易量"。从定义中，我们可以看到，《追诉标准（二）》（2010年）中的"利用信息优势"与前文连续交易行为中的"利用信息优势"之用词，完全重合。彼时学者将该市场操纵行为称为"利用信息优势操纵"。且在2019年各相关法律的颁布后，至今还依然存在学者作此称谓。从称谓上我们便可以一瞥，该两者操纵行为，在较长的司法实践中，存在法律适用上的混淆和争议，直至2019年《操纵市场司法解释》的颁布。

为了消除争议，厘清两者的法律适用，《操纵市场司法解释》一改以往的定义，将"利用信息优势操纵"修改细分为"策划、实施资产收购或

者重组、投资新业务、股权转让、上市公司收购等虚假重大事项"，以及
"控制信息披露的内容、时点、节奏"，并把本节市场操纵手段的行为模式
作较为明显的区别性定义。故此，2019 年后，便有人将该两类操纵行为分
别称作"重大事项操纵"以及"控制信息操纵"。① 而《刑法修正案（十
一）理解与适用》一书，直接把"利用信息优势连续交易"称作"利用
信息优势操纵"，② 因此，笔者在本章中亦建议，随着法律的更新完善，修
改称谓，以更好地区分两者不同的市场操纵手段。

信息型操纵与"利用信息优势连续交易"的区别，在前文介绍连续交
易时以及在信息型操纵的前言中便已作阐述。以下再举案例分析本节市场
操纵的行为模式与连续交易在法律适用上的争议。

【案例 13】徐某等人操纵证券市场一案。③ 2010 年至 2015 年，徐某单
独或伙同被告人王某、竺某，先后与十三家上市公司的董军长或实际控制
人，合谋控制上市公司择机发布"高送转"方案、引入热点题材等利好消
息，徐某、王某基于上述信息优势，使用基金产品及其控制的证券账户，
在二级市场进行涉案公司股票的连续买卖，拉抬股价，徐某以大宗交易的
方式，接盘上述公司股东减持的股票，上述公司股东将大宗交易减持的股
东获利部分，按照约定的比例与徐某等人分成，或者双方在共同认购涉案
公司非公开发行的股票后，以上述方式拉抬股价，抛售股票获利，或实现
股票增值。徐某组织实施了全部 13 起证券交易操纵行为，从中非法获取
巨额利益。最终法院认定徐某、王某、竺某实施了利用信息优势连续买卖
的操纵行为，分别被判处有期徒刑 5 年 6 个月、有期徒刑 3 年以及有期徒
刑 2 年缓刑 3 年，同时并处罚金。

虽然上述案件中，法院适用了"利用信息优势连续操纵"认定徐某的
操纵行为，然而，不少学者的观点认为，上述案件中，法院的法律适用与

---

① 林雨佳：《操纵证券、期货市场罪中兜底条款的适用》，载《中国检察官》2019 年第 22 期。
② 杨万明、周加海：《〈刑法修正案（十一）〉条文及配套〈罪名补充规定（七）〉理解与适用》，人民法院出版社 2021 年版，第 149 页。
③ 《徐翔等人操纵证券案一审在青岛宣判徐翔获刑 5 年 6 个月》，载中国法院网，https://www.chinacourt.org/article/detail/2017/01/id/2536588.shtml，最后访问日期：2022 年 4 月 30 日。

徐某等行为人的操纵行为手段实际上有所偏差。上述案件中，徐某择机发布"高送转"方案、引入热点题材等利好消息，引诱投资者入场，辅之以连续买卖的方式拉抬股价，最后反向操纵卖出股票获取利润。该行为本质上符合"事先建仓或已持仓–择机发布信息引起股价波动–反向交易获利"的利用信息操纵的行为模式。在该案中，行为人主要是通过择机发布利好消息，控制信息发布的时间、节点、节奏，诱导市场投资者跟风投入，引起市场波动后反向交易获取利润，其在少数特定交易日的连续交易行为事实上难以造成股票价格的持续影响。本案实际上是以信息型操纵为主、以交易性操纵手段为辅的市场操纵行为。[①]

笔者认为，2019 年颁布的《操纵市场司法解释》，便是对以往"利用信息优势操纵"的定义及法律适用不完善、不准确的重要修改和补充。以往《追诉标准（二）》（2010 年）对于利用信息优势进行市场操纵的法律规制，一方面仅限于上市公司及其董事、监事、高级管理人员等特殊主体（譬如上述徐某一案便无法适用该法条进行规制）；另一方面又没有规定情节严重的入罪门槛，且"利用信息优势"的内涵付之阙如；若适用"利用信息连续交易"的操纵情节，又可能存在行为人的连续交易量并未达到法律规定门槛，或者连续交易行为本身并不足以对市场价量造成影响的情况（譬如上述徐某一案中，少数特定交易日的连续交易行为，事实上难以造成股票价格的持续影响）。这时，虽然行为人的相关市场操纵行为造成恶劣的社会影响，但却陷入无法律适用的尴尬局面。故司法解释作此补充修改和补充。

2022 年 4 月，如前文所述，随着最新的《追诉标准（二）》（2022 年）的颁布，最高人民检察院及公安部将过时的市场操纵行为的其他类型以及认定标准全部修改，与 2019 年《操纵市场司法解释》保持一致。自此，笔者认为，这两者在法律适用上的争议与混淆，在很大程度上得到了缓解。

---

① 林雨佳：《操纵证券、期货市场罪中兜底条款的适用》，载《中国检察官》2019 年第 22 期。

6. 信息型操纵的类型边界模糊

笔者认为，法律对于各类型信息型操纵的定义，实际上边界不清。除"抢帽子"操纵的行为模式较为突出、较好识别外，笔者认为，其他三类的信息型操纵行为，从定义上本身便互有交叉，界限模糊，较难区分。从信息类型上，我们似乎可将"抢帽子"操纵与其他三类操纵行为所区分。因其所涉及的信息本身侧重于评测或者投资建议，属于意见类型，无所谓真假，本质上与其他三类不同。但是，如果该评论或意见系基于行为人编造的或者明知的虚假信息而作出的，则该行为又与蛊惑性操纵有所交叉。其他三类所涉及的信息则属于对客观事实进行描述的信息，涉及真假辨认的问题。如前所述，"蛊惑性操纵"中的"虚假或者不确定的重大信息"，从文义上即包含了"重大事项操纵"中的"虚假重大事项"，而如果"利用信息优势操纵"中涉及的披露的信息也存在虚假或不确定的信息，则亦与前两者的行为有所重叠。这还有赖于未来立法进行完善。

然而，从情节上看，上述四类证券类的信息型操纵，根据《操纵市场司法解释》的相关规定，其犯罪情节是相同的，即"证券交易成交额在1000万元以上，或者违法所得数额在100万元以上的"。从有效辩护的角度出发，区别不同类型的信息型操纵则可能意义不大；而区别信息型操纵与交易性操纵则更具有价值，因两者的犯罪情节明显不同。

七、其他操纵行为

我国历史上曾经出现过一例行为人利用计算机入侵交易系统，直接修改委托数据，拉抬股票价格进而抛售股票获利的案例。

【案例 14】赵某操纵证券市场案。[①] 赵某具有多年从事证券交易的经历，谙熟证券交易的电脑操作程序。赵某为了抬高股票价格，以便其本人及朋友能在抛售股票时获利，利用计算机侵入三亚中亚信托投资公司上海新闸路证券交易营业部的计算机信息系统，对该部待发送的委托数据进行

---

① 案号：（1999）静刑初字第 211 号。

修改，以致"兴业房产"和"莲花味精"两种股票的价格被抬高。赵某
及其朋友乘机抛售股票获利数万元，而三亚营业部因此遭受 295 万余元的
经济损失。法院经过审理后认为，赵某身为证券行业从业人员，理当自觉
执行证券管理制度、维护证券交易秩序，但其为了使自己和朋友所持的股
票得以高价抛售，从中获取非法利益，利用修改计算机信息系统存储数据
的方法，人为地操纵股票价格，扰乱股市交易秩序，给三亚营业部造成巨
大经济损失，情节严重。赵某的行为构成操纵证券交易价格罪，[①] 应当依
法承担刑事责任。

该案件在当时引起了不少的争议，有观点认为应成立破坏计算机系统
信息罪，另有观点认为应成立操纵证券市场罪。

法院分析认为，破坏计算机信息系统罪侵犯的客体是国家对计算机信
息系统设立的安全保护制度。而操纵证券交易价格罪侵犯的客体是国家对
证券的管理制度和投资者的合法权益。赵某的整个行为，从现象上看是非
法侵入了他人的计算机信息系统，修改了他人计算机信息系统中存储的数
据，致使他人计算机信息系统的部分信息遭到破坏。这些表象，与破坏计
算机信息系统罪的犯罪行为相似。但是赵某并非以破坏国家对计算机信息
系统设立的安全保护制度为目的的实施犯罪行为，其行为主观上是想在引
起股票价格异常上涨时抛售股票获利，客观上引起了股市价格的异常波
动，结果也确实使自己及朋友获得了利益，而给三亚营业部造成巨大的经
济损失。赵某的犯罪，虽然使用的手段与《刑法》第 286 条第 2 款的规定
相牵连，但是侵犯的客体是《刑法》第 182 条所保护的国家对证券的管理
制度和投资者的合法权益，因此构成的是操纵证券交易价格罪，而非破坏
计算机信息系统罪。

---

① 当时的市场操纵行为对应的罪名为"操纵证券交易价格罪"，后经过不断立法的完善，逐步
修正为如今的"操纵证券、期货市场罪"。下同。

第四节 辩护要点归纳及分析

一、市场操纵的认定应符合刑法构成要件及其违法性实质

操纵证券、期货市场犯罪，属于典型的法定犯。[①] 相对于可供道德谴责、明显违反伦理道德的自然犯，本罪的犯罪性由法律明确规定，与传统财产类犯罪明显不同。虽然本罪在手段上带有某些证券欺诈的行为特征，但是，如前所述，本罪的本质内涵还在于通过各种人为的手段，制造虚假的市场价格，引诱他人进行交易，破坏自由竞争的市场机制及正常的供给需求，扰乱市场交易秩序，损害投资人合法权益。

正是由于操纵市场行为的法定犯属性及其复杂性，司法机关在认定行为人实施市场操纵行为时，更应该注重对各类市场操纵行为的构成要件进行论证；在面临新型市场操纵行为时，应避免简单适用兜底条款，坚持对兜底条款的同质性解释，以符合罪刑法定原则，体现刑法谦抑性。

二、兜底条款的同质性解释

前文已提到，在《刑法》《证券法》《操纵市场司法解释》分别修正、修订、颁布之前，在较长的一段时间内，法律对于除连续交易、约定交易、自我交易外的"新型"操纵市场行为，除在《追诉标准（二）》（2010年）中有所体现外，均付之阙如。司法实践中通常以《刑法》及《证券法》的双重兜底条款来认定除前述三种传统市场操纵行为外的"新型"市场操纵行为。因此，坚持以同质性解释来适用兜底条款，对于防止

---

① 张泽辰：《资本市场改革背景下证券犯罪法律规制研究》，华东政法大学2021年博士学位论文。

滥用兜底条款进行类推适用而成为"口袋罪"而言，则显得尤为重要。虽然随着立法的不断修正，以往"新型"操纵市场行为相继被归入《证券法》《操纵市场司法解释》《刑法》中，但笔者认为，随着国内金融资本市场的不断发展，未来将还有可能遇到更多新型的"疑似市场操纵行为"，而法律总是滞后的。故在立法修订后谈论同质性解释，对于法律的正确适用而言，依然存在其价值。

同质性解释，指概括性条款的含义与范围，要求与例示条款之间保持同类性。对于同质性的判断标准，目前主要有两种观点。其一，即同一类型说，认为概括性条款所涉行为要求与例示条款所涉行为具有同一类型或类似情形；其二，即实质相同说，认为行为的实质内涵并不限于例示条款列明的行为类型，行为的技术性和规范性游离于规范类型之外，此时就不应当仅关注行为类型的同一，而需要侧重考查行为的实质内涵以比较是否相同。但前者容易导致法律适用狭窄僵硬，后者则容易突破罪刑法定原则。① 有的学者则提倡双层次同质性解释方法，即第一层次，注重构成要件要素内部的比对；第二层次，加强规范保护目的作为刑法规范与刑事政策之间的沟通，赋予兜底条款一定的弹性，又不至于突破刑法规制的范围。② 笔者认为，这种观点实际上折中了前两种学说，具有参考价值。

然而，笔者同时认为，上述刑法解释理论性较强，运用至司法实践中可能依然捉襟见肘。有观点建议，在对疑似市场操纵行为作上述刑法解释之前，可考查全球主要刑法规范领域中是否普遍性地以某种罪名予以规制，以及对比其他各国或地区的法律是如何规定该特定行为。③ 笔者十分赞同该建议。相较于我国金融资本市场，其他发达国家或地区的资本市场可能已经发展的较为成熟，其对于相关市场操纵行为的法律规制或更加全面，通过考查对比后，再进行国内层面上的法律适用，对于司法实践而言显得更有价值和意义。

---

① 李谦：《双层次界定刑法同质性解释》，载《检察日报》2018年1月17日，第3版。
② 李谦：《双层次界定刑法同质性解释》，载《检察日报》2018年1月17日，第3版。
③ 钱列阳、谢杰：《证券期货犯罪十六讲》，法律出版社2019年版，第279页。

三、结果要件的法律适用及因果关系之抗辩

1. 结果要件的法律适用

根据前述分析，司法实践对于市场操纵行为的认定，倾向于仅需要现实的危险可能性，并不要求实质的操纵结果，即所谓的"具体危险犯"。然而，笔者依然坚持，与行政处罚不同，市场操纵行为若需被刑法规制，公诉机关依然需要论证存在客观上的市场价量变动，以及行为与市场价量变动之间存在因果关系，理由如下：

其一，从文义逻辑上看，现行《刑法》的表述为"操纵证券、期货市场，影响证券、期货交易价格或者证券、期货交易量，情节严重的"。那么，从语言逻辑出发，公诉机关就需要论证市场价量客观上发生了变动，以及行为与市场价量变动之间的因果关系。

其二，从修法选择上看，2020年《刑法修正案（十一）》，并未跟随2019年《证券法》将"意图影响"载入修正之中。笔者认为，这正说明立法机关对本罪的结果要件及因果关系，依然从严把握，与行政处罚相区别。

其三，从证明标准上看，行政处罚的证明标准可能较为多元，实践中存在争议，其包括高度盖然性的"优势证明"标准，通常并不需要达到刑法上排除合理怀疑的高度。因此，在案例2中，虽然法官对于市场操纵的结果要件做了深刻的说理认为，"客观性的价量变动并非必要条件，而仅仅是判断行为本身具有影响的佐证"，但笔者认为这也仅适用于行政处罚案件中的证明标准，并不能以此适用于刑法证明标准当中。如果公诉机关无法提出证据证明市场价量存在客观变动，以及行为与市场价量变动之间的因果关系，这本身就说明拟被指控的行为存在争议，难以达到排除合理怀疑的证明标准，相关指控或不能成立。

综上，笔者认为，从辩护的角度出发，本罪的成立需要具备影响市场价量的结果要件，属于结果犯。

2. 因果关系之抗辩

前文提到，司法实践通常以证券交易价格的变动情况与同期相关指数（如大盘指数或者行业指数的涨跌幅的偏离度）来论证因果关系，以认定行为已造成了客观的价量变动。然而，法律法规并无明确规定，多少数值或者何种程度的偏离属于交易明显异常。此外，引起价量变动的原因本就复杂多样。因此，在公诉机关已就本罪的因果关系作出举证论证之后，也应允许行为人对因果关系作出抗辩或者提供反证，即在被指控的涉案期间，市场价量的变动系由其他原因引起的。

比如，在行为人停止交易证券期间，依然出现了涨停或跌停的现象，这说明行为人的相关操作与市场价量的变动并无关联。这个抗辩较适合传统交易型市场操纵行为。因为在此类操纵行为中，行为人本质上是通过市场连续交易行为引发市场价量的波动，与交易行为有着密切联系。相反，该抗辩并不适合信息型操纵行为或以其为主的综合型操纵。因为该市场操纵行为以信息本身对市场价量的影响为主，是否停止交易可能并不妨碍信息的持续发酵对市场价量的持续影响。

又如，涉案的证券交易价格的涨跌幅与同期相关指数的涨跌幅的偏离度并不高，行为人之交易可能在某种程度上影响了交易量，但并未实际造成交易价量异常。这种情况可能会出现在某只股票本身便明显有上涨或者下跌的趋势，行为人的交易可能加深此种上涨或下跌趋势。而基于一般投资者追涨杀跌的金融心理，这种"投机行为"无可厚非，不应该受到法律所禁止。

四、主观故意的抗辩——合法性抗辩事由

在认定市场操纵行为时，如何确定行为人的故意是本罪的疑难点及关键所在。基于本罪的复杂性，在公诉机关已就本罪的认定进行举证论证之后，还应当允许行为人进行具有正当目的的合理合法性抗辩，提供反证，以证明行为人不存在市场操纵之故意。

1. 基于长期持有的目的实施的连续交易行为

行为人本身便为证券大户，基于长期持有的目的，对某只或数只股票看好而进行客观上可能引起市场价量波动的连续交易行为。这里关键还在于，行为人是否存在在股价被抬升之后，短期之内迅速反向交易卖出股票而获利的行为。在通常情况下，反向交易是判定行为人是否存在市场操纵之故意的常用的核心客观标准之一。行为人持有证券的时间越长，越能证明行为人并不具有操纵市场之故意；反之，则越能体现出行为人的主观故意。当然，当前述的反向交易与连续买入的间隔时间较短，则行为人还可以对短时间内进行抛售作出合理性解释甚至提供反证。如基于对涉案股票的跟踪关注和个人分析判断，譬如提出相关政府或行业的政策变化、不可抗力的发生等因素可能将导致该只股票基本面急剧恶化、股票价格将急剧波动，故抛售股票。

2. 行为人为了收购上市公司、获取上市公司控制权的目的而连续买卖

这里的关键在于，行为人是否有根据《证券法》的相关规定，对该行为履行法定披露义务。① 若行为人为了规避新信息披露的法定义务，通过借用散户的证券账户，以连续交易的方式控制上市公司大量的流通股，则该过程实际上剥夺了其他投资者公平交易的决策权利，存在被认定市场操

---

① 《证券法》（2019 年修订）第 63 条规定，通过证券交易所的证券交易，投资者持有或者通过协议、其他安排与他人共同持有一个上市公司已发行的有表决权股份达到 5% 时，应当在该事实发生之日起 3 日内，向国务院证券监督管理机构、证券交易所作出书面报告，通知该上市公司，并予公告，在上述期限内不得再行买卖该上市公司的股票，但国务院证券监督管理机构规定的情形除外。投资者持有或者通过协议、其他安排与他人共同持有一个上市公司已发行的有表决权股份达到 5% 后，其所持该上市公司已发行的有表决权股份比例每增加或者减少 5%，应当依照前款规定进行报告和公告，在该事实发生之日起至公告后 3 日内，不得再行买卖该上市公司的股票，但国务院证券监督管理机构规定的情形除外。投资者持有或者通过协议、其他安排与他人共同持有一个上市公司已发行的有表决权股份达到 5% 后，其所持该上市公司已发行的有表决权股份比例每增加或者减少 1%，应当在该事实发生的次日通知该上市公司，并予公告。违反第 1 款、第 2 款规定买入上市公司有表决权的股份的，在买入后的三十六个月内，对该超过规定比例部分的股份不得行使表决权。第 65 条规定，通过证券交易所的证券交易，投资者持有或者通过协议、其他安排与他人共同持有一个上市公司已发行的有表决权股份达到 30% 时，继续进行收购的，应当依法向该上市公司所有股东发出收购上市公司全部或者部分股份的要约。收购上市公司部分股份的要约应当约定，被收购公司股东承诺出售的股份数额超过预定收购的股份数额的，收购人按比例进行收购。

纵行为的法律风险。①

3. 稳价操作行为

行为人为上市公司的大股东，为了护盘而实施的常见的稳价操作，对上市公司的股票进行增持。若上市公司的大股东，依据《上市公司信息披露管理办法》（2021）等相关法律法规履行了法定的披露义务，事实上是对市场给予强心针，系对上市公司具有信心的表现，应为法律所允许。然而，如果通过其他手段，如前述通过借用散户的证券账户，以连续交易的方式控制上市公司大量的流通股以拉抬股价的，则事实上破坏自由竞争的市场竞争，旨在排除竞争，而非参与市场竞争的，亦存在被认定市场操纵行为的风险。

【案例 15】陈某铭等人操纵"中某数据"一案。② 2018 年 2 月至 2019 年 1 月，中某数据实际控制人陈某铭指使总经理谢某、市场操盘手胡某控制使用 101 个证券账户，通过连续交易、对倒等手法操纵中某数据股价，非法获利 1147 万元。陈某铭辩称，其仅希望股价稳定在预期之上，没有操纵牟利的动机和企图，不存在操纵故意。证监会认为，陈某铭等人确有将股价稳定在一定预期之上、从而规避质押风险的意图，并通过安排配资交易的方式实现上述目的，陈某铭、谢某知悉胡某拟拉抬股价的情况，当事人所称的不存在操纵故意、操纵行为由胡某独立实施等说法不能成立。

4. 行为人证券所有权已实际转移的真实交易

如前所述，约定交易中，通常行为人之间串通以"对敲"的方式拉抬股价，后在价量变动中的一方获取利润后对利润进行分成。此行为模式中，行为人的证券所有权并未实际转移，交易亦非真实交易。相反，如果行为人的证券所有权已实际发生了转移，交易亦具有真实的金融商品交易基础，则不应认定约定交易的市场操纵犯罪。

---

① 钱列阳、谢杰：《证券期货犯罪十六讲》，法律出版社 2019 年版，第 322—323 页。
② 中国证券监督管理委员会（2021）28 号行政处罚决定书（陈建铭、谢晶、胡侃）。

5. 已根据有关业务规则进行公开预告的投资评测建议

对于"抢帽子"操纵行为的认定，如果行为人公开作出的评价、预测或者投资建议，已经依据有关法律、行政法规、规章或有关业务规则的规定，公开作出相关预告的，不视为抢帽子交易操纵。[①]

实践中，还存在多样的抗辩事由，譬如当事人因场外原因急于套现而非故意操纵市场等，则需要具体案件具体分析。

五、不构成市场操纵行为的情形

参考《证券市场操纵行为认定指引（试行）》第 48 条之规定，上市公司、上市公司控股股东或其他市场参与人，依据法律、行政法规和规章的规定，进行下列市场操作的，不构成操纵行为：（1）上市公司回购股份；（2）上市公司控股股东及相关股东为履行法定或约定的义务而交易上市公司股份；（3）经中国证监会许可的其他市场操作。

六、违法所得的计算

首先，违法所得应当与操纵行为具有因果关系，即行为人获取利润或者避免损失是来源于其市场操纵行为。[②] 其次，关于具体计算。如前所述，由于法律具体规定的空缺，违法所得的计算一直存在争议。参考《证券市场操纵行为认定指引（试行）》第 50 条及第 51 条之规定，如果行为人已经完全平仓的，则其违法所得为平仓价（累计卖出金额及现金派送额）与买入价（包括买入金额、配股金额、交易费等）的差额；如果行为人尚未平仓的，则违法所得需要加上"终点日持有证券的市值"。这里的"终点日"，包括操纵行为终止日、操纵影响消除日、行政调查终结日等适当时点。此时，行为人可用对终点日的合理适用，进行有利于自己的合理辩护。

---

① 《证券市场操纵行为认定指引（试行）》第 35 条。
② 杨万明、周加海：《〈刑法修正案（十一）〉条文及配套〈罪名补充规定（七）〉理解与适用》，人民法院出版社 2021 年版，第 150—151 页。

七、本罪与编造并传播证券、期货交易虚假信息罪的区别

信息型操纵市场犯罪，容易与其他证券犯罪相竞合。但站在有利于行为人的辩护角度，重罪与轻罪的竞合，更值得关注。本节则着重介绍本罪的蛊惑型操纵与编造并传播证券、期货交易虚假信息罪的区别。

根据《刑法》第 181 条第 1 款的规定，编造并且传播影响证券、期货交易的虚假信息，扰乱证券、期货交易市场，造成严重后果的，处 5 年以下有期徒刑或者拘役，并处或者单处 1 万元以上 10 万元以下罚金。编造并传播虚假信息罪的量刑只有一档，且罚金较低。

两罪的主要区别在于，行为人的犯罪主观目的不同，客观行为表现亦有所差别。首先，本罪的主观目的为操纵市场价量，且通常带有避免损失或获取利润的目的，然而，编造并传播虚假信息罪的主观目的则多种多样，包括但不限于博取眼球、造谣传谣、诋毁企业信誉等。其次，客观行为表现方面，蛊惑性操纵通常带有反向交易获取利润或避免损失的市场交易行为，然而，后者由于主观目的的不同，一般不具有反向交易获利的目的，故通常也不存在市场交易行为。

【案例 16】滕某雄、林某山编造并传播证券、期货交易虚假信息罪案。① 2015 年 5 月，滕某雄在明知海某食品股份有限公司不具备实际履约能力的情况下，仍代表海某股份假意与厦门国际银行股份有限公司洽谈协商，并于同月 8 日违规擅自签订《关于海某食品股份有限公司与厦门国际银行股份有限公司之增资协议》，且决定将该虚假信息予以公告发布。2015 年 5 月 9 日，被告人林某山在明知海某股份不具备实际履行《增资协议》能力的情况下，仍在被告人滕某雄授意下将该虚假信息以公告的形式予以发布。滕、林二人的上述行为造成股票"海某食品"的交易价格异常波动，扰乱了证券交易市场，已造成严重后果。

本案中，上海市公安局原以滕某雄、林某山涉嫌操纵证券市场罪向上

① 案号：（2018）沪 02 刑初 27 号。

海市人民检察院第二分院移送起诉。后检察机关审查认为，在案证据不能证明滕某雄、林某山在发布信息的同时在二级市场进行关联交易，从中谋取相关利益，认定滕某雄、林某山操纵证券市场的证据不足，曾退回公安机关补充侦查，但最终依然认为认定操纵市场证据不足，最后认定二人不以实际履行为目的控制海某公司发布虚假公告，且该发布虚假公告行为客观上造成了股票价格和成交量剧烈波动的严重后果，构成编造并传播证券交易虚假信息罪，最后以该罪对二人提起公诉。最终法院以编造并传播证券交易虚假信息罪认定了行为人的犯罪行为。

上述案例严格区分两罪行为的法律边界，对蛊惑性操纵的辩护具有重大的参考价值。在无法证明行为人具有操纵市场的故意，如并没有反向交易获取利润或避免损失的行为，不宜认定操纵证券市场犯罪。

第五节　结　语

自 1997 年市场操纵行为正式被纳入我国刑法规制范围至今，已逾 25 年光景。我国资本市场虽然起步略晚，但发展迅速。本罪亦随着不断变革的资本市场，更新修正，历久弥新。但无论如何变更，充分认识市场操纵行为的本质内涵，有助于理解其丰富多样又不断更新的操纵手段，更有利于甄别合法投资行为以及市场操纵行为。市场操纵行为，本身带有证券欺诈之特征属性，但其更重要的本质在于，通过各种人为的手段，制造虚假的市场价格，引诱他人进行交易，破坏自由竞争的市场机制及正常的供给需求，扰乱市场交易秩序，损害投资人合法权益。

本罪的构成要件以及司法认定，理论与实践都充满争议和挑战。总体而言，从有效辩护的角度出发，笔者认为，读者可着重留意以下几点：其一，市场操纵行为的认定应符合构成要件及其违法性实质。这是认定行为人存在市场操纵行为的基础。各类市场操纵行为均有其特殊的行为模式和行为特征。此外，在面对新型市场操纵行为时，还应注意行为是否符合本罪的违法性实质，是否满足同质性解释。其二，市场操纵行为的故意。这是实践中最为关键的疑难点之一，行为人可以提出对自身有利的合法性抗辩事由，对自身的市场交易行为作出合理性解释。其三，客观方面的结果要件以及因果关系。换言之，笔者认为，公诉机关需要论证存在客观上的市场价量变动，以及市场操纵行为与市场价量变动之间存在因果关系。同样，行为人亦可以提出合理抗辩甚至反证，即客观上不存在市场价量变动或者自身交易行为与市场价量变动之间没有因果关系，而是因其他因素导致的价量波动。此外，本章内容还涉及实际控制账户的司法认定、犯罪情节、违法所得之计算、此罪与彼罪（重罪与轻罪）之区别等，以期让读者对本罪有较为全面的了解。

第三章
欺诈发行证券罪①

第一节　概　述

2020 年 7 月 11 日，国务院金融稳定发展委员会召开第三十六次会议，研究全面落实对资本市场违法犯罪行为"零容忍"工作要求，多措并举加强和改进证券执法工作，并强调对欺诈发行、财务造假等违法犯罪行为及时地加以纠正，严厉查处重大违法犯罪案件，强化民事赔偿和刑事追责力度，深化退市制度改革，配合立法机关加快刑法修改等工作进度，进一步完善惩戒违法犯罪行为的法律制度，提高刑罚力度等。

2020 年 8 月 21 日，中国证监会关于就《欺诈发行上市股票责令回购实施办法（试行）（征求意见稿）》公开征求意见。

2021 年 7 月 6 日，中共中央办公厅、国务院办公厅印发了《关于依法从严打击证券违法活动的意见》（以下简称《意见》），这是资本市场历史上第一次以中共中央办公厅、国务院办公厅名义联合印发打击证券违法活动的专门文件，是当前和今后一个时期内全方位加强和改进证券监管执法工作的行动纲领。《意见》衔接了行政执法与刑事司法，强调依法从严从快从重查处欺诈发行、虚假陈述、操纵市场、内幕交易、利用未公开信息交易以及编造、传播虚假信息等重大违法案件，有利于依法从严打击公司、企业的证券违法行为，对于提高证券执法司法效能、减少恶性案件的发生意义深远。

---

① 撰稿人：罗丽。

2022 年 5 月，《追诉标准（二）》，对涉及证券领域的几项犯罪行为的入罪门槛和行为特点等作出了调整。

系列立法的调整与政策性文件的发布，都预示着未来一段时间，证券违法犯罪活动将成为国家有关部门的重点打击对象。本章内容旨在从本罪的犯罪构成要件入手，结合立法意图、法益保护等角度，对本罪进行解读，并提取有效辩护策略。

一、欺诈发行证券罪的立法沿革

本罪自 1997 年首次规定于《刑法》第 160 条，此后，我国的证券市场在证券发行审查方式、证券产品的衍生迭代等方面均有较大的发展，但在 2020 年之前，历次刑法修正案均未对本罪进行任何改动。

2020 年 3 月 1 日，修订后的《证券法》正式施行，该法第 181 条在原条文（2014 年修正版《证券法》第 189 条）的基础上对欺诈发行证券行为大幅提高了罚款的金额，同时，加大了对控股股东、实际控制人的处罚力度（见表 3-1）。

表 3-1　新旧《证券法》对欺诈发行证券行为规定的变更

中华人民共和国证券法（2014 年修正）	中华人民共和国证券法（2019 年修订）
第一百八十九条　发行人不符合发行条件，以欺骗手段骗取发行核准，尚未发行证券的，处以三十万元以上六十万元以下的罚款；已经发行证券的，处以非法所募资金金额百分之一以上百分之五以下的罚款。对直接负责的主管人员和其他直接责任人员处以三万元以上三十万元以下的罚款。 　　发行人的控股股东、实际控制人指使从事前款违法行为的，依照前款的规定处罚。	第一百八十一条　发行人在其公告的证券发行文件中隐瞒重要事实或者编造重大虚假内容，尚未发行证券的，处以二百万元以上二千万元以下的罚款；已经发行证券的，处以非法所募资金金额百分之十以上一倍以下的罚款。对直接负责的主管人员和其他直接责任人员，处以一百万元以上一千万元以下的罚款。 　　发行人的控股股东、实际控制人组织、指使从事前款违法行为的，没收违法所得，并处以违法所得百分之十以上一倍以下的罚款；没有违法所得或者违法所得不足二千万元的，处以二百万元以上二千万元以下的罚款。对直接负责的主管人员和其他直接责任人员，处以一百万元以上一千万元以下的罚款。

为使罪刑配置满足证券市场的变化与需求，亦为实现与新《证券法》的衔接，在"欺诈发行股票、债权罪"第一次入刑的20余年后，《刑法修正案（十一）》首次对本罪进行了较大幅度调整，并且，在《刑法修正案（十一）》历经的三次审议稿中，对本罪的相关规定均有所调整，体现了立法者对本罪的重视。最终，《刑法修正案（十一）》第160条在犯罪客观要件、法定刑配置等方面对本罪进行了更为详细的规定（见表3-2、表3-3）。

表 3-2　新旧《刑法》对本罪规定的变更

1997 年《刑法》以前	1997 年《刑法》 罪名：欺诈发行股票、债券罪	2020 年《刑法》 罪名：欺诈发行证券罪
1979 年《刑法》无相关规定； 《全国人民代表大会常务委员会关于惩治违反公司法的犯罪的决定》（1995 年 2 月 28 日公布并生效，现已失效） **第三条第一款** "制作虚假的招股说明书、认股书、公司债券募集办法发行股票或者公司债券，数额巨大、后果严重或者有其他严重情节的，处五年以下有期徒刑或者拘役，可以并处非法募集资金金额百分之五以下罚金。"	**第一百六十条**　在招股说明书、认股书、公司、企业债券募集办法中隐瞒重要事实或者编造重大虚假内容，发行股票或者公司、企业债券，数额巨大、后果严重或者有其他严重情节的，处五年以下有期徒刑或者拘役，并处或者单处非法募集资金金额百分之一以上百分之五以下罚金。 　　单位犯前款罪的，对单位判处罚金，并对其直接负责的主管人员和其他直接责任人员，处五年以下有期徒刑或者拘役。	**第一百六十条**　在招股说明书、认股书、公司、企业债券募集办法等发行文件中隐瞒重要事实或者编造重大虚假内容，发行股票或者公司、企业债券、存托凭证或者国务院依法认定的其他证券，数额巨大、后果严重或者有其他严重情节的，处五年以下有期徒刑或者拘役，并处或者单处罚金；数额特别巨大、后果特别严重或者有其他特别严重情节的，处五年以上有期徒刑，并处罚金。 　　控股股东、实际控制人组织、指使实施前款行为的，处五年以下有期徒刑或者拘役，并处或者单处非法募集资金金额百分之二十以上一倍以下罚金；数额特别巨大、后果特别严重或者有其他特别严重情节的，处五年以上有期徒刑，并处非法募集资金金额百分之二十以上一倍以下罚金。 　　单位犯前两款罪的，对单位判处非法募集资金金额百分之二十以上一倍以下罚金，并对其直接负责的主管人员和其他直接责任人员，依照第一款的规定处罚。

表3-3 《刑法修正案（十一）》三次审议稿对本罪规定的调整

《刑法修正案（十一）》一审稿	《刑法修正案（十一）》二审、三审稿
在招股说明书、认股书、公司、企业债券募集办法等发行文件中隐瞒重要事实或者编造重大虚假内容，发行股票或者公司、企业债券，数额巨大、后果严重或者有其他严重情节的，处五年以下有期徒刑或者拘役，并处或者单处罚金；数额特别巨大、后果特别严重或者有其他特别严重情节的，处五年以上有期徒刑，并处罚金。 控股股东、实际控制人组织、指使实施前款行为的，处五年以下有期徒刑或者拘役，并处或者单处非法募集资金金额百分之二十以上一倍以下罚金；数额特别巨大、后果特别严重或者有其他特别严重情节的，处五年以上有期徒刑，并处非法募集资金金额百分之二十以上一倍以下罚金。 单位犯前两款罪的，对单位判处非法募集资金金额百分之二十以上一倍以下罚金，并对其直接负责的主管人员和其他直接责任人员，依照第一款的规定处罚。	在招股说明书、认股书、公司、企业债券募集办法等发行文件中隐瞒重要事实或者编造重大虚假内容，发行股票或者公司、企业债券、存托凭证或者国务院依法认定的其他证券，数额巨大、后果严重或者有其他严重情节的，处五年以下有期徒刑或者拘役，并处或者单处罚金；数额特别巨大、后果特别严重或者有其他特别严重情节的，处五年以上有期徒刑，并处罚金。 控股股东、实际控制人组织、指使实施前款行为的，处五年以下有期徒刑或者拘役，并处或者单处非法募集资金金额百分之二十以上一倍以下罚金；数额特别巨大、后果特别严重或者有其他特别严重情节的，处五年以上有期徒刑，并处非法募集资金金额百分之二十以上一倍以下罚金。 单位犯前两款罪的，对单位判处非法募集资金金额百分之二十以上一倍以下罚金，并对其直接负责的主管人员和其他直接责任人员，依照第一款的规定处罚。

二、欺诈发行证券罪的现行相关规定及解读

（一）2020年《刑法修正案（十一）》在1997年《刑法》的基础上，从犯罪客观要件、法定刑配置等方面对本罪进行了调整（详见表3-2）：

1. 在本罪发生场域方面增加了"等发行文件"的规定。

2. 在本罪适用的证券类型上增加了"存托凭证或者国务院依法认定的其他证券"的规定。

3. 在本罪的适用主体方面对控股股东、实际控制人组织、指使实施欺诈发行行为增加了一款专门规定。

4. 提高了本罪的刑罚，将法定最高刑提高至有期徒刑十五年。

5. 提高并完善了罚金刑，将董事、监事、高级管理人员等一般主体实施本罪行为与控股股东、实际控制人实施欺诈发行行为的罚金予以区分。

6. 调整了单位犯罪的规定。

（二）2022 年 5 月 15 日生效的《追诉标准（二）》较之于 2010 年 5 月 7 日生效的原标准，在立案追诉金额标准、造假手段等方面进行了调整（见表 3-4）：

表 3-4　本罪新旧追诉标准的对比

《最高人民检察院 公安部关于公安机关管辖的刑事案件立案追诉标准的规定（二）》（2010 年 5 月 7 日）	《最高人民检察院 公安部关于公安机关管辖的刑事案件立案追诉标准的规定（二）》（2022 年 5 月 15 日）
第五条　［欺诈发行股票、债券案（刑法第 160 条）］ 　在招股说明书、认股书、公司、企业债券募集办法中隐瞒重要事实或者编造重大虚假内容，发行股票或者公司、企业债券，涉嫌下列情形之一的，应予立案追诉： 　（一）发行数额在五百万元以上的； 　（二）伪造、变造国家机关公文、有效证明文件或者相关凭证、单据的； 　（三）利用募集的资金进行违法活动的； 　（四）转移或者隐瞒所募集资金的； 　（五）其他后果严重或者有其他严重情节的情形。	第五条　［欺诈发行证券案（刑法第 160 条）］ 　在招股说明书、认股书、公司、企业债券募集办法等发行文件中隐瞒重要事实或者编造重大虚假内容，发行股票或者公司、企业债券、存托凭证或者国务院依法认定的其他证券，涉嫌下列情形之一的，应予立案追诉： 　（一）非法募集资金金额在一千万元以上的； 　（二）虚增或者虚减资产达到当期资产总额百分之三十以上的； 　（三）虚增或者虚减营业收入达到当期营业收入总额百分之三十以上的； 　（四）虚增或者虚减利润达到当期利润总额百分之三十以上的； 　（五）隐瞒或者编造的重大诉讼、仲裁、担保、关联交易或者其他重大事项所涉及的数额或者连续十二个月的累计数额达到最近一期披露的净资产百分之五十以上的； 　（六）造成投资者直接经济损失数额累计在一百万元以上的； 　（七）为欺诈发行证券而伪造、变造国家机关公文、有效证明文件或者相关凭证、单据的； 　（八）为欺诈发行证券向负有金融监督管理职责的单位或者人员行贿的； 　（九）募集的资金全部或者主要用于违法犯罪活动的； 　（十）其他后果严重或者有其他严重情节的情形。

1. 将发行文件以及证券种类修改为开放性表述,和《刑法修正案（十一）》保持一致。

2. 大幅度调整了欺诈发行证券罪的入罪门槛,主要包括:

（1）调整募资数额、损害后果、手段行为的入罪标准:非法募资数额的追诉条件从 500 万元上调至 1000 万元。增加"造成投资者直接经济损失数额累计在 100 万元以上"应予追诉的规定,以最大限度保护普通投资人。将"为欺诈发行证券向负有金融监督管理职责的单位或者人员行贿"的手段行为增列为追诉条件。

（2）为最大程度避免司法实践中的相关争议,本次修订中进一步规定了"隐瞒重要事实或编造重大虚假内容"行为的具体表现形式。规定存在下列情况之一的,即便募资数额、损害后果等没有达到入罪标准,也应追诉:虚增或者虚减资产达到当期资产总额 30% 以上的;虚增或者虚减营业收入达到当期营业收入总额 30% 以上的;虚增或者虚减利润达到当期利润总额 30% 以上的;隐瞒或者编造的重大诉讼、仲裁、担保、关联交易或者其他重大事项所涉及的数额或者连续 12 个月的累计数额达到最近一期披露的净资产 50% 以上的。

（3）对募集资金的最终流向作为本罪的入罪标准的情况作出调整,对募集资金用于违法犯罪活动的比例进行了明确,规定募集资金必须"全部或者主要用于违法犯罪活动的"才予以立案追诉,"转移或者隐瞒所募集资金"不再作为追诉情形之一。

第二节 欺诈发行证券罪的构成要件及司法认定

一、行为构造及司法认定

1. 欺诈发生场域及认定:"招股说明书、认股书、公司、企业债券募

集办法等发行文件"之界定

从发行文件的范围来看,《刑法修正案(十一)》将《刑法》原第160条的"招股说明书、认股书、公司、企业债券募集办法"扩张为"招股说明书、认股书、公司、企业债券募集办法等发行文件",增加了"等发行文件"的兜底性规定,为规制新型欺诈行为提供了法律依据。

目前法律对"发行文件"尚无明确定义。仅散见于下列条款:

2020年3月1日施行的《证券法》第181条,该条款简要提及了"发行文件"。此处的"发行文件"应是《证券法》中提及证券"发行申请文件"的概述,是招股说明书、认股书以及公司、企业债券募集办法等发行文件的笼统表述。

《证券法》第29条规定,对发行人报送的证券发行申请文件,均需符合真实性、准确性和完整性要求。

《证券法》第13条中对公司公开发行新股应当报送的文件进行了规定。

《证券法》第16条也规定了发行公司债券应当报送的文件类型。

根据前述规定,在民事及刑事层面,我国《证券法》对"发行文件"的认定较为宽泛,包括但不限于发行人募股申请报告、股东大会决议等与自身有关的文件,以及保荐人、会计师事务所等第三方出具的报告等,但是考虑到适当限制刑法打击范围,避免打击范围出现罪刑不相适应的扩大,在刑事层面对于发行文件的界定,应当进行适当的限定,"发行文件"的界定应仅限定在发行人具有可操作性的由其自身亲自准备的相关文件,"等发行文件"的兜底性规定应当不包括第三方出具的证明文件。

从发行文件的重要性程度来看,"发行文件"应当指募集办法、发行人股东大会决议、财务报告等对证券能否成功发行起到决定性作用的文件,只有前述文件才会对证券是否能发行成功起到决定性作用,也就是说只有在提供的达到同等重要程度的文件中实施欺诈行为,才会影响证券发行。因此,并非伪造任何类别的发行材料的行为都会构成刑法层面的"发行文件",要对行政处罚与刑事处罚的界限进行合理区分。

2. 欺诈行为及认定：重要事实、重大虚假内容之界定

所谓"隐瞒重要事实或者编造重大虚假内容"的行为的认定，常见的行为方式包括有调整库存数据、虚开发票、虚增资产和收入、虚减应收账款、少计提坏账等手段。如东飞某纺织有限公司欺诈发行股票案中，[①] 被告变造了自行提交的担保资料，并在发行私募债券的过程中将该文件提交深交所。又如丹东欣某公司欺诈发行股票案中，[②] 被告采取了虚减应收账款、少计提坏账准备等手段，虚构关键的财务数据，并在创业板上市申请文件的定期财务报告中载入重大虚假内容。

我们需要重点探讨的是，重要事实以及重大虚假内容在实务中应该如何进行判断。根据法律规定以及审判实务，"重要事实"，是指能够比较全面和客观反映证券的真实价值且能够影响普通理性投资者投资决策的相关信息。"重大虚假内容"，是指行为人故意编造"重要事实"的信息，影响普通理性投资者的决策。综合前述，对于"重要事实""重大虚假内容"的区分和判断，主要取决这些涉嫌欺诈性质的文件是否能够在发行人完成证券发行的注册申请过程中起到决定性的作用，文件所载信息能否左右普通理性投资者的投资决策，从而导致投资者作出错误的投资决策。因此，对于"重要事实"和"重大虚假内容"的判断，应当依据相关法律法规明确规定的证券发行条件并结合客观标准进行判断。对于未重要到可以影响理性投资者投资决策的信息，即使在发行文件中存在人为的虚构、隐瞒或造假，也不应认定为"重要事实"或"重大虚假内容"，如法定代表人的性别、学历、婚恋等，又如法人的住址等，均不应作前述认定。

在此，我们可以进一步明确的是，"隐瞒重要事实或者编造重大虚假内容"不仅包括隐瞒和编造相关事实或者内容，使得不符合发行条件的得以发行，还包括以前述方式在本身符合发行条件的情形下进一步夸大自身条件的行为，如欣泰电气公司的案例中，欣泰电气公司就是因为实施夸大

---

① 参见江苏省盐城市中级人民法院（2017）苏 09 刑初 10 号案件。
② 参见辽宁省丹东市中级人民法院（2017）辽 06 刑初 11 号案件。

自身财务状况的行为而被认定为实施了欺诈发行证券罪的行为。

　　3. 欺诈发行对象及认定：证券范畴之界定

　　2020 年 10 月 26 日，全国人大常委会公布的《刑法修正案（十一）（草案二次审议稿）》在"发行股票或者公司、企业债券"的基础上补充《证券法》中规定的"存托凭证或国务院依法认定的其他证券"等表述。之后的《刑法修正案（十一）（草案三次审议稿）》，该修正案及其通过稿都保持了对罪名的修改。依据修改后的法条表述，欺诈发行证券罪对象是欺诈发行股票或者公司、企业债券以及存托凭证或者国务院依法认定的其他证券。这里就涉及对相关证券类型的认定问题。

　　证券是一种凭证，其目的是设立或者证明投资者的收益请求权，是权利与权利载体的结合物。根据我国《证券法》规定，证券的主要类型包括股票、债券、证券投资基金份额和证券衍生品种，以及国务院根据法律认定的其他证券。在本罪中，欺诈发行的对象被限定为股票、公司、企业债券、存托凭证或者国务院根据法律认定的其他证券。对于股票、债券等证券类型，相关法律已经进行了明确定义，但需要特别注意存托凭证和国务院根据法律认定的其他证券的认定问题，该类认定需要我们根据相关法律进行准确的判断。

　　（1）"存托凭证"，是指在一国证券市场流通的代表外国公司有价证券的可转让凭证，包括境外基础证券发行人在中国境内发行的存托凭证，以及境内企业在境外发行的存托凭证。存托凭证一般代表公司股票，但有时也代表债券。

　　目前，我国对于存托凭证的规定主要散见于原银保监会、证监会以及证券交易所发布的规范性文件中。其中，2018 年 6 月 6 日，证监会发布了《存托凭证发行与交易管理办法（试行）》，该办法第 2 条对存托凭证进行了明确界定，将存托凭证界定为存托人签发、以境外证券为基础在中国境内发行、代表境外基础证券权益的证券。2020 年 3 月 1 日施行的《证券法》第 2 条亦规定了存托凭证，从而在我国法律中扩大了证券的内涵和外延，将存托凭证定性为一种证券。在法理上，存托人签发独立的存托凭证后，将导致存托凭证与所依赖的基础证券相分离，产生了独立的法律效力。投资人行使权利均是以存托凭证为基础。存托凭证投资人不能以基础证券所在公司的股东身份行使股东权利，只能按照存托凭证的协议约定，借助存托人享有相关权利。因此，存托凭证本质上是一种证明文件，用于证明存托人对外国股票等基础证券所享有的权益。①

（2）"国务院认定的其他证券"是兜底规定，即由国务院认定的其他证券。这一规定进一步扩大了欺诈发行证券罪的适用范围。对于这个兜底规定的理解应从以下两个要素入手：必须是经过国务院认定的证券，必须是国务院依法予以认定的证券。截至目前，国务院尚未就"依法认定的其他证券"作出认定。一般认为，一是要依照《立法法》规定的权限和程序，二是要依据证券法对证券概念与范围规定的原则与精神，符合证券的特质与功能。

（3）此外，关于欺诈发行证券罪是否包括私募债券的问题仍然存在争议。证券发行分为公开发行和非公开发行两类，公开发行的证券必须向国家证券监管部门进行注册，私募证券是指以特定的少数投资者为对象发行的股票和债券等证券。它是与公开发行证券相对应的一种发行方式。私募证券发行不需要报经国家证券监管部门注册，而是通过非公开的方式向特定的投资者进行发行。虽然我国《刑法》第 160 条中将发行对象描述为"公司、企业债券"，并未对其作出"公开发行"的限定。此外，私募债券本身属于我国《证券法》调整的非公开发行的债券类型，我们不应超出法条本身的文义，缩小对债券种类的解释范围。因而，私募债券仍然符合依照法定程序法、约定在法定期限还本付息的公司债券的基本特征，因此理应属于欺诈发行债券罪的规制对象。

---

① 蓝子良：《欺诈发行证券罪刍议》，https：//mp. weixin. qq. com/s？ _ _ biz＝Mzg5ODA5Mjg1MQ＝ ＝ &mid＝2247508622&idx＝1&sn＝37dffd3689e636e0e22f74280392a819&chksmc06538d2f712b1c4984eab 35f131c8a7ba0fe365e674982cce81227697d368424df9f70d00a6&mpshare＝1&scene＝1&srcid＝0111ASV1 kVGvQtLDiWOzvgWQ&sharer_ sharetime＝1641865627164&sharer_ shareid＝7db2e668f6056f7812fad9aa 652522a7#rd，最后访问日期：2022 年 8 月 1 日。

二、主体构造及司法认定

明确犯罪主体范围是确认其刑事责任的前提。在欺诈发行证券的过程中，控股股东和实际控制人扮演着重要的角色，因此，《刑法修正案（十一）》突出强调控股股东、实际控制人的刑事责任。这就需要我们结合相关的法律规定，科学认定控股股东、实际控制人的身份。

（一）控股股东、实际控制人的刑事责任

实践中，控股股东和实际控制人在欺诈发行、信息披露造假等案件中扮演着重要角色，证监会处罚上市公司的情况中有相当大的比例是由控股股东和实际控制人滥用控制权所引发的。为了明确并加大对此类行为的打击力度，《刑法修正案（十一）》将控股股东、实际控制人组织、指使实施欺诈发行的行为纳入刑法规制范围。因此，控股股东、实际控制人组织、指使实施欺诈发行证券行为的，也应构成本罪。

（二）关于"控股股东""实际控制人"的认定①

控股股东、实际控制人的本质在于对公司、企业享有控制权。对于控制权的理解，我国《公司法》采纳的观点为对公司决策的支配力和影响力，根据《公司法》的规定，控股股东是指股权占比在50%以上或者股权占比虽不足50%，但依其所享有的股权比例，足以对公司股东会、股东大会的决议产生重大影响的股东。概言之，控股股东对公司决策的重大影响是建立在其股权比例的相对超越性之上的。而实际控制人并非公司股东，其对公司的控制权来源于投资关系、协议或者其他行为，从而能够实际支配公司。因此，从实质上讲，二者的共同点在于都对公司享有一定程度的控制权。

---

① 商浩文：《论欺诈发行证券罪的规范构造——以〈刑法修正案（十一）〉为视角》，载《中国政法大学学报》2021年第5期。

三、本罪与他罪的区别

（一）本罪与诈骗罪的区别

从行为特征上来说，本罪是指有资格发行证券的单位，在申请发行的过程中在申请文件中作假，而诈骗则是非法发行假股票、假债券。

从犯罪主观目的来说，本罪是募集资金只为合法的先期使用，是准备归还的，而诈骗则是为了非法占有他人财物。

（二）本罪与集资诈骗罪的区别

从犯罪主体来说，本罪主体为股份有限公司的发起人，股份有限公司、有限责任公司和企业等特殊主体，而集资诈骗罪的主体则为一般主体。

从犯罪主观目的来说，本罪非法募集资金是为了筹建公司、企业或发展公司、企业本身的业务，不具有非法占有的目的，而集资诈骗罪行为人具有将非法聚集的资金据为己有的目的，实践中可以根据行为人有没有占有不还的主观故意或者实际上因个人挥霍、投资等无法归还的事实来判断其是否具有非法占有的目的。

从侵犯的客体来说，本罪侵犯的是股东、债权人及社会公众的利益和国家的证券市场管理制度，而集资诈骗罪侵犯的是公私财产所有权和国家金融管理制度。

从行为特点来说，本罪是在招股说明书、认股书、公司、企业债券募集办法等发行文件中隐瞒重要事实或编造重大虚假内容来欺诈他人，而集资诈骗罪可以采取多种方法，包括虚构事实、隐瞒真相、引人误解等。

（三）本罪与擅自发行股票、公司、企业债券罪的区别

两罪都侵犯了国家对证券市场的管理制度以及投资者、股东、社会公众和债权人的利益，主观上也都出于故意。

从犯罪主体来说，本罪的主体为特殊主体，而擅自发行股票、公司、企业债券罪的主体是一般主体。

从犯罪客观方面来说，本罪行为人一般是经过主管部门批准后发行股票、债券，而擅自发行股票、公司、企业债券罪是未经批准而发行股票、债券，即行为人发行股票、债券的行为是程序不合法，强调的是未经审批擅自发行股票、债券的行为。如果行为人既实施了擅自发行股票、债券行为，又采用制作虚假的招股说明书、认股书、公司、企业债券募集办法发行股票或公司、企业债券的，应择一重罪处罚，不实行数罪并罚。

第三节 案例解读

一、东飞某纺机有限公司、朱某欺诈发行股票、债券罪

（一）基本案情

江苏省盐城市人民检察院以盐检诉刑诉〔2016〕50 号起诉书指控被告单位东飞某纺机有限公司（以下简称东飞公司）、被告人朱某犯欺诈发行债券罪，于 2016 年 12 月 24 日提起公诉。公诉机关指控，2012 年下半年，朱某为东飞公司能顺利发行私募债券，自己或安排他人对东台市某交通投资建设集团有限公司（以下简称东台交投公司）出具的担保材料进行变造，将东台交投公司出具的信用评级担保材料变造为不可撤销连带责任保证的担保材料，并提供给长城证券有限责任公司的调查人员，报深圳证券交易所审核通过。2013 年 1 月 25 日、3 月 25 日，东飞公司委托长城证券有限责任公司在深圳证券交易所发行"12 东某 201""12 东某 202"两期中小企业私募债券，额度分别为人民币 1.1 亿元、1.5 亿元，所得资金

用于公司经营。2014 年 1 月，东飞公司按期支付了私募债券一年的利息。2015 年 1 月、3 月债券到期后，东飞公司未能再按期还本付息，被告人朱某出逃。

（二）争议焦点

指控被告人构成欺诈发行债券罪的法律依据不足，1997 年《刑法》中该罪名设立时还没有中小企业私募债券的品种；涉案的募集说明书与《刑法》第 160 条规定的募集办法是两个概念；编造担保文件不属于《刑法》第 160 条规定的编造重大虚假内容。

1. 欺诈发行债券罪是否可以包含私募债券

根据我国《证券法》规定，按照是否需要报经国家证券监管部门核准，将证券发行分为公开发行和非公开发行两类，公开发行证券必须要报经国家证券监管部门核准，私募债券不需要报经核准，但是仍然符合"依照法定程序发行、约定在一定期限还本付息"的公司债券的基本特征，因此理应属于欺诈发行债券罪的规制对象。

根据《刑法》规定，发行对象的表述为"公司、企业债券"，并未对其作"公开发行"的限定，而私募债券本身属于我国《证券法》调整的非公开发行的债券类型，理应在"公司、企业债券"之列。

从保护的法益类型来说，欺诈发行债券罪保护的法益是国家对证券市场的管理秩序及投资者的合法权益，私募债券虽是非公开发行，对发行对象及投资者人数有严格限制，但在一定范围内也是不特定的多数人，发行人采取欺诈手段发行私募债券，同样会损害投资者的利益、扰乱正常的证券市场秩序。

因而，欺诈发行债券罪仍应包含私募债券。

2.《募集说明书》与刑法规定的募集办法是否等同

我国《公司法》第 154 条规定，公司债券募集办法应当载明的主要事项包括公司名称、债券募集资金的用途、债券总额和债券的票面金额、债券利率的确定方式、还本付息的期限和方式、债券担保情况、债券的发行价格、发行的起止日期、公司净资产额、已发行的尚未到期的公司债券总额、公司债券的承销机构。

《深圳证券交易所中小企业私募债券业务试点办法》① 第 12 条中对私募债券募集说明书应当载明内容的规定，其中列举的十五项内容基本涵盖了上述公司债券募集办法中的主要事项。

因此，欺诈发行债券罪中涉及的文件称为"募集办法"，而本案涉及的文件是募集说明书，但募集说明书与募集办法仅是名称不同，二者的功能以及内容实质是相同的。在债券发行过程中二者都是为了向投资者说明债券发行的具体情况。

3. 变造担保材料是否属于编造重大虚假内容问题

根据《深圳证券交易所中小企业私募债券业务试点办法》第 4 条第 2 款规定，发行人应当保证发行文件及信息披露内容真实、准确、完整，不得有虚假记载、误导性陈述或重大遗漏。本案中，东飞公司根据承销商长城证券公司的要求准备材料，其中包括的政府平台提供不可撤销连带责任担保材料，在其备案材料及募集说明书中均作为一个重要内容向投资者披露。根据刑法对本行为的认定标准应以是否足以影响理性投资人的投资决策为准，而本案中认购私募债券单位出具的相关情况说明及工作人员证言均证实，"不是因为有政府平台担保，是不可能信任东飞公司，也不可能购买东飞公司的私募债券"，因此变造担保材料应当属于欺诈发行债券罪中的"编造重大虚假内容"。

（三）法院认定

东飞公司在公司债券募集说明书中编造重大虚假内容，发行公司债券，数额巨大；被告人朱某作为东飞公司的负责人，决定并实施上述犯罪行为，其行为均构成欺诈发行债券罪。据此，判决如下：被告单位东飞公

---

① 《深圳证券交易所中小企业私募债券业务试点办法》被《深圳证券交易所关于发布〈深圳证券交易所非公开发行公司债券业务管理暂行办法〉的通知》（2015 年 5 月 29 日发布；2015 年 5 月 29 日实施）废止。

司犯欺诈发行债券罪，判处罚金人民币 1300 万元，被告人朱某犯欺诈发行债券罪，判处有期徒刑 3 年，缓刑 5 年。

二、丹东欣某电气股份有限公司、温某乙等欺诈发行股票、违规披露重要信息罪①

（一）基本案情

2011 年 3 月 30 日，丹东欣某电气股份公司（以下简称欣某电气）提出在创业板上市的申请因持续盈利能力不符合条件而被中国证券监督管理委员会（以下简称证监会）驳回。2011 年至 2013 年 6 月，欣某电气董事长温某乙、财务总监刘某胜合谋决定采取虚减应收账款、少计提坏账准备等手段，虚构有关财务数据，在向证监会报送的首次公开发行股票并在创业板上市申请文件的定期财务报告中载入重大虚假内容。

2014 年 1 月 3 日，证监会核准欣某电气在创业板上市。随后欣某电气在《首次公开发行股票并在创业板上市招股说明书》中亦载入了具有重大虚假内容的财务报告。2014 年 1 月 27 日，欣某电气公司股票在深圳证券交易所创业板挂牌上市，首次以每股发行价 16.31 元的价格向社会公众公开发行 1577.8 万股，共募集资金 2.57 亿元。欣某电气上市后，温某乙、刘某胜继续沿用前述手段进行财务造假，向公众披露了具有重大虚假内容的 2013 年年度报告、2014 年半年度报告、2014 年年度报告等重要信息。

证监会于 2016 年 8 月 26 日在其网站发布了《证监会依法向公安机关移送欣某电气涉嫌犯罪案件》的公告。2016 年 8 月 9 日，辽宁省公安厅对丹东欣某电气股份有限公司（以下简称公司）涉嫌经济犯罪立案侦查，2017 年 4 月 28 日，辽宁省丹东市人民检察院向丹东市中级人民法院（以下简称法院）提起公诉，后法院作出（2017）辽 06 刑初 11 号《刑事判决书》，判决现已生效。根据法院判决书，主要判决内容如下：

---

① 参见辽宁省丹东市中级人民法院（2017）辽 06 刑初 11 号案件。

1. 被告单位公司犯欺诈发行股票罪，判处罚金人民币832万元（已缴纳）。

2. 被告人温某乙犯欺诈发行股票罪，判处有期徒刑2年6个月；犯违规披露重要信息罪，判处有期徒刑1年，并处罚金人民币10万元；决定执行有期徒刑3年，并处罚金人民币10万元（已缴纳）。

3. 被告人刘某胜犯欺诈发行股票罪，判处有期徒刑2年；犯违规披露重要信息罪，判处有期徒刑6个月，并处罚金人民币8万元；决定执行有期徒刑2年，并处罚金人民币8万元（已履行）。

2017年7月，深圳证券交易所决定欣某电气退市、摘牌，主承销商兴业证券股份有限公司先行赔付1万余名投资人的损失共计2.36亿余元。

（二）欣某电气的财务造假行为：夸大财务数据

1. 证监会认定①

为实现发行上市目的，解决欣某电气应收账款余额过大问题，欣某电气董事长、实际控制人温某乙与总会计师刘某胜合谋决定采取虚减应收账款、少计提坏账准备等手段减少营收账款，虚构有关财务数据，并在向证监会报送的首次公开发行股票并在创业板上市申请文件的定期财务报告中载入重大虚假内容。

2011年12月至2014年12月，欣某电气向证监会报送的首次公开发行股票并在创业板上市（以下简称IPO）申请文件以及上市后定期报告披露的相关财务数据存在虚假记载，且《2014年年度报告》未披露关联方借款事项，存在重大遗漏。申请人的上述行为构成《证券法》（2014年修正）第13条关于公开发行新股应当符合的条件中"最近三年财务会计文件无虚假记载，无其他重大违法行为"和第20条第1款"发行人向国务院证券监督管理机构或者国务院授权的部门报送的证券发行申请文件，必

① 中国证券监督管理委员会〔2016〕84号行政处罚决定书（丹东欣泰电气股份有限公司、温德乙、刘明胜等18名责任人员）。

须真实、准确、完整"的规定，从而构成《证券法》（2014 年修正）第189 条所述"发行人不符合发行条件，以欺骗手段骗取发行核准"的行为。

2. 欣某电气的申辩[①]

欣某电气在对历年公告的财务报表进行追溯调整后的财务数据显示，其相关年度的净利润等实质发行条件的财务指标符合《首次公开发行股票并在创业板上市管理暂行办法》所规定的财务指标要求，因此不构成《证券法》（2014 年修正）第189 条所述"发行人不符合发行条件，以欺骗手段骗取发行核准"的行为。

证监会和欣某电气均对财务造假这一行为没有异议，但争议焦点在于，在欣某电气的实际财务状况确实符合公开发行新股的财务指标前提下，仅是夸大财务数据的行为是否仍然构成欺诈发行？

前述争议焦点一直贯穿欣某电气对证监会〔2016〕84 号《行政处罚决定书》所提起的行政复议、一审、二审及再审程序中，因目前可供查询的该案相关刑事案件裁判文书并未进行详细披露，欣某电气及相关自然人在刑事程序中是否以此为辩护观点不得而知，但欣某电气及相关自然人的行为是否构成欺诈发行仍然是认定其是否构成犯罪的核心问题。

（三）争议焦点

发行人的实际财务状况符合公开发行新股的财务指标要求的前提下，仅是夸大财务数据的行为，是否构成刑法意义上的"欺诈"[②]？

---

① 中国证券监督管理委员会〔2016〕126 号行政复议决定书（丹东欣泰电气股份有限公司）。

② 杨岚：《证券犯罪系列案件解读之一——"欺诈发行退市第一股"欣泰电气欺诈发行股票案》，https://mp.weixin.qq.com/s?__biz=Mzg5ODA5Mjg1MQ==&mid=2247508622&idx=2&sn=d4f890d6a408172de896347d2dbfa4f6&chksm=c06538d2f712b1c4be28d9150b821ac1e0e3afc27b30cbe4e095409c2c0694c5a9d5edbdf1eb&mpshare=1&scene=1&srcid=0111ZfzHwRJFMgpt6qEiItuW&sharer_sharetime=1641868128244&sharer_shareid=7db2e668f6056f7812fad9aa652522a7#rd，最后访问日期：2022 年8 月1 日。

1. 行政法层面对欣某电气欺诈发行的认定

我国《证券法》对于证券行业领域内的证券发行、交易、证券服务活动的方方面面都作出了细致的规定以保障证券市场的安全稳定。就证券发行而言，我国证券法对于公司自身条件、报送文件等内容都有着明确的规定。依据我国《证券法》（2014 年修正）第 13 条的规定，判断一个公司是否具有发行股票的能力，则主要通过以下几个方面进行确认：

（1）具备健全且运行良好的组织机构；

（2）具有持续盈利能力，财务状况良好；

（3）最近三年财务会计文件无虚假记载，无其他重大违法行为；

（4）经国务院批准的国务院证券监督管理机构规定的其他条件。

证券法中所规定的"欺诈发行"，实质上就是发行人本身并不符合发行条件，但通过《证券法》第 189 条的载明的欺诈行为骗取发行核准的行为。2014 年修正的《证券法》第 189 条"发行人不符合发行条件，以欺骗手段骗取发行核准，尚未发行证券的，处以三十万元以上六十万元以下的罚款；已经发行证券的，处以非法所募资金金额百分之一以上百分之五以下的罚款"的规定，欺诈发行有两个构成要件：发行人不符合发行条件及以欺骗手段骗取发行核准。根据文义解释来看，前述两个构成要件之间的关系应为递进关系，也即在发行人不符合发行条件的前提下，采取欺骗手段骗取发行核准。

但根据证监会对欣某电气的处罚案例来看，证监会的处罚逻辑显然是只要存在虚构财务数据的行为，无论该行为的产生原因为何，该行为本身就已经满足"不符合发行条件，以欺骗手段骗取发行核准"的标准，与发行人在造假前是否已经符合发行条件并无关联。

另根据最高人民法院再审裁判文书认定，"公司在申请公开发行证券时对财务数据不得有虚假记载，既是财务会计文件编制的要求，也是公司诚实守信、合法经营的基本，更是公司治理结构合规性和有效性的体现。即使存在剔除造假数据或者回溯调整财务数据，符合公开发行新股的基本财务条件，但故意虚假记载财务数据的行为，也已经严重影响了投资者的合法利益，影响了职能部门在行政审核中对公司价值的判断。构成《证券法》（2014 年修正）第 189 条规定的发行人不符合发行条件"。法院的认定思路与证监会一致，将《证券法》（2014 年修正）第 189 条"发行人不符合发行条件""以欺骗手段骗取发行核准"两要件作为评价违法行为的两个平行要件。

为避免上述争议，自 2020 年 3 月 1 日起施行的修订后的《证券法》中，在第 181 条中将相关表述修改为"发行人在其公告的证券发行文件中隐瞒重要事实或者编造重大虚假内容"，由此，该行为在行政法上的构成标准与刑法意义上的欺诈发行证券罪构成标准保持了一致。

2. 刑法层面对欣某电气欺诈发行的认定

首先，从刑法对"欺诈"行为发生场域及其规制目的的角度看，根据《刑法》对欺诈发行证券罪的规定可以明确，立法目的是针对发行人在招股说明书、认股书、公司、企业债券募集办法中隐瞒或编造行为的欺诈发行债券行为。这种欺诈的对象并不是国家的监管机关，而是购买股票、债券的投资人。这构成了行政层面和刑法层面两种"欺诈发行"行为的核心区别，即前一种欺诈行为是通过欺骗手段对有关国家机构进行欺瞒以获得发行核准。而刑法的目的在于通过保障证券市场信息的真实性来保护投资者利益、维护正常的市场经济秩序。

由于普通投资者等公众只能依靠"招股说明书、认股书、公司、企业债券募集办法等发行文件"来了解公司、企业的真实情况，从而做出投资选择，因此这些文件的内容应当真实可靠。否则，将使投资者作出错误的选择，不仅会给他们带来重大的经济损失，也可能扰乱正常的股票、证券市场。因此，刑法惩治的重点是"隐瞒重要事实"或"编造重大虚假内容"的行为。

这也意味着在刑法层面对"隐瞒""编造"行为的认定是需要结合"是否足以影响理性投资人进行决策"来综合判断的，对于可能对企业产生较大影响的事项如公司经营利润、净资产额等事项应属于重大事项，因此在欣某电气欺诈发行证券案中，欣某电气虚构应收帐款等财务数据，并在向证监会报送的发行文件及定期财务报告中载入重大财务虚假内容的行为，显然符合刑法层面的行为构成要件。

其次，从刑法规制的行为对象来说，欺诈发行证券罪的另一行为要件即行为人实施了发行股票或者公司、企业债券的行为，在欣某电气案件中，欣某电气股票已于 2014 年 1 月 27 日在深圳证券交易所创业板挂牌上市，亦符合《刑法》对这一行为要件的规定。

综上，从刑法层面来看，即便欣某电气的实际财务状况符合公开发行新股的财务指标要求，但是其虚假记载财务数据的行为仍然足以影响一个理性投资人的投资决策，且其已经实际发行股票并成功募集资金，其行为已构成欺诈发行债券罪。

（四）法院认定

法院认为，被告单位欣某电气公司，被告人温某乙、刘某胜的行为均构成欺诈发行股票罪；被告人温某乙、刘某胜的行为还构成违规披露重要信息罪，依法应当数罪并罚。温某乙到案后如实供述自己的罪行，刘某胜具有自首情节，依法可以从轻处罚。据此，依法以欺诈发行股票罪判处被告单位公司罚金人民币 832 万元（已缴纳）；以欺诈发行股票罪、违规披露重要信息罪判处被告人温某乙有期徒刑 3 年，并处罚金人民币 10 万元（已缴纳）；以欺诈发行股票罪、违规披露重要信息罪判处被告人刘某胜有期徒刑 2 年，并处罚金人民币 8 万元（已履行）。

第四节　辩护要点

一、"发行文件"之辩

目前，针对"发行文件"的法律法规解释尚不明确，虽然新的《证券法》第 181 条有简单提及，但仍未具体界定其含义。在刑法规制层面下，笔者认为"发行文件"应限定在发行人具有可操作性的相关文件范围之内，且不能扩大解释为发行时提交的全部文件，而应是与《刑法》第 160 条列举的"招股说明书、认股书、公司、企业债券募集办法"具有相当性的文件，除此之外的其它文件，即便发行人在这些文件上存在虚假的记载，因其不能决定证券是否能发行成功，该虚假记载的行为亦不应苛以刑事处罚的负面评价。

二、"重要事实"与"重大虚假内容"之辩

我国《刑法》及相关司法解释并未对"重大性"的具体适用标准进行具体规定和解释，可供对"重大性"进行刑事认定的参照仅有相应行政处罚所依据的条款，而在 2020 年《证券法》已经将原来的证券发行核准制调整为证券发行注册制的情况下，欺诈发行行为的欺诈对象明确为投资者，因而对"重大性"的判断标准也应该以"对理性潜在投资者产生误导、影响投资决策，使其违背真实意愿购买证券的重要信息、资讯"作为标准。

另外，欺诈发行证券罪中的虚构、隐瞒行为无须达到受害人事实上陷入错误认识的程度，采取本辩护观点时，需要注意本罪与诈骗罪、集资诈骗罪的区别。

三、罚金额度之辩

2020 年《证券法》第 181 条对欺诈发行证券的行为规定了相当严厉的行政罚款（见表 3-5）。

表 3-5　欺诈发行证券行为行政罚款和刑法罚金刑的对比

		行政罚款	罚金刑
自然人	控股股东、实际控制人	没收违法所得，并处以违法所得百分之十以上一倍以下的罚款；没有违法所得或者违法所得不足二千万元的，处以二百万元以上二千万元以下的罚款	非法募集资金金额百分之二十以上一倍以下罚金
	直接负责的主管人员和其他直接责任人员	一百万元以上一千万元以下的罚款	
单位	发行人	尚未发行证券的，处以二百万元以上二千万元以下的罚款；已经发行证券的，处以非法所募资金金额百分之十以上一倍以下的罚款	非法募集资金金额百分之二十以上一倍以下罚金
	直接负责的主管人员和其他直接责任人员	一百万元以上一千万元以下的罚款	

《行政处罚法》第 35 条第 2 款规定："违法行为构成犯罪，人民法院判处罚金时，行政机关已经给予当事人罚款的，应当折抵相应罚金；行政机关尚未给予当事人罚款的，不再给予罚款。"因此，对于欺诈发行证券行为，行为人已经相关监管机构的行政罚款，后来又被法院判处罚金的，在执行罚金时应当折抵相应的金额。

第四章

违规披露、不披露重要信息罪[①]

第一节　概　述

（一）罪名沿革

1979 年《刑法》没有这个罪名。1993 年 12 月，我国第一部《公司法》颁布，其中第 212 条规定："公司向股东和社会公众提供虚假的或者隐瞒重要事实的财务会计报告的，对直接负责的主管人员和其他直接责任人员处以一万元以上十万元以下的罚款。构成犯罪的，依法追究刑事责任。"

但此时的刑法并没有对应的罪名，为了弥补这一缺陷，1995 年 2 月 28 日，全国人大常委会颁布《关于惩治违反公司法的犯罪的决定》，其中第 4 条规定："公司向股东和社会公众提供虚假的或者隐瞒重要事实的财务会计报告，严重损害股东或者其他人利益的，对直接负责的主管人员和其他直接责任人员，处三年以下有期徒刑或者拘役，可以并处二十万元以下罚金。"自此开始，提供虚假财务报告成为犯罪行为。

1997 年《刑法》把上述规定作为第 161 条："公司向股东和社会公众提供虚假的或者隐瞒重要事实的财务会计报告，严重损害股东或者其他人利益的，对其直接负责的主管人员和其他直接责任人员，处三年以下有期徒刑或者拘役，并处或者单处二万元以上二十万元以下罚金。"对应的罪

---

① 撰稿人：翟振轶。

名确定为"提供虚假财务报告罪"，相对于全国人大的决定，将"可以并处"修改为"并处或单处"，将罚金数额从"二十万以下"修改为"二万以上二十万以下"。

2006年6月，《刑法修正案（六）》将第161条修改为："依法负有信息披露义务的公司、企业向股东和社会公众提供虚假的或者隐瞒重要事实的财务会计报告，或者对依法应当披露的其他重要信息不按照规定披露，严重损害股东或者其他人利益，或者有其他严重情节的，对其直接负责的主管人员和其他直接责任人员，处三年以下有期徒刑或者拘役，并处或者单处二万元以上二十万元以下罚金。"对应的罪名变更为违规披露、不披露重要信息罪。

2020年12月，《刑法修正案（十一）》对第161条进行了重大修改，修改后的表述为："依法负有信息披露义务的公司、企业向股东和社会公众提供虚假的或者隐瞒重要事实的财务会计报告，或者对依法应当披露的其他重要信息不按照规定披露，严重损害股东或者其他人利益，或者有其他严重情节的，对其直接负责的主管人员和其他直接责任人员，处五年以下有期徒刑或者拘役，并处或者单处罚金；情节特别严重的，处五年以上十年以下有期徒刑，并处罚金。前款规定的公司、企业的控股股东、实际控制人实施或者组织、指使实施前款行为的，或者隐瞒相关事项导致前款规定的情形发生的，依照前款的规定处罚。犯前款罪的控股股东、实际控制人是单位的，对单位判处罚金，并对其直接负责的主管人员和其他直接责任人员，依照第一款的规定处罚。"

1997年《刑法》的提供虚假财务报告罪，将本罪的犯罪主体规定为公司，将本罪的犯罪对象规定为账务会计报告，将本罪的犯罪后果规定为严重损害股东或其他人利益。

《刑法修正案（六）》作出修改，将犯罪主体从公司扩大到所有依法负有信息披露义务的公司、企业，包括依据《公司法》《证券法》《银行业监督管理法》《证券投资基金法》等法律、行政法规、规章规定的具有信息披露义务的股票发行人、上市公司，公司、企业债券上市交易的公司、企业，银行、基金管理人、基金托管人和其他信息披露义务人；将犯罪对象从财务会计报告扩大到依法应当披露的其他重要信息；将犯罪后果从严重损害股东或其他人利益扩大到有其他严重情节。

《刑法修正案（十一）》再次作出修改，继续扩大犯罪主体的范围，增加了上述公司、企业的控股股东和实际控制人；加大惩罚力度，将只有一档刑期，增加到两档刑期，并将最高刑期从 3 年提高到 10 年，同时将罚金刑从 20 万元增加到不设限。

（二）基础概念

1. 财务会计报告

财务会计报告是企业向财务会计报告使用者提供与企业财务状况、经营成果和现金流量等有关的会计信息，反映企业管理层受托责任履行情况的书面报告。[1] 单位会计部门根据经过审核的会计账簿记录和有关资料，编制并对外提供的反映单位某一特定日期财务状况和某一会计期间经营成果、现金流量及所有者权益等会计信息的总结性书面文件。

根据《会计法》第 20 条第 2 款规定，财务会计报告由会计报表、会计报表附注和财务情况说明书组成。

会计报表，包括资产负债表、利润表、现金流量表三张主表以及利润分配表、资产减值准备明细表、应交增值税明细表、所有者权益增减变动表（股东权益增减变动表）、分部报表以及其他有关附表。

会计报表附注，包括不符合会计核算前提的说明、重要会计政策和会计估计的说明、重要会计政策和会计估计变更的说明，或有事项的说明、资产负债表日后事项的说明、企业合并与分立的说明以及会计报表重要项目的说明等。

财务情况说明书，包括企业生产经营的基本情况、利润实现和分配情况、资金增减和周转情况以及对企业财务状况、经营成果和现金流量有重

---

[1] 李海坡：《新编会计学原理：基础会计（第 20 版）》，立信会计出版社 2019 年版，第 224 页。

大影响的其他事项。

所谓会计报表，是用货币形式综合反映公司在一定时期内生产经营活动和财务状况的一种书面报告文件。它根据公司会计账簿的记录，按照规定的格式、内容和方法编制而成。其目的在于系统地、有重点地、简明扼要地反映公司的财务状况和经营成果，向公司、股东、债权人、潜在投资者、政府有关部门等会计报表使用人提供必要的财务资料和会计信息。公司应当在会计年度终了时制作财务会计报告，并依法审查验证。

公司财务会计报告应包括下列财务会计报表及附属明细表：（1）资产负债表。资产负债表是公司在定期核算时以货币形式总体表现公司资金的运用及其来源的会计报表。资产负债表中的资产项目主要有流动资产，即流动资金的实物形态；固定资产，即土地、厂房等不动产；递延资产，即不能全部计入当年损益，应在以后年度内分期摊销的费用；无形资产，即公司长期使用而没有实物形态的资产，包括专有技术、商标权、专利权、著作权、商誉等。该表可以全面反映公司资金来源及公司资金占用情况，可用来分析公司财务状况和经营情况。（2）损益表。损益表是反映某一阶段公司的经营成果及其分配情况的会计报表，是公司收益与亏损的动态报告。它可以反映公司的经营情况，反映股东在公司进行投资所取得利润的情况。（3）财务状况变动表。它是综合反映一定会计期内营运资金来源和运用及其增减变动情况的报表。其主要作用是反映公司在某一期间财务状况变动的各项数据，说明公司资金变化的原因。（4）财务情况说明书。它是为了帮助使用者理解会计报表的内容而对报表的有关项目所作的解释，它主要说明公司生产经营状况、公司盈亏及利润分配情况、资金周转情况、主要税费缴纳情况及其他财务会计方面应说明的问题。（5）利润分配表。它是关于公司的利润分配和年末利润的结余情况的会计报表，主要涉及利润总额、税后利润、可供分配利润、未分配利润等。根据公司法的规定，税后利润的分配必须依照法定的顺序进行、股东会或者董事会违反有关规定，在公司弥补亏损和提取法定公积金、法定公益金之前向股东分配利润的，必须将违反规定分配的利润退还公司。财务会计报告不得做任何虚假、不实记载，否则就违反了公司法的规定，情节严重的，就应追究刑事责任。

2. 重要信息

《刑法》第 161 条所规定的行为对象是"财务会计报告"或者"其他重要信息"，这两者是并列关系，"其他重要信息"应当是指与财务会计报告相当的公司、企业文件，如招股说明书、债券募集办法、年度报告、中期报告、临时报告等当中所记载的相关内容。

本罪规定于《刑法》分则第三章第三节"妨害对公司、企业的管理秩序罪"中，结合本罪的行为对象，可以明确的是本罪侵犯的是公司法和证券法等法律、行政法规规定的信息披露制度。证券发行制度由核准制向注册制转变的背景下，新《证券法》和相关行政法规、部门规章制定了一系列信息披露制度，形成了"重信息披露，轻实质审核"①的状态，当下的证券制度更多地强调投资者在充分信息披露情况下进行理性判断。

《证券法》第 80 条规定了股票重大事件、第 81 条规定了债券重大事件，这里的"重要信息"就应该是这些重大事件或者与这些重大事件相当的信息。

《证券法》第 80 条规定："发生可能对上市公司、股票在国务院批准的其他全国性证券交易场所交易的公司的股票交易价格产生较大影响的重大事件，投资者尚未得知时，公司应当立即将有关该重大事件的情况向国务院证券监督管理机构和证券交易场所报送临时报告，并予公告，说明事件的起因、目前的状态和可能产生的法律后果。前款所称重大事件包括：（一）公司的经营方针和经营范围的重大变化；（二）公司的重大投资行为，公司在一年内购买、出售重大资产超过公司资产总额百分之三十，或者公司营业用主要资产的抵押、质押、出售或者报废一次超过该资产的百分之三十；（三）公司订立重要合同、提供重大担保或者从事关联交易，可能对公司的资产、负债、权益和经营成果产生重要影响；（四）公司发生重大

---

① 田宏杰：《行刑共治下的违规披露、不披露重要信息罪：立法变迁与司法适用》，载《中国刑事法杂志》2021 年第 2 期。

债务和未能清偿到期重大债务的违约情况；（五）公司发生重大亏损或者重大损失；（六）公司生产经营的外部条件发生的重大变化；（七）公司的董事、三分之一以上监事或者经理发生变动，董事长或者经理无法履行职责；（八）持有公司百分之五以上股份的股东或者实际控制人持有股份或者控制公司的情况发生较大变化，公司的实际控制人及其控制的其他企业从事与公司相同或者相似业务的情况发生较大变化；（九）公司分配股利、增资的计划，公司股权结构的重要变化，公司减资、合并、分立、解散及申请破产的决定，或者依法进入破产程序、被责令关闭；（十）涉及公司的重大诉讼、仲裁，股东大会、董事会决议被依法撤销或者宣告无效；（十一）公司涉嫌犯罪被依法立案调查，公司的控股股东、实际控制人、董事、监事、高级管理人员涉嫌犯罪被依法采取强制措施；（十二）国务院证券监督管理机构规定的其他事项。公司的控股股东或者实际控制人对重大事件的发生、进展产生较大影响的，应当及时将其知悉的有关情况书面告知公司，并配合公司履行信息披露义务。"

《证券法》第81条规定："发生可能对上市交易公司债券的交易价格产生较大影响的重大事件，投资者尚未得知时，公司应当立即将有关该重大事件的情况向国务院证券监督管理机构和证券交易场所报送临时报告，并予公告，说明事件的起因、目前的状态和可能产生的法律后果。前款所称重大事件包括：（一）公司股权结构或者生产经营状况发生重大变化；（二）公司债券信用评级发生变化；（三）公司重大资产抵押、质押、出售、转让、报废；（四）公司发生未能清偿到期债务的情况；（五）公司新增借款或者对外提供担保超过上年末净资产的百分之二十；（六）公司放弃债权或者财产超过上年末净资产的百分之十；（七）公司发生超过上年末净资产百分之十的重大损失；（八）公司分配股利，作出减资、合并、分立、解散及申请破产的决定，或者依法进入破产程序、被责令关闭；（九）涉及公司的重大诉讼、仲裁；（十）公司涉嫌犯罪被依法立案调查，公司的控股股东、实际控制人、董事、监事、高级管理人员涉嫌犯罪被依法采取强制措施；（十一）国务院证券监督管理机构规定的其他事项。"

所以，"重要信息"是指公司、企业在财务会计报告等文件中所记载的能够对投资者关于投资价值和投资决策的判断产生影响的信息。这些文件形式上包括但不限于招股说明书、债券募集办法、上市报告、上市公司年度报告、中期报告、临时报告及其他信息披露资料等；内容上包括经营方针和经营范围的重大变化、重大投资行为、重大债务和未能清偿到期重大债务的违约情况、风险管理状况、董事和高级管理人员变更等。

3. 规定和披露

未按照规定披露应当披露的重要信息，是本罪的构成形式之一，《刑法修正案（十一）》用的词是"规定"而不是国家规定。《刑法》第96条规定："本法所称违反国家规定，是指违反全国人民代表大会及其常务委员会制定的法律和决定，国务院制定的行政法规、规定的行政措施、发布的决定和命令。"

《最高人民法院关于准确理解和适用刑法中"国家规定"的有关问题的通知》（法发〔2011〕155号）明确规定，《刑法》第96条的国家规定是指法律和行政法规，不包括地方法规和部门规章，对被告人的行为是否"违反国家规定"存在争议的，应当作为法律适用问题，逐级向最高人民法院请示。

刑法中用"规定"这个词，在证券犯罪中，还有《刑法》第180条第4款规定的利用未公开信息交易罪，"利用因职务便利获取的内幕信息以外的其他未公开的信息，违反规定，从事与该信息相关的证券、期货交易活动，或者明示、暗示他人从事相关交易活动，情节严重的"。

同时，《刑法》第180条还规定了内幕交易、泄露内幕信息罪，并明确"内幕信息、知情人员的范围，依照法律、行政法规的规定确定"。

由此可见，《刑法》第161条虽然用词是"规定"而不是"国家规定"，但可以把两者等同起来看待，都是指法律和行政法规，地方法规和部门规章不应该视作"规定"。

但《最高人民法院、最高人民检察院关于办理利用未公开信息交易刑事案件适用法律若干问题的解释》（法释〔2019〕10号）第3条又明确规定："刑法第一百八十条第四款规定的'违反规定'，是指违反法律、行政法规、部门规章、全国性行业规范有关证券、期货未公开信息保护的规定，以及行为人所在的金融机构有关信息保密、禁止交易、禁止利益输送等规定。"

这个解释，就把利用未公开信息交易罪的"规定"扩大化了，不再局限于法律和法规，甚至包括比部门规章位阶都低的金融机构规定。

笔者认为，在没有出台违规披露、不披露重要信息罪司法解释之前，基于罪刑法定原则，《刑法》第161条的"规定"还只能是法律和行政法规。

在实践中，虽然《公司法》《证券法》等法律法规对信息披露制度有了一些基础性的规定，但更多具体、详细的信息披露制度则多见于部门规章，甚至出现在证券交易所规则中，如《上市公司信息披露管理办法》（2021）、《非上市公众公司信息披露管理办法》、《公司信用类债券信息披露管理办法》等。

《证券法》要求信息披露义务人披露的信息，应当真实、准确、完整，简明清晰，通俗易懂，不得有虚假记载、误导性陈述或者重大遗漏。

信息披露的形式一般有证券发行、定期报告、临时报告、自愿披露。公司发行证券时，特别是公开发行股票和债券，按照《证券法》第13条和第16条规定，报送招股说明书、债券募集办法以及其他相关文件，这是证券发行时的信息披露。

定期报告一般包括年度报告和中期报告，《非上市公众公司信息披露管理办法》则额外规定了股票在全国中小企业股份转让系统挂牌公开转让的非上市公众公司需要进行季度报告。在定期报告中，应当记载公司基本情况、主要会计数据和财务指标、公司股票、债券发行及变动情况，报告期末股票、债券总额、股东总数，公司前十大股东持股情况等。

临时报告是在发生可能对股票及债券交易价格产生较大影响的重大事件时，如公司的经营方针和经营范围的重大变化等，要求发行公司于董事会或者监事会就该重大事件形成决议、有关各方就该重大事件签署意向书或者协议时或者董事、监事或者高级管理人员知悉或者应当知悉该重大事件发生时及时履行重大事件的信息披露义务。

自愿披露是指信息披露义务人可以自愿披露与投资者作出价值判断和投资决策有关的信息，但不得与依法披露的信息相冲突，不得误导投资者。

第二节　犯罪构成

（一）犯罪主体

包括两类，一是"依法负有信息披露义务的公司、企业"，该类主体是单位。但我国刑法中，对单位犯罪实行"双罚制"，单位构成犯罪时，对单位判处罚金，同时对单位直接负责的主管人员和其他直接责任人员判处有期徒刑并处罚金。在《公司法》、《证券法》、上市公司信息披露的相关规范性文件中，上市公司信息披露事务主要由上市公司的董事会具体负责实施，上市公司的董事、监事、高级管理人员负有保证披露信息的真实、准确、完整，信息披露及时、公平的法律责任。如果信息披露环节出现涉嫌本罪的犯罪行为，那么对信息披露直接负责的主管人员个人也需要承担刑事责任，即全部董事、监事、高级管理人员都将面临被追究刑事责任的风险。如果涉及财报造假、重大遗漏等情况，直接参与造假或者提供虚假凭证资料的财会人员也会被纳入追责范围。

值得注意的是，违规披露、不披露重要信息罪虽然是单位犯罪，但与一般的单位犯罪不同。本罪实行单罚制，仅对"直接负责的主管人员和其他直接责任人员"进行刑事处罚。在《刑法》第161条第1款中，并没有规定单位犯本罪的刑事责任，而是直接规定了对直接负责的主管人员与其他直接责任人员的处罚。

公司、企业是信息披露义务的主体，因此刑法条文中将其表述为违规披露、不披露重要信息罪的行为主体。但处罚单位会损害无辜者的利益，如股民的利益，因此仅规定了对于直接负责的主管人员与其他直接责任人员的处罚。在此情形下，应当认为作为自然人的直接负责的主管人员与其他直接责任人员是本罪真正的责任主体。

司法实践部门的观点与上述观点一致。最高人民检察院发布的第十七批指导性案例，其中（检例第66号）博某投资股份有限公司、余某妮等人违规披露、不披露重要信息案中明确：刑法规定违规披露、不披露重要信息罪只处罚单位直接负责的主管人员和其他直接责任人员，不处罚单位。检察机关应当对单位直接负责的主管人员及其他直接责任人员提起公诉，对单位依法作出不起诉决定。对单位需要给予行政处罚的，检察机关应当提出检察意见，移送证券监督管理部门依法处理。

二是前述公司、企业的"控股股东、实际控制人"，该类主体既可能是单位，也可能是自然人。在已有的违规披露信息案件中，参与违规披露信息的，除了公司、企业的董事、监事、高级管理人员外，公司、企业控股股东、实际控制人的身影不仅常常出现，而且往往起着组织、操控的重要作用，甚至威胁、强迫公司、企业的董事、监事、高级管理人员实施违法披露信息的案件也并不鲜见。更为重要的是，一旦控股股东、实际控制人指使甚至主导违规披露信息，公司、企业的董事、监事、高级管理人员将难以阻止该行为的发生。因此将"控股股东、实际控制人"纳入本罪的犯罪主体，符合证券市场犯罪行为"零容忍"的执法趋势，符合规范证券市场现状需求。"控股股东、实际控制人"为单位的，如果被认定构成单位犯罪，仍然适用双罚制，对单位判处罚金，同时追究直接负责的主管人员和其他直接责任人员刑事责任。"控股股东、实际控制人"为自然人的，则对该自然人判处有期徒刑并处罚金。

（二）犯罪主观方面

本罪的主观方面只能是故意，过失不构成本罪。

直接故意，指明知自己的行为会发生危害社会的结果，并且希望这种结果发生的心理态度。直接故意是认识因素和意志因素的统一，即行为人明知向股东和社会公众提供虚假的或者隐瞒重要事实的财务会计报告，或者对依法应当披露的其他重要信息不按规定披露，会严重损害股东或者其他人的利益，却积极地追求这种结果的发生，特别是公司、企业的控股股东、实际控制人组织指使公司、企业进行犯罪活动的，更体现出直接故意。

间接故意，是指明知自己的行为会发生危害社会的结果，并且放任这种危害结果发生的心理态度。比如，在公司、企业控股股东、实际控制人组织指使实施财务造假时，公司、企业的董事、监事、高级管理人员虽然没有实际参与造假，但对此知情，没有采取必要的措施予以制止或反对；公司董事、监事、高级管理人员实施财务造假时，公司、企业的财务人员即使没有实际参与，但知情，最终导致财务造假行为发生，这两种情况就是间接故意。

（三）犯罪客体

本罪侵犯的客体是复杂客体，一方面，本罪规定在《刑法》分则第三章第三节"妨害对公司、企业的管理秩序罪"中，侵犯了国家对公司、企业的管理秩序。信息披露制度是现代公司、企业法人治理核心，本罪对客体的侵犯，其实就是破坏了法律对资本市场、证券市场的公开、公平、公正，破坏了监管部门对资本市场、证券市场的管理秩序。另一方面，违规披露、不披露重要信息还侵犯了投资者的知情权，对投资者的权益造成损害。

（四）犯罪客观方面

由于本罪有两类不同的犯罪主体，就会对应不同的犯罪行为。

一类行为是公司、企业及其控股股东、实际控制人两类主体都会实施的，这类行为包括两个方面：提供虚假的或者隐瞒重要事实的财务会计报告；对依法应当披露的其他重要信息不按照规定披露。

　　另一类行为是只有公司、企业的控股股东、实际控制人才会实施的行为，也包括两个方面：组织、指使公司、企业实施前款行为；隐瞒相关事项导致前款规定的情形发生的。

　　对于公司、企业的不披露行为以及控股股东、实际控制人的隐瞒行为，其实质上并不是完全不披露，而是披露不真实、不充分，因此，归纳起来，本罪的客观方面具体表现在以下四个方面。

　　1. 信息披露不真实

　　最常见的例子就是提供虚假的财务会计报告，简称财务造假，如虚构利润、虚列资产。财务会计报告作为最能展示公司、企业财务状况乃至真实经营状况的重要财务文件，成为本罪的重灾区。需要注意的是，对于财务会计报告的数据，只有在行为人故意捏造、编造、虚构或者隐瞒，与真实财务状况不符的情况下，达到法定的追诉标准才能认定为犯罪。对于真实的财务数据，行为人利用会计记账准则的规则进行调整的行为，不能认定为虚假或者隐瞒重要事实。比如，将本年度应发奖金发放时间调整为次年发放，以此减少本年度财务支出，增加本年度利润；提前将未完成项目的营业收入全额确认为本年度主营业务收入，以此增加收入的行为，虽然在客观上造成了上市公司财务会计报告与真实财务数据的偏差，但是，行为人对于调整部分的数据并没有采用虚构事实的方式捏造虚假信息，不构成虚构财务会计报告，不是财务造假行为。

　　除此之外，还有财务会计报告存在隐瞒重要事实，如隐瞒亏损。

　　财务会计报告存在误导性陈述也是一种常见的形式，上市公司利用普通投资者对上市公司很多情况的不熟悉，玩弄一些文字游戏，模糊或弱化公司实际所披露信息的真正含义，使投资者产生歧义性理解，如业绩预告前后不一致，就会对投资者产生误导。

　　2. 信息披露不充分

　　信息披露不充分包括没有完整披露信息和遗漏信息，如上市公司将资金投放在非主营业务经营活动中，用于股票交易、期货交易及金融衍生品交易或房地产交易，在信息披露时笼统地称之为"对外投资收益"。

上市公司对关联交易的披露，总是遮遮掩掩，不能按照国家法律、法规要求客观完整地披露。

上市公司的股东不应该存在股权代持，但实际中依然存在。如果这个股东告诉了上市公司，上市公司不披露，上市公司涉嫌犯罪，没有告诉上市公司，股东和上市公司都不涉嫌犯罪。如果这个股东是控股股东或实际控制人，没有将股权代持告诉上市公司，那上市公司不涉嫌犯罪，控股股东涉嫌犯罪。

3. 信息披露不及时

上市公司在证监会规定的时间内没有及时进行信息披露，通常表现在定期报告没有在规定时间内披露，以及重大事件没有及时公告。

4. 信息披露不规范

信息披露形式上的不规范主要指未按照信息披露的格式在规定的时间、场合、地点披露信息。比如，未按照规范的格式来披露，未在指定媒体上发布等。

构成本罪还必须"严重损害股东或者其他人利益，或者有其他严重情节"，这就必须有一个可供执行的标准，达不到这个标准的只能行政处罚。为此，在《追诉标准（二）》（2010 年），这个规定中，本罪的追诉标准如下：

（1）造成股东、债权人或者其他人直接经济损失数额累计在 50 万元以上的；

（2）虚增或者虚减资产达到当期披露的资产总额 30%以上的；

（3）虚增或者虚减利润达到当期披露的利润总额 30%以上的；

（4）未按照规定披露的重大诉讼、仲裁、担保、关联交易或者其他重大事项所涉及的数额或者连续 12 个月的累计数额占净资产 50%以上的；

（5）致使公司发行的股票、公司债券或者国务院依法认定的其他证券被终止上市交易或者多次被暂停上市交易的；

（6）致使不符合发行条件的公司、企业骗取发行核准并且上市交易的；

（7）在公司财务会计报告中将亏损披露为盈利，或者将盈利披露为亏损的；

（8）多次提供虚假的或者隐瞒重要事实的财务会计报告，或者多次对依法应当披露的其他重要信息不按照规定披露的；

（9）其他严重损害股东、债权人或者其他人利益，或者有其他严重情节的情形。

2022 年 4 月，《追诉标准（二）》进行了修改，关于本罪的立案标准为：

（1）造成股东、债权人或者其他人直接经济损失数额累计在 100 万元以上的；

（2）虚增或者虚减资产达到当期披露的资产总额 30% 以上的；

（3）虚增或者虚减营业收入达到当期披露的营业收入总额 30% 以上的；

（4）虚增或者虚减利润达到当期披露的利润总额 30% 以上的；

（5）未按照规定披露的重大诉讼、仲裁、担保、关联交易或者其他重大事项所涉及的数额或者连续 12 个月的累计数额达到最近一期披露的净资产 50% 以上的；

（6）致使不符合发行条件的公司、企业骗取发行核准或者注册并且上市交易的；

（7）致使公司、企业发行的股票或者公司、企业债券、存托凭证或者国务院依法认定的其他证券被终止上市交易的；

（8）在公司财务会计报告中将亏损披露为盈利，或者将盈利披露为亏损的；

（9）多次提供虚假的或者隐瞒重要事实的财务会计报告，或者多次对依法应当披露的其他重要信息不按照规定披露的；

（10）其他严重损害股东、债权人或者其他人利益，或者有其他严重情节的情形。

对比《追诉标准（二）》的新旧版本，主要有四大改变，第一，将造成经济损失的数额从 50 万元提高到了 100 万元；第二，增加了虚增或虚减收入达到当期披露的营业收入总额 30% 以上；第三，将未披露的重大事项数额占净资产的比重，更进一步明确为最近一期披露的净资产；第四，删除了股票被多次暂停上市交易的内容，确定终止上市为唯一标准。

需要说明的是，虽然《追诉标准（二）》（2022 年）确立了入罪标准，但本罪有两个量刑档次，《追诉标准（二）》（2022 年）并没有解决量刑标准，这有待最高人民法院出台有关本罪的司法解释来进行完善。

第三节　常用辩护观点

（一）无罪辩护

1. 主体不适格

违规披露、不披露重要信息罪的主体是特殊主体，一类是依法负有信息披露义务的公司、企业，另一类是这些公司企业的控股股东、实际控制人。

如果行为人不是依法负有信息披露义务的公司、企业，或者其直接负责的主管人员和其他直接责任人员，即在主体方面不适格。依据《公司法》《证券法》《银行业监督管理法》《商业银行法》《证券投资基金法》《保险法》《期货和衍生品法》等法律、法规的规定，负有信息披露义务的公司、企业包括：公开发行证券的申请人、上市公司、公司、企业债券上市交易的单位以及其他信息披露义务人、商业银行、基金管理人、基金托管人和其他基金信息披露义务人、保险公司等。另外，根据《证券法》第 78 条规定，国务院证券监督管理机构可以对其他信息披露义务人的范围作出规定。比如，中国证券监督管理委员会《上市公司收购管理办法》（2020 年 3 月版）第 3 条第 2 款中规定，上市公司的收购及相关股份权益变动活动中的信息披露义务人，应当充分披露其在上市公司中的权益及变动情况，依法严格履行报告、公告和其他法定义务。

　　这里面有一些探讨的问题，控股股东、实际控制人和公司、企业一起实施违规披露行为，两者都能够成为犯罪主体，这个可能没有争议。但如果控股股东、实际控制人组织、指使公司、企业实施违规披露行为，那么这两者的责任该如何区分，是共同主犯还是主从犯，或者控股股东、实际控制人涉罪，公司、企业无罪？这就会有三种情况，具体该适用哪种情况，需要根据案件的具体情况来判断。还有，如果是控股股东、实际控制人隐瞒重要信息，公司、企业则不构成犯罪，因为缺乏主观故意。

　　康某药业被判赔偿股民 24 亿元后，随即掀起了一股独立董事辞职潮，在这起案件中，独立董事不但被行政处罚，还被判承担民事赔偿责任。而其中董事长马某田、副董事长许某谨还被判刑，刑事判决书虽然共判处十三人承担刑事责任，但公开报道只提到董事长马某田、副董事长许某谨两人的名字，其他十一人未提及名字和罪名。因此，无法判断是否由独立董事承担刑事责任。

　　这就又要引申出来一个问题，承担行政责任、民事责任的独立董事，还需要继续承担刑事责任吗？

　　问题的另外一面，不承担行政责任或民事责任的独立董事或其他董监高人员，需要承担刑事责任吗？

　　2. 主观上不是故意

　　本罪的犯罪构成中，主观上必须是故意，过失不构成本罪，因此，如果行为人主观上不是故意，或者不知情，那就有可能无罪。

　　比如，前面讲过的例子，控股股东、实际控制人存在股权代持问题，他们不说，作为公司的董事、监事、高级管理人员是没有办法知道的，那这种情况下，公司的董事、监事、高级管理人员就没有主观故意而不构成本罪。

　　在共同犯罪中，必须要有共同的主观故意。一般情况下，违规披露重要信息不是一个人能够完成的，如财务造假，首先需要财务数据，其次在这些数据上进行再加工，再次在董事会通过，最后公布出去。在这个流程中，特别在数据再加工的过程中，有可能多次加工，参与其中一次加工的人、或者只是按照领导安排从事某次数据核对工作的人，其对整个过程并不知情，因此，行为人就有可能不具有共同故意而无罪。

还有一种情况，公司、企业作出了失真的信息披露，控股股东、实际控制人对此知情，但并未实际参与，抱着事不关己高高挂起的心态，也没有进行阻止，这时控股股东、实际控制人是否存在共同故意，并承担刑事责任呢？从共同犯罪的理论来看，并不要求两个故意相同，一个直接故意，另一个间接故意也是能够形成共同故意的。那么控股股东、实际控制人能不能构成间接故意呢？这个就需要作具体分析了，如果控股股东、实际控制人与这个失真的信息披露有关，且能够就此获得收益，那么控股股东、实际控制人就能够构成间接故意，否则，控股股东、实际控股人就不构成。

3. 损害程度无法确定

本罪要求"严重损害股东或者其他人利益，或者有其他严重情节"，《追诉标准（二）》（2022 年）确立了十项标准，除了第十项是兜底条款外，其余大部分都有具体的数额或次数标准，如损失达到 100 万元，虚增或虚减资产达到 30%，多次被行政处罚等。达到了这些标准才能入罪，没有达到就是无罪的。

4. 管辖

2011 年 12 月 2 日，云南省昆明市官渡区人民法院对绿大地公司、何某葵等人作出一审判决，认定其犯有欺诈发行股票罪，而判处绿大地公司罚金人民币 400 万元，判处何某葵有期徒刑 3 年、缓刑 4 年。2012 年 1 月 31 日，昆明市人民检察院向昆明市中级人民法院提起抗诉，除认为量刑偏轻外，管辖也是理由之一，2013 年 2 月 7 日，昆明市中级人民法院就此案重新作出新的一审判决。

《最高人民法院、最高人民检察院、公安部、中国证监会关于办理证券期货违法犯罪案件工作若干问题的意见》第 10 条规定："涉嫌证券期货犯罪的第一审案件，由中级人民法院管辖，同级人民检察院负责提起公诉，地（市）级以上公安机关负责立案侦查。"而本罪正是第 10 条规定的证券期货犯罪，因此，一审法院应当为中级人民法院。

5. 没有违反规定

本罪客观方面的一个表现形式就是不按规定披露重要信息，刑法的"规定"只包括法律和行政法规，但在实践中，有关信息披露的规定常见于部门规章甚至是交易所规则，这些从严格意义上来讲并不是刑法上的"规定"，可以作为行政处罚的依据，但不能据此来定罪量刑。

（二）量刑辩护

刑法规定了多个法定、酌定从轻、减轻处罚情节，这些情节也同样适用于本罪，最高人民法院也公布了《关于常见犯罪的量刑指导意见（试行）》（法发〔2021〕21 号），一般有自首、立功、坦白、认罪认罚从宽、从犯、未遂、赔偿和谅解、无前科、偶犯等。除此之外，还有一些本罪所具有的酌定从轻情节：

（1）已经受到过行政处罚；

（2）已尽到审慎注意义务；

（3）已尽所能地防范出现任何虚假、不实，切实做到了勤勉尽责；

（4）未参与公司的经营管理，对公司实际经营情况不了解；

（5）不具备财务知识和技能，特别信任公司或会所的解释和说明；

（6）能够及时更正披露的信息；

（7）积极配合监管部门调查；

（8）采取有效补救措施，弥补投资者损失。

第四节　本罪与行政处罚和民事赔偿的关系

康某药业股份有限公司（以下简称康某药业）是一家以中药饮片生产、销售为主业，中医药全产业链一体化运营的上市公司。2015 年至 2018 年，康某药业董事长马某田伙同他人，违规筹集大量资金，利用实控交易账户自买自卖、连续交易，操纵公司股价和交易量。2016 年至 2018 年，马某田等人为达到虚增公司业绩目的，组织、策划、指挥公司相关人员进行财务造假，虚增营业收入 275.15 亿元、利息收入 5.10 亿元、营业利润 39.36 亿元，货币资金 2016 年度 225.48 亿元、2017 年度 299.44 亿元、2018 年度 361.88 亿元；未按规定披露控股股东及关联方非经营性占用资金 116.19 亿元。2020 年 5 月 13 日，证监会以（2020）24 号行政处罚决定书，依法对康某药业违法违规案作出行政处罚。除了康某药业外，包括马某田、许某瑾等一共有 21 个自然人被处罚，同时以（2020）6 号市场禁入决定书决定马某田、许某瑾、邱某伟、庄某清、温某生、马某洲六人予以证券市场 10 年禁入的处罚。

2021 年 11 月 17 日，佛山市级人民法院作出（2021）粤 06 刑初 113 号刑事判决书，以违规披露、不披露重要信息罪、操纵证券市场罪、单位行贿罪判处马某田有期徒刑 12 年，并处罚金 120 万元；对康某药业以单位行贿罪判处罚金 500 万元，许某瑾等 12 人也因参与相关证券犯罪被分别判处有期徒刑并处罚金。2022 年 1 月 10 日，广东省高级人民法院以（2021）粤刑终 1608 号刑事裁定书裁定驳回上诉，维持原判。

2021 年 11 月 12 日，广州市中级人民法院作出（2020）粤 01 民初字 2171 号民事判决书，对全国首例证券虚假陈述责任纠纷案作出判决，责令康某药业因年报等虚假陈述侵权赔偿证券投资者损失 24.59 亿元。判决内容显示，马某田及其妻子许某瑾、4 名直接责任人员，正中珠江会计师事务所及直接责任人员承担全部连带赔偿责任；另有 13 名高级管理人员按过错程度分别承担 20%、10%、5% 的连带赔偿责任。

康某药业案中，马某田、许某瑾（刑事判决只公布这两人名字）是夫妻关系，既是董事长、副董事长，也是实际控制人，两人承担了民事赔偿责任，还被行政处罚，最后还承担刑事责任。这就给我们提出了这样几个问题进行思考。

第一，行刑衔接的问题。2001 年 7 月，国务院颁布了《行政执法机关移送涉嫌犯罪案件的规定》，该法第 12 条规定："行政执法机关对公安机关决定立案的案件，应当自接到立案通知书之日起 3 日内将涉案物品以及与案件有关的其他材料移交公安机关，并办结交接手续……"康某药业案件中，是先行后刑，先由证券会处罚，再移送公安机关立案，最终被法院判刑。

第二，民事赔偿的问题。2022 年 1 月 22 日施行的《最高人民法院关于审理证券市场虚假陈述侵权民事赔偿案件的若干规定》第 2 条指出，原告提起证券虚假陈述侵权民事赔偿诉讼，人民法院不得仅以虚假陈述未经监管部门行政处罚或者人民法院生效刑事判决的认定为由裁定不予受理。

在这个规定之前，提起证券虚假陈述侵权民事赔偿诉讼必须要有行政处罚或刑事判决书才能提起，这就是所谓的"先行后民"或"先刑后民"原则。但新的规定，完全排除了这个原则，不再强调"先行后民"或"先刑后民"，投资者可以直接提起侵权之诉。

第三，一事不再罚。理论界和实务界一直有"一事不二罚"原则在证券违法场景中如何操作的争议和讨论，近年来的主流观点基本都认为，"一事不二罚"原则只在同类型责任追究时适用，行政责任和刑事责任因属不同类型法律责任，所以可以同时追究。[①] 康某药业案件就是很好的案例。

第五节　案例解读

一、最高人民检察院第十七批指导案例（检例第 66 号）：博某投资案

（一）基本案情

广东省珠海市博某投资股份有限公司（以下简称博某公司）原系上海

---

① 武雷、郑玉：《违规披露、不披露重要信息罪的几点思考——关于信息披露违规行为的刑法规制》，https://www.junhe.com/legal-updates/1124，最后访问日期：2020 年 3 月 20 日。

证券交易所上市公司。华某泰投资有限公司（以下简称华某泰公司）为博某公司控股股东。在博某公司并购重组过程中，有关人员作出了业绩承诺，在业绩不达标时需向博某公司支付股改业绩承诺款。2011 年 4 月，余某妮、陈某、伍某清、张某萍、罗某元等人采取循环转账等方式虚构华某泰公司已代全体股改义务人支付股改业绩承诺款 3.84 亿余元的事实，在博某公司临时报告、半年报告中进行披露。2012 年至 2014 年，余某妮、张某萍多次虚构银行承兑汇票贴现等交易事实，并根据虚假的交易事实进行记账，制作虚假的财务报表，虚增资产或者虚构利润均达到当期披露的资产总额或利润总额的 30% 以上，并在博某公司当年半年报、年报中披露。此外，博某公司还违规不披露博某公司实际控制人及其关联公司等信息。

2016 年 7 月 18 日，珠海市香洲区检察院对博某公司作出不起诉决定。9 月 30 日，检察机关向中国证券监督管理委员会发出《检察意见书》，建议对博某公司依法给予行政处罚。2017 年 2 月 22 日，法院以违规披露、不披露重要信息罪判处被告人余某妮等五人有期徒刑 1 年 7 个月至拘役 3 个月不等刑罚，并处罚金。判决已生效。

（二）裁判要点

法院经审理认为，本案构成违规披露、不披露重要信息罪。本案基本事实就是相关被告人基于完成股权分置改革方案、实现股票上市流通的目的，虚构财务报表并予以违规披露的犯罪事实。对该系列行为应认定为同一事实，该事实符合违规披露、不披露重要信息罪的主客观构成要件，应以违规披露、不披露重要信息罪追究相关被告人的责任。博某公司作为依法负有信息披露义务的公司，在 2011 年至 2014 年向股东和社会公众提供虚假的或者隐瞒主要事实的财务会计报告，或者对依法应当披露的其他重要信息不按照规定披露，严重损害了股东或者其他人的利益，情节严重，被告人余某某、陈某作为公司直接负责的主管人员，被告人伍某某、张某某、罗某某作为直接责任人员，其行为均构成违规披露、不披露重要信息罪。

（三）指导意义

（1）违规披露、不披露重要信息犯罪不追究单位的刑事责任。上市公司依法负有信息披露义务，违反相关义务的，刑法规定了相应的处罚。由于上市公司所涉利益群体的多元性，为避免中小股东利益遭受双重损害，刑法规定对违规披露、不披露重要信息罪只追究直接负责的主管人员和其他直接责任人员的刑事责任，不追究单位的刑事责任。《刑法》第 162 条妨害清算罪、第 162 条之二虚假破产罪、第 185 条之一第 2 款违法运用资金罪等也属于此种情形。对于此类犯罪案件，检察机关应当注意审查公安机关移送起诉的内容，区分刑事责任边界，准确把握追诉的对象和范围。

（2）刑法没有规定追究单位刑事责任的，应当对单位作出不起诉决定。对公安机关将单位一并移送起诉的案件，如果刑法没有规定对单位判处刑罚，检察机关应当对构成犯罪的直接负责的主管人员和其他直接责任人员依法提起公诉，对单位应当不起诉。鉴于刑事诉讼法没有规定与之对应的不起诉情形，检察机关可以根据刑事诉讼法规定的最相近的不起诉情形，对单位作出不起诉决定。

（3）对不追究刑事责任的单位，人民检察院应当依法提出检察意见督促有关机关追究行政责任。不追究单位的刑事责任并不表示单位不需要承担任何法律责任。检察机关不追究单位刑事责任，容易引起当事人、社会公众产生单位对违规披露、不披露重要信息没有任何法律责任的误解。由于违规披露、不披露重要信息行为，还可能产生上市公司强制退市等后果，这种误解还会进一步引起当事人、社会公众对证券监督管理部门、证券交易所采取措施的质疑，影响证券市场秩序。检察机关在审查起诉时，应当充分考虑办案效果，根据证券法等法律规定认真审查是否需要对单位给予行政处罚；需要给予行政处罚的，应当及时向证券监督管理部门提出检察意见，并进行充分的释法说理，消除当事人、社会公众因检察机关不追究可能产生的单位无任何责任的误解，避免对证券市场秩序造成负面影响。

二、《刑事审判参考》案例第 285 号①：董某等提供虚假财会报告案——提供虚假财会报告罪中直接责任人员的认定

（一）基本案情

2002 年 11 月 19 日，银川市人民检察院以被告人董某、李某强、丁某民、阎某岱犯提供虚假财会报告罪，被告人董某犯虚开增值税专用发票罪，被告人刘某荣、徐某文犯提供虚假证明文件罪，向银川市中级人民法院提起公诉。

银川市中级人民法院经审理认为：被告人董某、李某强、丁某民、阎某岱作为银某夏公司和天津广某公司直接负责的主管人员和其他直接责任人员，明知提供虚假财会报告会损害股东利益却故意为之，采取伪造银行进账单、汇款单，海关报关单、销售合同、购货发票单及虚开增值税专用发票等手段，伪造天津广某公司 1999 年度和 2000 年度及 2001 年度中期虚假收入和利润，致使银某夏公司向股东和社会公众提供虚假的财会报告，向社会披露虚假利润，银某夏公司涉嫌违规被中国证监会停牌，股票急速下跌，严重损害了股东的利益，四被告人的行为已构成提供虚假财会报告罪，依法应予惩处。被告人刘某荣、徐某文代表深圳中天勤会计师事务所在对银某夏公司及天津广某公司 1999 年度和 2000 年度财务报告审计过程中，未遵循中国注册会计师独立审计准则，未履行必要的审计程序，为银某夏公司出具了 1999 年度和 2000 年度严重失实的审计报告，并造成了严重后果，被告人刘某荣、徐某文应当预见并可以预见其出具的 1999 年度、2000 年度银某夏公司审计报告有可能存在重大失实情形，并可能造成严重后果，但没有预见，二被告人的行为已构成出具证明文件重大失实罪，依法应予惩处。公诉机关指控被告人董某、李某强、丁某民、阎某岱犯提供虚假财会报告罪的事实清楚，证据确实、充分，罪名成立。指控被告人董

① 最高人民法院刑事审判第一、二、三、四、五庭：《刑事审判参考（总第 37 集）》第 285 号指导案例，法律出版社 2004 年版。

某犯虚开增值税专用发票罪不能成立，被告人董某虽然存在虚开增值税专用发票的行为，但不具备虚开增值税专用发票罪的成立要件，虚开的动机和目的是提供虚假财会报告，且所虚开的增值税专用发票没有流向社会，没有骗取税款，只是提供虚假财会报告的犯罪手段，对虚开增值税专用发票的行为应当作为提供虚假财会报告罪的犯罪情节予以考虑。指控被告人刘某荣、徐某文犯提供虚假证明文件罪不能成立，因为没有充分证据证明被告人刘某荣、徐某文明知所提供的审计报告缺乏事实和科学根据并故意提供。

（二）主要问题

1. 被告人阎某岱是否构成提供虚假财会报告罪？

2. 被告人刘某荣、徐某文构成提供虚假证明文件罪还是出具证明文件重大失实罪？

（三）裁判要点

1. 被告人阎某岱在被告人董某的指使下，为编制天津广某公司虚假的财会报表，组织他人制作 1999 年度虚假的原料入库单、班产记录、产品出库单，作为直接责任人员与董某等被告人共同属于提供虚假财会报告罪的处罚主体，根据《刑法》第 161 条规定，提供虚假财会报告罪，是指公司向股东和社会公众提供虚假的或者隐瞒重要事实的财务会计报告，严重损害股东或者其他人利益的行为。其中，财务会计报告的范围及提供行为的具体理解，公司法等相关法律、法规均有明确规定。提供虚假财会报告罪一般是单位犯罪，在处罚上实行单罚制，仅追究公司直接负责的主管人员和直接责任人员的刑事责任。

本案审理中，被告人阎某岱的辩护人提出，作为天津广某公司的总经理，被告人阎某岱既非天津广某公司主管人员，亦非该公司的财务人员，不应对天津广某公司的提供虚假财会报告行为承担法律责任。我们认为，该辩护意见在提供虚假财会报告罪的客观行为的理解上存在一定的片面性，并因此对作为提供虚假财会报告罪处罚主体之一的直接责任人员的范围造成了不当限缩。提供虚假财会报告的客观行为不仅仅是提供行为，同时还内含着一个弄虚作假，制作虚假财会报告的行为，这也是提供虚假财会报告行为的应有之义，没有制假行为，提供虚假财会报告的问题自然无从谈起。本案被告人阎某岱在被告人董某的指使下，明知相关的会计凭证、资料将用于编制虚假的财会报告并向社会公众公布，仍然组织他人制作 1999 年度虚假的原料入库单、班产记录、产品出库单，为天津广某公司谎报萃取产品出口收入提供了重要的帮助，为银某夏公司虚假财会报告的最终完成并公之于众起到了关键性的作用，因而将被告人阎某岱认定为本案直接责任人员是正确的。

2. 被告人刘某荣、徐某文构成出具证明文件重大失实罪。二被告人在审计过程中未遵循注册会计师独立审计准则，未履行必要的审计程序，出具的审计报告严重失实，并造成了严重后果。根据《刑法》第 229 条规定，承担上市公司会计报表审计职责的会计师事务所及注册会计师，故意提供虚假审计报告，情节严重的；或者严重不负责任，出具的审计报告有重大失实，造成严重后果的，将分别构成提供虚假证明文件罪或者出具证明文件重大失实罪。在这里首先需要明确的一个前提是，审计报告与财务会计报告是相互独立的不同的两份文件，前者是会计师事务所等中介组织的证明文件，后者是公司财务文件，两者属于评价与被评价的关系，司法实践中应注意避免将两者混为一谈。法院判决对董某等四被告人的提供虚假财会报告行为与刘某荣、徐某文二被告人的出具失实审计报告行为，分别予以评价是正确的。对于审计报告的严重失实，有充分证据证明刘某荣、徐某文二被告人有义务、有能力预见到，之所以未预见到完全系不正确履行职责所致，且由此造成了严重的危害后果，故二被告人构成出具证明文件重大失实罪。在合理的范围内确保会计报表审计报告的真实性、合法性，是刘某荣、徐某文二被告人的法定职责。但二被告人违背了独立审计准则，未能遵循和实施必要的审计程序，所出具的审计意见以未经核实或者委托利害关系人核查的审计证据为依据，存在严重的失职行为。

（四）意义

1. 在认定提供虚假财会报告罪处罚主体时，须将虚假财会报告的制作和提供两方面的行为主体同时纳入分析、评价的范畴。具言之，须对提供虚假财会报告罪承担刑事责任的直接负责的主管人员和其他直接责任人员，既包括对公司财会报告的真实性、可靠性负有直接责任的公司董事长、董事、总经理、经理、监事，同时还包括直接参与虚假财会报告制作的工作人员。前者一般表现为签署、审核财会报告的人员和授意、指使编制虚假的或者隐瞒重要事实的财务会计报告的公司负责人，但对制假报假不知情的公司管理人员，工作过失提供虚假财会报告的，因无主观故意，不应视为直接负责的主管人员；后者一般表现为具体编制或者参与编制虚假的或者隐瞒重要事实的财务会计报告的公司财会人员，因为公司的财会报告通常是由财会人员制作完成的，但不以财会人员为限：首先，凡是参与制作虚假报告的以及为直接编制虚假报告人员提供虚假凭证资料的人员均应视为相关责任人员；其次，是否属于需要追究刑事责任的直接责任人员，取决于该人员在犯罪中的地位和作用，而非是否具有财会人员的身份。

2. 提供虚假财会报告罪与提供虚假证明文件罪或者出具证明文件重大失实罪是较为容易区分的。提供虚假证明文件罪与出具证明文件重大失实罪的不同之处主要在于主观方面，前者属故意行为，后者属过失行为。应当指出，这里的故意、过失是相对于证明文件本身的真假而言的，明知证明文件的内容虚假而提供，即可认定为故意提供，相反，因未尽必要的注意义务而未认识到所出具的证明文件与事实不符，则属过失。唯下述情形，即公司与承担审计职责的会计师事务所或其注册会计师合谋，由公司故意提供虚假的或者隐瞒重要事实的财务会计报告，同时由会计师事务所或其注册会计师出具虚假的审计报告，应如何对出具虚假审计报告的会计师事务所或其注册会计师进行定罪处罚。我们认为，尽管两者存在共同实施犯罪的故意，对于后者仍须按提供虚假证明文件罪处理：一方面，两者的故意内容有所不同，前者主要是出于虚夸业绩欺骗股东和社会公众，后者主要是出于业务考虑；另一方面，双方的行为在刑法上可以得到充分的、相应的评价，无须按共同犯罪处理。

三、《刑事审判参考》案例第 824 号①：于某青违规不披露重要信息案

（一）基本案情

扬州市邗江区人民检察院指控 2006 年 11 月至 2008 年 11 月，时任江苏琼某高科技股份有限公司（以下简称江苏琼某）法定代表人、董事长的被告人于某青使用江苏琼某公章，以江苏琼某的名义，为明显不具有清偿能力的控股股东江苏琼某集团有限公司（以下简称琼某集团）等关联方提供担保 24 笔，金额共计人民币 16035 万元。江苏琼某对上述担保事项未按规定履行披露义务，情节严重，被告人于某青作为直接负责的主管人员应当以违规不披露重要信息罪追究刑事责任。被告人于某青作为上市公司的法定代表人、董事长，违背对上市公司的忠实义务，利用职务便利，操纵上市公司为明显不具有清偿能力的关联方违规担保，致使上市公司利益遭受重大损失，应当以背信损害上市公司利益罪追究刑事责任。

被告人于某青对公诉机关指控的犯罪事实不持异议，其辩护人对违规不披露重要信息罪没有异议，但认为被告人于某青违规担保的风险已经化解，未给上市公司江苏琼某造成实际损失，不构成背信损害上市公司利益罪。

法院审理查明被告人于某青使用江苏琼某公章，以江苏琼某的名义，为明显不具有清偿能力的控股股东琼某集团等关联方提供担保 24 笔，金额共计人民币 16035 万元，占江苏琼某 2008 年 12 月 31 日经审计的净资产的比例为 101.29%。其中 2007 年 11 月 1 日至 2008 年 10 月 31 日连续 12 个月的担保累计数额为人民币 12005 万元，占江苏琼某 2008 年 12 月 31 日经

---

① 最高人民法院刑事审判第一、二、三、四、五庭：《刑事审判参考（总第 90 集）》第 824 号指导案例，法律出版社 2013 年版。

审计的净资产的比例为 75.83%。江苏琼某对上述担保事项未按规定履行临时公告披露义务，也未在 2006 年报、2007 年报、2008 年半年报中进行披露。截止到 2009 年 12 月 31 日，琼某集团以及于某青通过以股抵债或用减持股票款向债权人偿还的方式，清偿了全部债务，已经解除了担保人江苏琼某的保证责任。

（二）主要问题

被告人于某青是否构成背信损害上市公司利益罪？

（三）裁判要点

法院认为，于某青的行为不构成背信损害上市公司利益罪。江苏琼某对依法应当披露的重要担保信息不按规定披露，情节严重，被告人于某青是江苏琼某上述行为的直接主管人员，其行为已构成违规不披露重要信息罪。其犯罪后自动投案，如实供述自己的罪行，是自首，依法可以从轻处罚，并可给予一定的考验期限。公诉机关起诉指控被告人于某青构成违规不披露重要信息罪的事实清楚，证据确实、充分，罪名成立，但指控的背信损害上市公司利益罪因构成该罪必须以"致使上市公司利益遭受重大损失"为条件，被告人于某青虽有操纵上市公司向明显不具有清偿能力的关联企业提供担保的行为，但鉴于其违规担保的风险在公安机关立案前已全部化解，未给江苏琼某造成实际损失，因此被告人于某青的行为不构成背信损害上市公司利益罪。

（四）意义

背信损害上市公司利益罪的罪与非罪的界限。正确认定背信损害上市公司利益罪，必须划清其与一般违法行为的界限，在认定中，应该注意以下三点：第一，由于经济活动中存在一定风险的客观使然，若行为主体所实施的行为是在法规、章程规定的范围之内，且行为人既没有滥用权利，也没有违背忠实义务，造成了一定的财产损失，就不能构成本罪。若上市公司为谋求高利润授权由行为人处理相关事务，而自愿冒高风险，则行为人为其处理风险事务，即使已超出一般依法之事务处理范围，亦因本人同意，而可阻却违法。第二，本罪属于结果犯，即只有行为主体实施背信行为致使公司财产遭受重大损失，实施其他行为及时补救，并没有使全体财产减少，都不成立本罪。第三，如果根据案件事实，确属情节显著轻微危害不大的，没有对上市公司造成重大财产损失的。应根据《刑法》第 13 条的规定，不以犯罪论处，而作为一般违法行为处理。

四、《刑事审判参考》案例第 1435 号[①]：丹东欣某电气股份有限公司及温某乙、刘某胜欺诈发行证券、违规披露重要信息案

（一）基本案情

丹东市人民检察院指控辽宁省丹东市人民检察院指控被告单位欣某电气公司及被告人温某乙、刘某胜犯欺诈发行股票罪、违规披露信息罪，向丹东市中级人民法院提起公诉。

丹东市中级人民法院审理查明：2011 年 3 月 30 日，被告单位欣某电气公司提出在创业板上市的申请，因持续盈利能力不符合条件而被证监会驳回。被告人温某乙、刘某胜为达到上市目的，合谋决定组织单位工作人员通过外部接口、使用自有资金或伪造银行单据等方式，采取虚减应收账款、少计提坏账准备等手段，虚构 2011 年至 2013 年 6 月的收回应收款项情况，采用在报告期末冲减应收款项，下一会计期期初冲回的方式，虚构有关财务数据，并在向证监会报送的首次公开发行股票并在创业板上市申请文件的定期财务报告中载入上述重大虚假内容。2014 年 1 月 3 日，证监会核准欣某电气公司在创业板上市。随后欣某电气公司在《首次公开发行股票并在创业板上市招股说明书》中亦载入了具有重大虚假内容的财务报告。2014 年 1 月 27 日，欣某电气公司股票在深圳证券交易所创业板挂牌

---

① 最高人民法院刑事审判第一、二、三、四、五庭：《刑事审判参考（总第 129 集）》第 1435 号指导案例，法律出版社 2022 年版。

上市，首次以每股发行价 16.31 元的价格向社会公开发行 1577.8 万股，共募集资金 2.57 亿元。

被告单位欣某电气公司上市后，被告人温某乙、刘某胜继续沿用前述手段进行财务造假，向公众披露了具有重大虚假内容的 2013 年年度报告、2014 年半年度报告、2014 年年度报告等重要信息。2017 年 7 月，深圳证券交易所决定欣某电气公司退市、摘牌，主承销商兴业证券股份有限公司设立先行赔付专项基金，先行赔付 1 万余名投资人的损失共计 2.36 亿余元。

（二）主要问题

被告人温某乙、刘某胜的行为构成一罪还是数罪？

（三）裁判要点

上市公司在发行、持续信息披露中的财务造假行为，严重蛀蚀了资本市场的诚信基础，损害投资者利益，应当予以惩治。资本市场财务造假行为主要通过信息违规披露的方式表现出来。对于不同阶段涉财务造假信息的违规披露行为，刑法规定了不同的罪名和相应刑罚。欺诈发行股票罪与违规披露重要信息罪是两个独立的罪名，侵犯的法益不同，二者也并非手段与目的的牵连关系，欺诈发行不意味着一定会违规披露，而违规披露也不一定是因为前面有欺诈发行行为。如果同时符合两个犯罪构成，就应当数罪并罚。经过检索相关案例，云南绿大地和万福生科等类似案件中也均作两罪处理，予以数罪并罚。

最后，具体到本案中，被告欣某电气公司欺诈发行股票行为与违规披露重要信息行为发生在公司上市前后两个阶段，前一阶段欣某电气公司通过虚构财务数据，使公司成功上市并发行股票，股票数额巨大，其所侵犯的是国家关于股票发行的管理制度；后一阶段是欣某电气公司上市后，多次违规披露虚假的财务会计报告，最终导致公司发行的股票被终止上市交易，严重损害股东和他人的利益，其所破坏的是上市公司关于信息披露的管理制度。前后两个阶段的犯罪行为所侵犯的法益和所造成的社会危害均不相同,只有认定两罪,才能全面、客观评价其所犯罪行,真正体现罪责刑相适应原则。

五、韩某良、陶某违规披露重要信息案①

（一）基本案情

华某风电科技（集团）股份有限公司（以下简称华某风电公司）是在上海证券交易所上市交易的公司,依法负有信息披露的义务。被告人韩某良在担任华某风电公司董事长、总裁期间,于 2011 年指派时任华某风电公司副总裁兼财务总监的被告人陶某等公司高级管理人员,通过组织公司财务部、市场部、客户服务中心、生产管理部等部门虚报数据等方式虚增华某风电公司 2011 年的收入及利润,合计虚增利润 2.58 亿余元,占华某风电公司 2011 年年度报告披露的利润总额的 34.99%。

（二）主要问题

韩某良、陶某是否构成违规披露重要信息罪?

（三）裁判要点

一审法院经审理认为,华某风电公司作为依法负有信息披露义务的公司向股东和社会公众提供虚假的财务会计报告,严重损害股东或者其他人的利益,被告人韩某良、陶某分别作为公司直接负责的主管人员和其他直接责任人员,其行为均已构成违规披露重要信息罪,依法应予惩处。鉴于韩某良、陶某犯罪的情节轻微及本案犯罪事实系华某风电公司自查发现并主动上报监管机关,韩某良、陶某已缴纳中国证券监督管理委员会行政处罚决定书因虚假信息披露行为对其二人所处的罚款,陶某具有从犯、自首情节,依法可对韩某良、陶某从轻处罚。判决被告人韩某良犯违规披露重要信

① 中国证券监督管理委员会〔2015〕9 号市场禁入决定书。

息罪，判处有期徒刑 11 个月，并处罚金人民币 10 万元；被告人陶某犯违规披露重要信息罪，判处拘役 4 个月，缓刑 6 个月，并处罚金人民币 5 万元。

二审法院经审理认为，华某风电公司作为依法负有信息披露义务的上市公司，向股东和社会公众提供虚假的财务会计报告，严重损害股东或者其他人利益，原审被告人韩某良、上诉人陶某分别作为公司直接负责的主管人员和其他直接责任人员，其行为均已构成违规披露重要信息罪，依法应予惩处。

关于韩某良、陶某及各自辩护人所提二人对数据造假一事并非明知、亦未指使他人造假的辩解及辩护意见，经查：在案证据证明，韩某良在陶某和苏某向其反映执行公司下发的《主合同产品销售确认管理暂行办法》导致的数据虚假问题后，韩某良仍要求陶某和苏某在财务部执行该暂行办法，并指示公司副总裁于某军、刘某奇、汪某等让其各自分管的客户服务中心、市场部、生产管理部配合财务部，通过由市场部继续向财务部提供不真实的吊装数据、客户服务中心伪造吊装单、生产管理部将未实际采购的原材料或产品录入计算机系统虚构成本等方式协助财务部完成虚增收入和利润。在案证据足以证明韩某良组织公司财务部等部门进行了数据造假，而陶某已明知数据存在虚假的情况下，仍按照韩某良的指派，指示财务部按照虚假的数据确认收入，并最终导致公司向股东和社会公众披露的2011 年度财务会计报告存在虚假。

鉴于本案犯罪事实系华某风电公司自查发现并主动上报监管机关，韩某良、陶某已缴纳中国证券监督管理委员会行政处罚决定书因虚假信息披露行为对其二人所处的罚款，陶某具有从犯、自首的法定情节，尤其是陶某在华某风电公司被证监会调查后，配合监管部门的风险处置工作，确实起到了稳定公司经营秩序、协调解决债务纠纷的作用，得到了证监会北京监管局的认可，依据刑法关于自首、从犯的规定与罪责刑相适应的原则，可以认为陶某的犯罪情节轻微不需要判处刑罚，故本院对陶某依法免予刑事处罚。二审法院维持北京市第一中级人民法院（2016）京 01 刑初 135号刑事判决的第一项，即被告人韩某良犯违规披露重要信息罪，判处有期徒刑 11 个月，并处罚金人民币 10 万元。撤销第二项，即被告人陶某犯违规披露重要信息罪，判处拘役 4 个月，缓刑 6 个月，并处罚金人民币 5 万元。上诉人陶某犯违规披露重要信息罪，免予刑事处罚。

（四）意义

对于该罪名的主观判断，需要通过行为人的职务、职务管辖范围以及履职过程中所涉事项等与违规披露之间的关联性来认定。如果行为人是直接主管人员，只要所涉事项属于行为人职责管辖范围，且行为人经手过相关事项，或有其他证据证明行为人知道造假等相关事项，就可以认定行为人具有犯罪故意。如果行为人只是其他直接责任人员，则要求行为人直接参与了造假行为，否则，不能以属于职责范围为由认定其具有犯罪故意。因为不负有主管责任的其他直接责任人员并不决定违规披露信息行为的发生，如果不履职，只是违反公司内部管理的行为，不宜认定其具有犯罪故意。此外，信息披露违法行为发生后，信息披露义务人或其控股股东、实际控制人的态度及其在违规信息披露调查中的配合程度，也是在刑事上推定或推论行为人主观罪过时应当考虑的因素。例如，信息披露义务人或其控股股东、实际控制人得悉或者发现信息披露违法后，是继续掩饰还是采取适当措施进行补救，是否向证监会报告，是否在调查中积极配合，是否对调查机关欺诈或隐瞒，是否有干扰、阻碍调查情况等。

第 五 章

背信损害上市公司利益罪①

第一节 概 述

一、制定背景

背信损害上市公司利益罪规定在《刑法》第 169 条之一，是《刑法修正案（六）》新增设的一项罪名，旨在应对实践中特定人员利用职务便利"掏空上市公司"的行为。

随着市场经济的蓬勃发展，证券市场的资金流量相应剧增，上市公司的资产成为许多罪犯的行动目标。《刑法修正案（六）》出台以前，刑法第 169 条设置有徇私舞弊低价折股、出售国有资产罪对国有（上市）公司等主管人员徇私舞弊，侵害国有资产，致使国家利益遭受重大损失的行为进行规制。非国有上市公司的董事、监事等侵害公司资产、严重损害上市公司利益的行为在实践中同样多见且伴有愈演愈烈之势，但比起侵害国有资产的行为，对非国有公司资产的保护显然稍逊一筹，立法和司法层面均未对此表现出足够的重视：前者只有证监会制定的系列规章规制此类行为，刑事法规范缺乏；也因此，受罪刑法定原则制约，后者根本无相应刑事案件可供说明。

上市公司与证券市场紧密关联，其利益一旦遭受侵害，消极影响就会

---

① 撰稿人：胡玄欣。

落到证券市场中，损害众多相关主体的利益甚至动摇社会主义市场经济秩序的稳定。负有特定职务或身份的主体违背忠实义务，侵害上市公司利益，行为已经具备刑法要求的严重社会危害性：一方面，此行为最终损害广大中小投资者的利益，影响和谐的社会秩序，甚至导致社会的动荡；另一方面，该行为还给公司运转增加了不必要的风险，严重损害公司管理秩序，破坏证券、期货市场的正常功能。综合考虑各种因素，为严厉整治打击上述行为，立法者通过《刑法修正案（六）》弥补了刑事法规范上的缺失，增设背信损害上市公司利益罪加强保护上市公司与广大投资者的利益，提升投资者的投资信心，维护证券市场秩序。

设立该罪名后，2010 年 5 月，最高人民检察院、公安部联合发布《关于公安机关管辖的刑事案件立案追诉标准的规定（二）》明确了背信损害上市公司利益罪的入罪标准。随后几年间，陕西省高级人民法院、天津市高级人民法院等结合当地经济发展和社会治安状况，陆续通过地方司法文件对当地办理背信损害上市公司利益案件中涉及的犯罪数额和情节认定标准提出了意见。2022 年 4 月，最高人民检察院联合公安部对《追诉标准（二）》（2010 年）进行适应经济社会发展的全面修订，参考 2019 年修订的《证券法》等相关规定，删除"致使多次被暂停上市交易的"规定，并完善了证券种类的表述。这在保持了法秩序统一的同时，严密了该罪的刑事法网。

最高人民法院、最高人民检察院、公安部与中国证监会发布的《关于办理证券期货违法犯罪案件工作若干问题的意见》第 10 条规定，本罪第一审案件一般由中院管辖，同级检察院负责提起公诉，地（市）级以上公安机关负责立案侦查。在法律责任的衔接上，《追诉标准（二）》（2022年）已经给出明确标准，只要造成上市公司损失达到一定数额或者具有其他情节，可以直接刑事立案而无前置的行政程序要求。不过，从实践情况来看，本罪案发多靠证监会，其在依法行政调查过程中发现行为人的相关违法行为涉嫌犯罪时，往往会依据法律法规的规定向公安机关进行移送。一方面，案件线索不易察觉导致案件量少，案发依赖证监机构，对此类犯罪的查处打击力度可能不够；另一方面，这种依赖性决定了市场运作领域的相关资料系由专业人士、机构进行搜集，从某种程度上说也为公安机关提供了便利，也使得证据搜集更加具有专业性、针对性。

二、司法现状

笔者在中国裁判文书网以"背信损害上市公司利益罪""刑事案由"为关键词，设定时间为 2016 年 1 月 1 日至 2022 年 6 月 8 日进行检索，共搜索得到 13 份法律文书（包括 9 份判决书和 4 份裁定书）。筛除无关内容后，最终得到 6 个有效案件，涉案被告共 10 名。

由于样本数据过少，无法形成类型化的实证分析，但笔者仍然可以从这些案件中总结出共通点。

（一）被告人身份以董事为主

在 10 名被告人中，担任董事的占到了六成，其中多人身兼多职；其余被告人也具备一定的身份，包括监事、财务总监等，具备实施相应侵害行为的职务便利。裁判文书中载明其中 9 名被告人的受教育情况，本科以下学历仅有 2 人，且最低学历为中专，这表明：一方面，在经济不断发展的情况下，上市公司招录人员的要求随之提高；另一方面，实施此类行为对相关专业知识水平有一定的要求，行为人对公司运营非常熟悉才有利用规则漏洞的可能。

（二）争议围绕侵害行为定性以及罪数问题

在 6 个案件中，控辩双方基本都围绕行为人的特定行为是否属于背信损害上市公司利益、是构成背信损害上市公司利益罪还是他罪分别进行了详细阐述；在确认构成本罪的基础上，继续探讨构成一罪还是数罪。从某种程度上说，因为没有既成的裁判可供参考。案件量少，为控辩双方对罪名构成要件的理解各抒己见提供了极大空间；另外，罪数问题频繁被提及表明背信损害上市公司利益的行为本身可能与其他犯罪存在竞合，在认定时需要更加深入、准确地把握该罪的构成要件，将其与他罪区分开。

第二节　犯罪构成分析

一、概念及构成要件

背信损害上市公司利益罪，指的是上市公司的董事、监事、高级管理人员违背对公司的忠实义务，利用职务便利，操纵上市公司损害上市公司利益，或者上市公司的控股股东、实际控制人，指使上述人员利用职务便利操纵上市公司，实施损害上市公司利益，致使上市公司利益遭受重大损失的行为。该罪规定在《刑法》第169条之一，通过解读其罪状，可得出其构成要件如下。

（一）犯罪客体

本罪的犯罪客体为何众说纷纭，简单概括起来有三种观点：（1）本罪为简单客体，即上市公司的利益；（2）本罪客体为上市公司及其股东的合法权益以及证券市场的管理秩序；（3）本罪客体为上市公司及其股东的利益、公司的管理秩序和有序公平的市场环境。

通说认为，本罪属于复杂客体。从其所处刑法分则体系位置的角度看，立法者倾向认为本罪所侵犯的主要客体是国家对上市公司的管理秩序；从构成要件的角度看，由于本罪为结果犯，要求构罪必须"致使上市公司利益遭受重大损失"，所以上市公司及其股东的合法权益也属于本罪的客体。

（二）犯罪客观要件

本罪根据主体不同，在客观方面有两大类表现：一是上市公司的董事、监事、高级管理人员违背对公司的忠诚义务，利用职务便利，通过操纵上市公司从事不正当、不公平的关联交易等非法手段，致使上市公司利益遭受重大损失的行为；二是上市公司的控股股东、实际控制人，指使上市公司的董事、监事、高级管理人员，利用职务便利，操纵上市公司，实施损害上市公司利益，致使上市公司利益遭受重大损失的行为。具体而言，本罪客观方面必须齐备三个要素。

第一，行为人必须存在背信行为。本罪名中的"背信"，顾名思义即"违背信义"，指的是行为人破坏与其任职的上市公司之间的信任关系，违背对公司的忠实义务的行为。刑法通过"列举＋兜底"的形式明文规定何为"背信损害上市公司利益"，包括：（1）无偿向其他单位或者个人提供资金、商品、服务或者其他资产的；（2）以明显不公平的条件，提供或者接受资金、商品、服务或者其他资产的；（3）向明显不具有清偿能力的单位或者个人提供资金、商品、服务或者其他资产的；（4）为明显不具有清偿能力的单位或者个人提供担保，或者无正当理由为其他单位或者个人提供担保的；（5）无正当理由放弃债权、承担债务的；（6）采用其他方式损害上市公司利益的。

2018 年修正的《公司法》第 147 条、第 148 条规定，董事、监事、高级管理人员对公司负有忠实义务，不得实施挪用公司资金、违规将公司资金借贷给他人或者以公司财产为他人提供担保等侵占公司的财产、损害公司利益的行为。同时，《公司法》还在第 149 条规定上述人员违反忠实义务需要承担的责任。这要求，上市公司的董事、监事等高管人员，在经营公司时应当毫无保留从公司利益出发，为公司最大利益而工作；当自身利益与公司整体利益发生冲突时，应当以公司利益为先。① 如果行为人故意违背忠实义务从事违法行为，损害上市公司利益，构成本罪。但如果行为人虽然实施损害公司利益的行为，但只是基于对市场的错误判断、决策失误等，其切实履行了对公司的忠实义务，就不存在"背信"，也就不成立本罪。②

---

① 赵旭东：《新旧公司法比较研究》，人民法院出版社 2005 年版，第 261 页。
② 黄太云：《〈刑法修正案（六）〉的理解与适用（上）》，载《人民检察》2006 年 7 月（下），第 50 页。

第二，行为人必须是利用职务之便实施侵害行为。从法条列举的情形来看，背信损害上市公司需要实施操纵上市公司的行为，普通职员并不具备这样的能力。从"无权利无义务"的角度理解，由于负有特定义务，那么相应的人员也必须具有与之相配套的权利，并且其在行为之时利用了这种权利。至于如何理解"职务便利"，笔者认为参考职务犯罪的规定，至少包含两个方面：首先，应当利用高管职权。高管职权规定在法律法规以及公司章程中，包括对公司的决策权、监督权等。其次，应当包括利用高管职权所形成的系列便利条件，包括特定人员在公司经营、人事安排、投资决策等方面所具有的个人影响力。

第三，行为人所实施的背信行为，必须造成上市公司利益受损的严重后果，达到"致使上市公司遭受重大损失"或"特别重大损失"的程度。最新修订的《追诉标准（二）》（2022年）第13条对如何认定"重大损失"作出了细微调整，保留依据直接经济损失数额不变，删去了"致使多次被暂停上市交易的"规定，并完善了证券种类的表述：

表 5-1　应以背信损害上市公司利益罪立案追诉的情况

序号	行为类型	罪量标准
1	无偿向其他单位或者个人提供资金、商品、服务或者其他资产	致使上市公司直接经济损失数额在150万元以上
2	以明显不公平的条件，提供或者接受资金、商品、服务或者其他资产	
3	向明显不具有清偿能力的单位或者个人提供资金、商品、服务或者其他资产	
4	为明显不具有清偿能力的单位或者个人提供担保，或者无正当理由为其他单位或者个人提供担保	
5	无正当理由放弃债权、承担债务	
6	采用其他方式损害上市公司利益	致使公司、企业发行的股票或者公司、企业债券、存托凭证或者国务院依法认定的其他证券被终止上市交易的
7	其他致使上市公司利益遭受重大损失的情形	

（三）犯罪主体

本罪为特殊主体，需要具备特定身份，包括两类人员：第一类，上市公司的董事、监事、高级管理人员；第二类，上市公司的控股股东、实际控制人。

第一类人员对公司经营享有直接的决策权、监督权以及执行权等，其具体含义分别是："董事"，指的是有限责任公司和股份有限公司中由股东大会选出的，作为公司业务的决策者和管理者对公司和股东负有特定义务的自然人；"监事"，是对董事会决议执行负有监督职责的人；"高级管理人员"，则是指上市公司的经理、副经理、财务负责人、董事会秘书和公司章程规定的其他人员。第二类人员规定在《公司法》第 216 条，其虽然不直接参与公司的经营管理，但是可以决定相当比例的董事人选，并且对股东大会的决议具有相当大的影响。在其地位的影响下，如果其指使董事、监事或者其他高管操纵上市公司，给公司造成损害，带来的后果与第一类人员直接实施危害行为相比有过之而无不及。这类人员的具体含义如下：公司的"控股股东"，指其出资额占有限责任公司资本总额 50% 以上或者其持有的股份占股份有限公司股本总额 50% 以上的股东；出资额或者持有股份的比例虽然不足 50%，但依其出资额或者持有的股份所享有的表决权已足以对股东会、股东大会的决议产生重大影响的股东；公司的"实际控制人"，是指虽不是公司的股东，但通过投资关系、协议或者其他安排，能够实际支配公司行为的人。需要注意的是，这类人员并不能单独构成本罪，其必须存在指使高管并且高管也实施了相应侵害行为，即其与高管成立的是共同犯罪。

本罪不局限于自然人犯罪，单位也属本罪主体范畴，并实行双罚制。如果实施行为的上市公司的控股股东或者实际控制人是单位的，刑法规定对单位判处罚金，并对其直接负责的主管人员和其他直接责任人员，依照本规定第 169 条之一的第 1 款进行处罚。

（四）犯罪主观要件

本罪的主观方面须为故意，即行为人必须明知而故意违背对上市公司的忠实义务，且利用职务之便，从事法条明文规定的六种背信行为之一，希望或者放任上市公司遭受重大损失的结果发生。

二、背信损害上市公司利益罪的界分

准确认定背信损害上市公司利益罪是对行为人行为进行正确且充分评价的前提，而不同罪名之间的量刑存在较大差异，因此厘定本罪与他罪具有重大意义，也是实现行为人"罚当其罪"的必然要求。行为人的主观犯意、实施犯罪行为的具体方式、身份地位的差异以及最终的损害后果，都是划分本罪与他罪的根本所在。

（一）与职务侵占罪之界定

职务侵占罪规定在侵犯财产罪中，指公司、企业或者其他单位的工作人员利用职务上的便利，将本单位财物非法占为己有，数额较大的行为。从量刑上看，职务侵占罪的法定最高刑期为无期徒刑，而本罪的最高刑期为 7 年，二者量刑存在巨大差异，因此，区分本罪和职务侵占罪之间的不同有重要意义。

从外观上看，两罪存在相似之处：行为人身份上均为公司人员；行为人均借助职务便利，通过不正当方式侵害公司利益；主观上，行为人都意图通过损害公司利益而为自己或第三人牟取不法利益；从道德角度而言，两罪破坏的都是行为人与其任职公司之间的信任关系。但是，二者之间的区别同样明显：

表 5-2　职务侵占罪与背信损害上市公司利益罪的比较

	职务侵占罪	背信损害上市公司利益罪
客体	公司、企业或者其他单位财物的所有权	国家对上市公司的管理秩序、上市公司及其股东的合法权益
客观方面	利用职务之便，将单位财物非法占为己有，即化公为私 通常采取的是侵吞、窃取、骗取等手段	上市公司的董事、监事、高级管理人员或主动或受指使，违背对公司的忠实义务，利用职务便利，通过操纵上市公司从事不正当、不公平的关联交易等非法手段，致使上市公司利益遭受重大损失的行为
主体	公司、企业或者其他单位的不具有国家工作人员身份的一切职工，仅限自然人	范围为上市公司的董事、监事、高级管理人员或者控股股东、实际控制人。单位也可以构成本罪
	普通职工可能构成职务侵占罪，但不会构成背信损害上市公司利益罪	
主观方面	必须以"非法占有"为目的，意图将公司财产"据为己有"，不打算归还	主观上明知自己的行为会对上市公司造成财产损害，仍希望或者放任这种结果的发生，是否必备"非法占有公司利益"之目的在所不问

（二）与徇私舞弊低价折股、出售国有资产罪之界定

徇私舞弊低价折股、出售国有资产罪规定在《刑法》第169条，指的是国有公司、企业或者其上级主管部门直接负责的主管人员，徇私舞弊，将国有资产低价折股或者低价出售，致使国家利益遭受重大损失的行为。该罪与本罪的法定刑是一样的。

两罪相似之处在于，均侵害了国家对市场的管理秩序；行为上均可采取低价折股、出售，以明显不公平的条件，提供或者接受资金、商品、服务或者其他资产作为行为方式之一；均要求造成严重后果。而二者区别如下：

表 5-3　徇私舞弊低价折股、出售国有资产罪与背信损害上市公司利益罪的比较

	徇私舞弊低价折股、出售国有资产罪	背信损害上市公司利益罪
客体	国有公司、企业财产的国家所有权、国有资产管理制度	国家对上市公司的管理秩序、上市公司及其股东的合法权益

续表

		徇私舞弊低价折股、出售国有资产罪	背信损害上市公司利益罪
客观方面	行为方式	仅限于违反国家规定，徇私舞弊，将国有资产低价折股或者低价出售这一种形式	除将公司资产低价折股或者低价出售外，特定主体还可以存在操纵上市公司从事不正当、不公平的关联交易等非法手段
	对象	仅限于国有资产	不仅包括资金、商品、服务或其他资产，还包括债权、债务、担保等财产性利益
主体		国有公司、企业或者其上级主管部门直接负责的主管人员，仅限于自然人	范围为上市公司的董事、监事、高级管理人员或者控股股东、实际控制人，不包括主管部门。单位也可以构成本罪
主观方面		必须是故意，并且具有明确的"徇私"动机。不具有该动机，只是因为专业能力不过硬而致使国有资产折股和出售发生错误的，不构成该罪	主观上明知自己的行为会对上市公司造成财产损害，仍希望或者放任这种结果的发生，不要求特定动机

综上，实践中发生的国有上市公司高管人员操纵上市公司，以低价折股、低价出售的形式损害上市公司利益的，笔者认为，其与徇私舞弊低价折股、出售国有资产罪属于想象竞合犯，应从一重罪处断。①

（三）与为亲友非法牟利罪之界定

为亲友非法牟利罪同样规定在刑法分则第四章第四节"妨害对公司、企业的管理秩序罪"中，其指的是国有公司、企业、事业单位的工作人员，利用职务便利，将本单位的盈利业务交由自己的亲友进行经营，或者以明显高于市场的价格向自己的亲友经营管理的单位采购商品或者以明显低于市场的价格向自己的亲友经营管理的单位销售商品，或者向自己的亲友经营管理的单位采购不合格商品，使国家利益遭受重大损失的行为。

为亲友非法牟利罪与本罪的相似之处在于，均利用了职务便利；均可以采取以明显高于市场的价格向自己的亲友经营管理的单位采购商品，或者以

---

① 张镇：《试论背信损害上市公司利益罪》，载《河南公安高等专科学校学报》2008年第3期，第55页。

明显低于市场的价格向自己的亲友经营管理的单位销售商品，或者向自己的亲友经营管理的单位采购不合格商品的行为，以明显不公平的条件，提供或者接受资金、商品、服务或者其他资产。但是，二者仍然存在较大区别：

表5-4　为亲友非法牟利罪与背信损害上市公司利益罪的比较

	为亲友非法牟利罪	背信损害上市公司利益罪
客体	国有公司、企业、事业单位的财产权益	国家对上市公司的管理秩序、上市公司及其股东的合法权益
客观方面	行为方式局限于不公平交易	行为方式包括无偿转让、放弃债权、承担债务等
主体	国有公司、企业、事业单位人员，具有国家工作人员的身份；仅限自然人	上市公司的董事、监事、高级管理人员或者控股股东、实际控制人，不具有国家工作人员身份。单位也可以构成本罪
主观方面	只能由故意构成，并具有"非法牟利"的目的	故意，不要求具有"非法牟利"的目的

综上，当国有上市公司高管人员操纵上市公司，为亲友非法牟利时，笔者认为其与为亲友非法牟利罪属于想象竞合犯，应从一重罪处断。[①]

第三节　争议焦点与辩护要点

一、争议焦点

（一）如何认定"背信损害上市公司利益"行为

由于忠实义务在立法中仅为一个概括性的规定，没有具体释义，法律只是通过反向的禁止性规定大致描述哪种情况可能属于"背信"，这是一

---

① 张镇：《试论背信损害上市公司利益罪》，载《河南公安高等专科学校学报》2008年第3期，第55页。

个亟待解决的立法问题。在这种背景下，刑法明文规定认定"背信损害上市公司利益行为"的标准，那么如何准确把握每一种列举情形以及控制兜底情形的边界成为新的命题，也成为本罪争议焦点之一，笔者分别展开阐述。

1. 无偿向其他单位或者个人提供资金、商品、服务或者其他资产

这是最典型的一类背信损害上市公司利益的行为方式，行为人甚至不屑于用任何形式给自己的不法犯罪行为披上合法外衣，直接赤裸裸占用。行为人将上市公司当作提款机，不支付任何对价就转移上市公司资产以供他用或者自用。实践中常常表现为上市公司的董事、监事等高管，利用其任职上市公司的职务便利，将上市公司的资金或者其他资产，直接划拨到关联公司供其使用，又或者是关联公司通过利用代销产品不及时还款的方式，实际占用经营性资金等。这种行为一般会大量占用资金或者资产，巨额资金的流失给上市公司带来重重危机，对公司经营产生负面影响。

2. 以明显不公平的条件，提供或者接受资金、商品、服务或者其他资产；向明显不具有清偿能力的单位或者个人提供资金、商品、服务或者其他资产；为明显不具有清偿能力的单位或者个人提供担保，或者无正当理由为其他单位或者个人提供担保

这三种行为都借助了一定的外在形式粉饰不法，但我们仍然可以"明显"看出这是损害上市公司利益的行为。以"明显不公平的条件"进行交易，指的是严重背离市场规律，以不合理的低价出售上市公司的产品或为他人提供服务；以不合理的高价收购产品、获得服务或者劣质资产；高息借入款项、低息借出款项等。大多数情况下，这种交易都表现为关联交易。这里的"提供"含义比较丰富，主要是指出售、出租、出借等行为，但需要注意不包括赠与。而向"明显不具有清偿能力"的单位或者个人提供利益或提供担保，甚至无理由为其他单位或者个人提供担保，指的是不考虑上市公司利益的非正常经营行为。上市公司为具有清偿能力的单位或者个人提供经济利益或者担保，可以实现相互融资、拆借资金等，提高本公司的经营利润，降低经营成本。但是，如果对方明显不具有清偿能力，

上市公司的债权就极有可能"肉包子打狗——有去无回"。在提供担保的情况下，如果对方拖欠还贷或者拒绝还贷，最终需要上市公司承担连带赔偿责任。这无形中减少了上市公司的资产，增加了其经营风险，严重损害了上市公司的利益。实践中，因为违规担保导致上市公司亏损甚至破产的案例绝不在少数，最为著名的当为猴王股份公司为其母公司猴王集团担保案。[1]

3. 无正当理由放弃债权、承担债务

"放弃债权"与"承担债务"很好把握，二者从积极与消极两个方面揭示行为本质，即减少公司可得利益，增加公司消极财产，严重损害公司利益。难点主要在于"无正当理由"的认定。与前项的"无正当理由"一致，其指毫无理由、难以站得住脚或者根本不成立的牵强理由，后两者一经提出就能迅速被他人以不合理推翻。之所以将其作为限定词，主要是考虑基于公司的长远发展，有时候需要牺牲短期的利益，采取放弃债权、承担债务的方式维系债权债务双方的长期合作伙伴关系。只要理由正当，这种情形就不构成犯罪。

4. 采用其他方式损害上市公司利益

经济生活丰富多彩、瞬息万变，并且随着时间流逝不断发展，穷尽背信损害上市公司利益的情况是不可能的，法律的滞后性无法避免。为了更好保护国家对上市公司的管理秩序、上市公司及广大投资者的合法权益，刑法列举的同时还设置了兜底条款，借此提高法律适用的灵活性。

由于兜底条款与罪刑法定原则的关系向来"暧昧"，在把握"其他方式"时务必谨慎，立足于本罪的本质特征（违背忠实义务），确保其与上述五项行为具有危害相当性。实践中，一般是恶意的以资抵债，即用不良资产抵偿占用现金留下的债务。不良资产的价值无法与行为人占用的利益（绝大部分为现金）匹配协调，这种变相圈钱行为折损了上市公司的合法

---

[1]　王鹏祥：《背信损害上市公司利益罪的理解与适用》，载《河北法学》2008年第11期，第134页。

权益，也给中小股东的权益带来了损害，与列举的五项行为危害相当。

例如，在高某涉嫌背信损害上市公司利益一案①中，控方以背信损害上市公司利益罪对高某提出指控，认定 2015 年至 2016 年，被告人高某利用担任北京某公司实际负责人、董事长的职务便利，以公司名义与股某签订《北京市房屋买卖合同》以及《补充协议》，截至 2016 年 8 月 29 日支付购房款共计人民币 1.653 亿元。2016 年 9 月 6 日，被告人高某以公司的名义从股某处转回购房款人民币 2030 万元，并在收到股某发出的《是否继续履约通知书》后仍然未履行付款义务，致使公司损失购房定金人民币 3500 万元。单就检察机关指控的事实来看，被告人的侵害行为不属于任意一项列举情形，是否可以归入"其他方式"呢？笔者认为是没有问题的。行为人故意以上市公司的名义订立协议，并以公司资产支付·定款项后通过转回部分款项，随后违约的方式实际掌握先前转回的资金以及扣除定金后退还的资金，整个过程实际上有点类似套现，会给上市公司带来重大损失，其行为的社会危害性与列举情形无二。只不过，本案辩护人提出"北京某公司按照合同约定共支付 1.45 亿元，该公司从股某处转回的 2030 万元不是购房款，而是公司走账资金。高某并未收到股某发出的《是否继续履行通知书》，且公司与股某房屋买卖合同已经解除，双方并未认定违约，不存在因背信损失 3500 万元的事实"，法院综合考虑被告人具有真实的购房意愿且并未以明显不公平的条件或者明显不合理的价格购买涉案房产、现有证据不足以证明被告人高某故意制造违约导致股某取得 3500 万元定金、公司损失定金的事实与高某通过董事会购买涉案房产缺乏刑法上的因果关系，最终认定高某不构成背信损害上市公司利益罪。

由此可见，不管是把握列举的五种情形还是认定"其他方式"，都不能僵硬地套用法条，需要对法条进行再次拆解，细化认定。

---

① 案号：（2020）京 03 刑初 170 号。

（二）控股股东与实际控制人的主体地位质疑

从《公司法》、一般的公司章程及相关规定可以看出，公司所有权与经营权相互分离，股东并不参与公司的经营管理，控股股东或者实际控制人亦然。但是，控股股东依其出资额或者持有的股份所享有的表决权足以对股东会、股东大会的决议产生重大影响，而且其可以决定相当比例的董事人选，因此从某种程度上说，这类主体当然可以影响董事、监事等高管的行为，从而间接参与公司经营活动。

控股股东、实际控制人面临的主体身份质疑就在这里：背信行为源于忠实义务，股东对公司仅仅负有如实出资义务，并且在出资不足时有补缴的义务。如果股东没有忠实义务，那么其何来"背信"之说？从权利上看，股东也仅仅享有查阅、建议、质询以及表决的权利，不管其是否实际参与经营管理，股东都没有法律或者公司章程赋予的相关权利。既然控股股东不具有对公司的经营与管理的权利，那么基于罪责自负原则的要求，控股股东或者所谓实际控制人似乎不具背信损害上市公司利益罪的犯罪主体资格。这一点从法条规定也能得到佐证。《刑法》第 169 条之一第 2 款规定，上市公司的控股股东、实际控制人指使高管人员实施第 1 款行为，按照第 1 款规定处罚，这种表述似乎再次强调，实行犯罪行为的主体只能是高管，控股股东和实际控制人的角色更像是教唆犯。有观点认为，如果仅仅是实施教唆行为而没有实际参与损害上市公司利益的具体犯罪行动，就不能视控股股东和实际控制人是背信损害上市公司利益罪的主体，[①] "因为言及犯罪的特殊主体，都是就实行犯而言的，至于教唆犯或帮助犯并不受特定身份的限制"。[②]

在笔者看来，这一争议在司法实践中意义不大，最多影响犯罪地位的认定。根据刑法的明文规定，控股股东和实际控制人作为背信损害上市公

---

① 郑飞、贾楠：《背信损害上市公司利益罪若干问题研究》，载《法学论丛》2009 年 8 月，第 85 页。

② 张明楷：《刑法学》（上），法律出版社 1997 年版，第 181 页。

司利益罪的犯罪主体毫无疑问。如果这类主体或通过资本多数决①或通过实际上的控制参与公司的经营管理，那么事实上公司的经营权就掌握在其手中，此时除不具有董事、监事等高管身份的外在形式差别外，从经营到决策再到执行实质上都是受其意志控制的行为，相当于其假他人之手行自己之事，与董事、监事、高级管理人员等直接实施行为相比，社会危害性只多不少。在这种情况下，若要充分评价此类主体的行为，就必须为他们预留实行犯成立的空间。

（三）背信损害上市公司利益罪的罪数形态

探讨罪数问题，落脚点：一是对此罪与彼罪的把握；二是犯罪行为数量。上文已经将不同罪名与本罪之间的关系加以说明，为避免重复，此处选取另外两个罪名与本罪进行罪数形态的分析。

1. 上市公司的非国家工作人员利用职务便利，收受他人贿赂，背信损害上市公司利益

此种情形需要讨论非国家工作人员受贿罪与背信损害上市公司利益罪的关系。

在我国，上市公司的非国家工作人员利用职务便利，收受他人贿赂，背信损害上市公司利益，应当按照非国家工作人员受贿罪与背信损害上市公司利益罪数罪并罚，还是从中择一重罪论处？

非国家工作人员受贿罪指的是公司、企业或者其他单位的工作人员利用职务上的便利，索取他人财物或者非法收受他人财物，为他人谋取利益，数额较大的行为，或者是上述人员在经济往来中，利用职务便利，违反国家规定，收受各种名义的回扣、手续费等，归个人所有的行为。该罪与本罪在构成要件上要求"利用职务之便"的客观要件，而且本罪的行为

---

① "资本多数决"是指在股东大会上或者股东会上，股东按照其所持股份或者出资比例对公司重大事项行使表决权，经代表多数表决权的股东通过，方能形成决议。根据我国《公司法》的规定，股东享有的表决权的大小与其所持的股份多少或者出资比例大小成正比，股东持有的股份越多，出资比例越大，所享有的表决权就越大。

方式可能被评价为非国家工作人员受贿罪中的"为他人谋取利益",因此有观点认为两罪之间是目的与手段的关系,属于牵连犯,应当择一重罪即非国家工作人员受贿罪进行处理。同时也有观点认为,两个罪名的犯罪客体无重合之处,上市公司的非国家工作人员收受他人贿赂,受贿行为并不要求实际为他人谋得利益,受贿当时已经对人员的廉洁性造成侵害;如果其后续实施损害上市公司利益的行为,则属于独立的犯罪行为。两个犯罪行为,侵犯了两种法益,应当数罪并罚。

笔者认为,上述两种观点有其合理因素,但都不足以恰当地解释这一问题。就非国家工作人员受贿罪和背信损害上市公司利益罪的关系而言,上市公司的非国家工作人员在利用职务便利,收受他人贿赂,背信损害上市公司利益的情况下,应当认定为竞合,成立一个重罪即非国家工作人员受贿罪进行处理。一方面,笔者考虑到两个罪名的犯罪客体针对的都是公司的财产权,适用其一就可以对该法益进行周全保护,无必要叠加。而且,非国家工作人员受贿罪所要求的"利用职务上的便利……,为他人谋取利益"已经涵盖了背信损害上市公司利益罪中的"利用职务便利,操纵上市公司从事下列行为之一"内容,数罪并罚相当于对同一个犯罪行为进行了功能相同的重复评价,违背了刑法原则。另一方面,《刑法》第399条第4款规定,司法工作人员有徇私枉法、枉法裁判等犯罪行为的,同时又构成《刑法》第385条规定之罪(受贿罪)的,依照处罚较重的规定定罪处罚。从体系解释的角度解读,如果国家工作人员因为受贿构成其他犯罪都是择一重罪定罪处罚的话,那么非国家工作人员因为受贿,背信损害上市公司利益的行为也应当如此。

2. 上市公司高管利用职务便利,操纵上市公司从事关联交易,挪用公司资金

上市公司的董事、监事等高管人员,利用职务便利操纵上市公司从事关联交易,指使他人通过公司内部审批流程,连续多年借支大额备用金的,应该按照背信损害上市公司利益罪还是挪用资金罪进行认定?两罪之间是想象竞合还是法条竞合的关系?

在秦某涉嫌背信损害上市公司利益一案①中，被告人秦某违反了上市公司章程的规定，未经过准油股份内部程序讨论、表决，出借4000万元借款；另外，被告人为运作融资、重组、收购等事宜，利用职务便利，操纵上市公司从事虚假借贷高额资金或从上市公司借支高额备用金用于其实际控制公司及其关联公司，违规不予披露。秦某及其辩护人在一审时主张无罪辩护，并提出即便秦某构成犯罪，在认定挪用资金罪与背信损害上市公司利益罪均成立的情况下，由于两罪属于法条交叉竞合，应当采取特殊优于普通的原则。一审法院也认同这种观点，即两罪属于法条竞合而非想象竞合，应当适用特别法条优于普通法条的原则，采用背信损害上市公司利益罪对行为人定罪处罚。法条竞合与想象竞合的关系在于，二者都是实施一个行为触犯数个罪名，只不过前者是基于法规的错综规定，并且此情形只有一个罪过一个结果，而后者触犯的法条并不存在犯罪构成上的包容关系，同时此情形下出于数个罪过产生数个结果，以致触犯不同规范。一审法院指出，虽然被告人秦某所采用的向本单位以外的由其实际控制的公司提供资金的行为在挪用资金罪和背信损害上市公司利益罪的客观方面均有规定，但二罪在犯罪对象和犯罪客体方面存在明显而较大的区别，尤其是背信损害上市公司利益罪在主观上强调对"掏空"上市公司行为的追求或放任进而损害上市公司利益，两个罪名在法律适用上相互排除的，故本案属于法条竞合。两个罪名所保护的财产性法益虽具有共同性，但背信损害上市公司利益罪更限缩侧重于对上市公司的利益保护，应优先考虑适用此罪名。

（四）金额认定问题

金额是入罪的重要考量因素。根据最新的司法解释，绝大部分情况下只有造成直接经济损失达到150万元以上，才能认定为"致使上市公司遭

---

① 参见新疆维吾尔自治区克拉玛依市克拉玛依区人民法院（2019）新0203刑初116号刑事判决书。需要说明的是，该份文书已被新疆维吾尔自治区克拉玛依市中级人民法院通过（2020）新02刑终36号刑事裁定予以撤销。

受重大损失"。看似简单，但在实践中，损失数额的认定存在困难，最首要的问题就是怎么界定"直接经济损失"，交易范围是什么，交易时间段如何选取等。并且，鉴定机构和鉴定标准等均无规定，无规定就意味着适用的混乱。

（五）证明责任配置的问题

证明责任的配置存在两个疑问：

第一，犯罪客观要件中的因果关系。在背信损害上市公司利益罪中，违背忠实义务，操纵上市公司是因，致使上市公司遭受重大损失是果，因果关系有其运行逻辑。如果原因已经出现，但是因为其他因素损害结果未出现的，在没有果的情况下，本罪的逻辑关系就不完整，因此罪名不能成立。这显然不合常理，带有客观归罪的嫌疑。

第二，操纵上市公司与侵害上市公司利益后果的因果关系由谁证明？从诉讼原理上说，"谁主张，谁举证"，既然公诉机关指控被告人实施犯罪行为造成损害，那么操纵行为与损害后果是否存在因果关系就应当由公诉机关承担举证责任，绝不允许被告人"自证其罪"。但是，考虑资本运作市场是一个专业性较强的领域，由行为人以外的主体进行举证，存在技术难度，并且耗费时间。在实践中，最终承担证明责任的就会变成行为人及其任职的上市公司，证明方式一般是提交相关的交易材料以及合同证据。在这种情况下，证明责任配置是否妥当引发争议。本罪是否能和巨额财产来源不明罪一样采用举证责任倒置，目前依旧存疑。

二、辩护要点

（一）精准核定犯罪造成的"重大损失"的实际数额

本罪为结果犯，"重大损失"的实际数额决定犯罪嫌疑人究竟需要承担何种法律责任。按照最新司法解释，如果直接经济损失的具体数额未满

150万元，行为人就无须承担刑事责任，只需视情况承担相应的行政或者民事责任。因此，这就是辩护律师应当给予关注的重点。

当前直接经济损失的概念和计算方式等都缺乏文件规范，实践中多采用实际损失数额作为认定标准。在这种情况下，辩护人还是有比较大的辩护空间的。首先，辩护律师必须仔细查阅案卷，对于非直接性的经济损失（如或然性损失、间接损失），应当进行清晰计算和合理排除，审查价格认定机构出具的意见书、审计机构出具的报告以及其他相关评估单位出具的鉴定意见等，全面、精准核定行为人的行为所造成的损害后果。如果经核定，最终行为人给上市公司造成的直接经济损失不满150万元的，可以未达追诉标准为由提出行为人不构罪、无须追究行为人刑事责任的辩护意见。

其次，在无规定的情况下，上市公司直接经济损失的确定通常由办案部门委托司法审计机构、价格鉴定部门通过审计或鉴定予以确定的，这对辩护律师而言也是一个切入点。通过严格审查，① 依法排除程序不合法或者检材来源不可靠的鉴定意见，定案就缺乏关键证据。同时，辩护人还可以自行委托第三方机构进行鉴定，将不同意见进行比对，合理选择对被告人最为有利的内容。

（二）准确分析犯罪人在上市公司中的真实地位与作用

本罪为特殊主体，行为人在上市公司中的真实地位与作用决定其可否成为本罪规制的对象。在明确身份的基础上，还需要厘清行为人是否实施背信行为、该行为是否与上市公司利益的重大损失之间存在直接关联，这同样关涉行为人是否构成犯罪，以及其构成犯罪后量刑轻重等。

---

① 主要审查以下内容：相关机构是否具有相应的鉴定资质，且其资质证明相关的文件是否在有效期内；具体人员是否具有鉴定资格，其鉴定人资格证书是否在有效期内；赖以形成司法鉴定意见的检材来源是否合法，检材是否完整可靠；鉴定程序是否符合《司法鉴定程序通则》等鉴定相关文件的规定等。

在实践中，辩护律师可以通过行为人与上市公司之间的劳动合同、委任状、股东大会或者董事会决议、公司章程等材料，结合法律的相关规定，确认行为人在上市公司中的职位及对应的权利义务。如果行为人根本就不具有本罪要求的身份，委任状、劳动合同之类的，或者本身就是伪造的，那么无须进行下一步核查就可以明确行为人不构成本罪。如果行为人确实属于特殊主体，但是辩护律师在核查股东会、董事会等会议纪要中发现行为人曾经对于上市公司企图进行不公平交易、不合理担保等提出过明确的反对意见，那么行为人切实履行了忠实义务，不存在所谓的"背信行为"。此种情况下，根据法律法规规定，行为人无须承担任何法律责任，更不必说刑事责任，因而行为人履职与上市公司遭受重大经济损失之间的、刑法意义上的因果关系也就没有成立的根基。如果行为人向辩护律师提出其属于上述情况，但没有相关会议记录予以佐证，辩护律师则需要多做工作，进一步搜集证据确定其说法是否属实，并在必要时向司法机关提交搜集到的已经核实的材料，为当事人争取最大权益。

司法实践的情况十分复杂，除典型主体外，还可能出现以下与主体相关的情形：（1）上市公司的实际控制人与挂名董事、监事、高级管理人员之间的共同犯罪问题；（2）独立董事的主体资格问题；（3）上市公司子公司、参股公司任职的董事、监事、高级管理人员的责任承担问题；（4）上市公司的认定问题。目前都没有相关法律法规或者司法解释针对这些问题作出解答，辩护律师可以根据实际案情，结合本罪的本质特征进行辩护。如挂名的高级管理人员在实际控制人的指使下操纵上市公司实施侵害行为并造成上市公司利益受损的，辩护律师可以综合考虑挂名高级管理人员实际参与公司经营管理的行为、对公司的实际影响力、对实际控制人犯罪行为的明知程度等因素加以探究。[①] 如果挂名者并没有实际参与上市公司的经营管理、对公司的经营活动无影响力，或

[①] 安健、王海生：《试论"背信损害上市公司利益犯罪"的辩护方略——从一起背信损害上市公司利益罪的律师实务谈起》，载《德恒深圳》，https://mp.weixin.qq.com/s/CASKj_ Q4lAR2s3hip Prw1w，2020 年 4 月 30 日。

者其在整个过程中所起作用微乎其微,那么辩护意见的方向就可以确定为无罪或者罪轻。

三、经典案例①

(一)有罪案例

1. 国某新集公司总经理刘某背信损害上市公司利益案②

(1)案情简介

2007 年 12 月,国某新集公司在上海证券交易所上市。被告人刘某自 1998 年 8 月起,担任国某新集公司总经理,又于 2011 年 9 月任该公司董事长,直至 2014 年 1 月。

2008 年 4 月,曹某任某市代市长,其妻刘某 1 告知曹某某所经营的威某公司被国某新集公司停止供应业务一事,后曹某与刘某 1 谈论此事。在曹某授意下,刘某 1 以威某公司的名义向国某新集公司出具继续供货的报告。后被告人刘某自行在该份报告上签字同意,并让田某具体负责此事,同时向其明确说明该公司是市长曹某妻子刘某 1 经营的。

2008 年 6 月 23 日,国某新集公司企管部和供应部联合盖章,向被告人刘某请示,建议以"议价"价格采购威某公司的 PDC 钻头,刘某在请示报告上签字同意。最终刘某 1 的威某公司以议价形式,且用明显高于市场价格的售价,从 2009 年开始向国某新集公司供应 PDC 钻头及配件直至 2012 年。2012 年 2 月,刘某 1 成立的正某公司合并了威某公司。自 2009 年至 2012 年,国某新集公司以上述明显不公平的条件,接受威某公司、正某公司销售的钻头,造成公司直接经济损失 1844.64 万元。

---

① 需要说明的是,本文司法运行情况是笔者根据在中国裁判文书网检索的数据进行分析的,而此处会出现上文没有的案例。这是因为经典案例的时间比较久远,裁判文书网未有补充收录,但笔者仍然可以通过其他渠道了解,所以两部分之间不存在矛盾。

② 案号:(2017)皖 0208 刑初 10 号。

（2）裁判观点

芜湖市三山区人民法院经审理认为，被告人刘某作为国某新集公司这家上市公司的高级管理人员，明知刘某1经营的公司向国某新集公司提供的产品价格远高于市场价格，仍同意其通过议价的方式向公司供货，属于以明知不公平条件接受他人商品，违背了对公司的忠实义务，致使国某新集公司利益遭受重大损失，其行为已构成背信损害上市公司利益罪。

2. 上市公司董事长何某背信损害上市公司利益案①

（1）案情简介

2006年年底至2007年年初，被告人何某担任某上市公司董事长。2006年，被告人何某通过第三方对A公司虚假增资后，操纵上市公司以不合理价格收购A公司，致使某公司损失2400万元。2006年12月至2007年2月，被告人何某以虚假贸易合同预付款的名义，擅自挪用上市公司资金到其控制的B公司，用以支付B公司收购上市公司股权的股款，致使该公司损失5650万元。

（2）裁判观点

上海市卢湾区人民法院经审理认为，被告人何某作为上市公司某科技开发股份有限公司的董事长，违背对公司的忠实义务，利用职务便利，操纵上市公司，采用隐瞒事实、购买公司股权等方式，致使上市公司利益遭受特别重大损失，其行为已构成背信损害上市公司利益罪。

（二）无罪案例

1. 博某公司违规披露、不披露信息、背信损害上市公司利益案②

（1）案情简介

博某公司系上海证券交易所上市公司，成立于1988年10月。博某公司的控股股东系华某泰公司（法定代表人系被告人余某妮），全资子公司

---

① 案号：（2010）卢刑初字第142号。
② 案号：（2016）粤04刑初131号。

系信实公司、裕某华公司，李某甲（在逃）和余某妮共同管理该公司。

李某甲和余某妮等人通过东莞科某公司等十几家公司和华某泰公司、裕某华公司之间循环转账方式，制造由裕某华公司代收股改业绩承诺虚构华某泰公司已支付剩余股改业绩承诺款，并已代林某等股改义务人支付共3.8亿余元股改业绩承诺款的假象。2011年4月29日，博某公司发布临时公告披露股改业绩承诺已全部缴付的信息。

2012年至2014年，被告人余某妮等人根据虚假银行承兑汇票进行记账，制作博某公司的虚假财务报表、致使博某公司披露年报中虚增资产金额或者虚构利润均达到了当期披露的资产总额或利润总额的30%以上。

2014年6月18日，中国证监会广东证监局对博某公司立案调查，发现该公司涉嫌违规披露、不披露重要信息罪和伪造、变造金融票证罪并移交公安机关，上海证券交易所于2015年5月15日对该公司的股票实施停牌，同月28日对该公司的股票暂停上市，2016年3月21日对该公司股票作出终止上市的决定。

（2）裁判观点

珠海市中级人民法院经审理认为，《刑法》第169条之一采用列举式的方式描述了该罪的罪状，同时在第6项中采用兜底方式规定了"采用其他方式损害上市公司利益的"行为。根据刑法的体系解释和目的解释的方法，该条款列举的前五项均系公司高级管理人员通过与关联公司不正当交易"掏空"上市公司的行为，第6项兜底条款的解释应当采用相当性解释，即限制在其他通过与关联公司不正当交易"掏空"上市公司的行为，而非所有损害公司利益的行为。故各被告的行为不构成背信损害上市公司利益罪。余某妮等人犯违规披露、不披露信息罪。

2. 江苏琼某于某青背信损害上市公司利益案①

（1）案情简介

江苏琼某控股股东为琼某集团，实际控制人为被告人于某青。2006年

① 案号：（2012）扬邗刑初字第0005号。

11 月至 2008 年 11 月，时任江苏琼某法定代表人、董事长的被告人于某青使用江苏琼某公章，以江苏琼某的名义，为明显不具有清偿能力的控股股东琼某集团等关联方提供担保 24 笔，金额共计人民币 16035 万元，占江苏琼某 2008 年 12 月 31 日经审计的净资产的比例为 101.29%。江苏琼某对上述担保事项未按规定履行披露义务。截止到 2009 年 12 月 31 日，琼某集团以及于某青通过以股抵债或用减持股票款向债权人偿还的方式，清偿了全部债务，已经解除了担保人江苏琼某的保证责任。

（2）裁判观点

江苏省扬州市邗江区人民法院经审理认为，公诉机关起诉指控被告人于某青构成违规不披露重要信息罪成立，但指控的背信损害上市公司利益罪因构成该罪必须以"致使上市公司利益遭受重大损失"为条件，被告人于某青虽有操纵上市公司向明显不具有清偿能力的关联企业提供担保的行为，但鉴于其违规担保的风险在公安机关立案前已全部化解，未给江苏琼某造成实际损失，因此被告人于某青的行为不构成背信损害上市公司利益罪。

第四节　结　语

随着经济的快速发展，上市公司的数量和规模都在逐步扩大，公司高管人员的一举一动，都会给上市公司带来巨大影响，进而影响下层股民的利益以及国家经济秩序。故为避免严重后果的产生，司法机关和律师需要加强对此类犯罪的研究学习，公司也需要未雨绸缪，提高防范意识，降低公司受损可能性。

笔者建议，上市公司应当提高法律素养，组织法律培训、教育活动、案例警告、内部惩戒等活动，提升企业高管的刑事合规意识，防范高管人员违背忠实义务而损害公司利益；加强对律师或法务等专业人士的信任与重视，由专业法律人员为公司制定合规制度与风险审查，严格把控企业风险，依法依规进行公司重大决策，避免个人独揽大权；增加事后追查机制，尽量在巨大损害产生之前，实现内部自我救济，全力维护公司和股民的合法利益，减少刑事犯罪产生的可能性。

第六章

利用未公开信息交易罪①

第一节 概 述

一、"老鼠仓"的前世今生

"老鼠仓"是一个域外传入的证券行业术语，指的是在底部买仓吃公家粮的行为，与老鼠进粮仓颇为类似，因此被形象地称为"老鼠仓"。起初，该术语特指基金领域的违法犯罪行为，随后逐步演变成金融活动交易中一类违规操作的通称。

实际上，"老鼠仓"并不是一个确定的法律概念，目前没有一项法律法规明文规定该术语及其含义。如何在法律层面界定"老鼠仓"行为，理论上主要存在广义说和狭义说两种观点。广义说认为，"老鼠仓"行为表现为以下三种形式：（1）身为受托资产管理业务机构的从业人员（以下简称相关从业人员）知道相关大额资金的投资信息，却违背受托人义务，私自买入相关股票以追求私利的行为；（2）相关从业人员违背受托人义务，自己先行买入股票，然后用所管理的基金拉升股票价格，自己通过买入股票的股价差获利；（3）利益输送，即相关从业人员违背受托人义务，故意选择不公平的价格或者不适当的时机交易，让公募基金为私募基金高位接盘，致使公募基金被套牢，私募基金却解套获利。狭义说则简明扼要，指

① 撰稿人：易凡。

出"老鼠仓"就是庄家用公有资金将股价拉升到高位，随后个人仓位率先卖出获利的行为，最后套牢亏损的是机构（公有）和散户的资金。① 综合两种学说，可以将"老鼠仓"的特点归结为：第一，利用职务之便取得的信息差优势；第二，损公肥私。这些特点也决定此类行为具有的社会危害性——其不仅损害投资者公平的投资权，给公众带来了巨大损失，而且破坏了公众对国家金融的信赖，严重影响了基金业公平交易的市场环境以及国家金融管理秩序。

一直以来，"老鼠仓"都是我国金融交易活动尤其是基金领域存在的一大顽疾。2007 年至今，我国证监会通过一系列举措对其进行打击，并积极推动了立法。2007 年前后，"老鼠仓"犯罪案件呈现高发态势，具体行为的社会危害性已然达到严重程度，但当时刑法无法很好地惩治此类行为，行政法介入效果亦不佳。为了实现针对性治理，2009 年 2 月我国通过《刑法修正案（七）》将该违法现象正式纳入刑法规制范畴，并确定对应罪名为"利用未公开信息交易罪"。此后，"老鼠仓"在我国一般具指基金管理公司、证券、期货、保险公司等资产管理机构的从业人员，在用客户资金买入证券或者其衍生品等金融产品前，以自己的名义或者假借他人名义，或者告知其亲朋好友，先行买入证券等金融产品，然后利用客户资金拉升到高位后自己率先卖出获利，使个人以相对极低的成本牟取暴利的行为。② 2010 年 5 月，最高人民检察院、公安部联合发布《关于公安机关管辖的刑事案件立案追诉标准的规定（二）》，该文件对利用未公开信息交易案的立案追诉标准作出明确规定。尽管上述文件弥补了此前利用内幕信息以外未公开信息进行交易的规制空白，但由于规定较为原则，也未有进一步的司法解释，因此司法实践中利用未公开信息交易罪的定罪量刑还存在不少问题，如 2014 年马某利用未公开

---

① 《"老鼠仓"与"内幕交易"之间的"爱恨情仇"（一）》，载搜狐网，https://www.sohu.com/a/413846156_120608114，2020 年 8 月 19 日。

② 黄太云：《〈刑法修正案（七）〉解读》，载《人民检察》2009 年第 6 期，第 6 页。

信息交易案①的援引法定刑问题就在实务界和理论界引起了较大争议。

以实践暴露的问题为导向，2019 年 6 月最高人民法院、最高人民检察院专门针对利用未公开信息交易罪制定了《关于办理利用未公开信息交易刑事案件适用法律若干问题的解释》（以下简称《未公开信息交易刑事案件解释》），明确"情节严重"和"情节特别严重"的标准，同时还规定了未公开信息的范围、客观行为具体认定标准、金额计算等内容，为准确认定以及严惩"老鼠仓"行为提供了更进一步的操作指引。2022 年 4 月，最高人民检察院联合公安部对《追诉标准（二）》（2010 年）进行适应经济社会发展的全面修订，新增利用未公开信息交易罪分层次立案追诉情形的规定，与《未公开信息交易刑事案件解释》保持了标准的统一，严密了该罪的刑事法网。

二、利用未公开信息交易行为的新变化

自 2009 年《刑法修正案（七）》增加利用未公开信息交易罪，明确该罪的构成要件和刑罚适用，利用未公开信息交易的行为得到一定程度的遏制。随后，证监会建立起"六位一体"的线索渠道体系并与公安部、中国证券投资基金业协会展开各项合作，《未公开信息交易刑事案件解释》《追诉标准（二）》（2022 年）相继出台、修订等，对利用未公开信息交易行为的全面综合型防控不断强化，此类犯罪数量呈现下降趋势。但是，在金钱诱惑、相关规范缺失等因素影响下，利用未公开信息交易行为始终屡禁不绝，并且在严打过程中发生了异变。

---

① 《指导案例 61 号：马某利用未公开信息交易案》，载最高人民法院网，https：//www. court. gov. cn/shenpan-xiangqing-27541. html，2016 年 7 月 5 日。由于法条没有明确利用非公开信息交易罪是否存在"情节特别严重"，最高人民法院在本案中的裁判思路参照了最高人民法院、最高人民检察院于 2012 年 3 月 29 日颁布的《关于办理内幕交易、泄露内幕信息刑事案件具体应用法律若干问题的解释》，认为《刑法》第 180 条第 4 款援引法定刑的情形，应当是对第 1 款全部法定刑的引用，即利用未公开信息交易罪应有"情节严重""情节特别严重"两种情形和两个量刑档次。

近年来，司法实践中，利用未公开信息交易犯罪案件表现出以下几点变化：①

（一）发案领域日趋广泛

利用未公开交易行为涉及基金、银行、证券、保险、资产管理等多个领域，从最初的证券发行、交易环节，逐渐蔓延至基金托管、资产评估等环节，传统风险与新型风险相互交织。

（二）作案团伙化，分工精细化

利用未公开信息交易实践案件表明，金融机构从业人员单独操作的情况越来越少，更多是其与外部人员（大部分为无身份者，部分案件中多方均具有特殊身份）相互勾结，再行精细分工，如在其利用职务便利获得特定未公开信息后，由其或他人操控指挥，另外安排人员负责提供账户资金、传递信息等。

这种分工还表现在监管机构调查期间。信息传递方和接收方会形成攻守同盟，"零口供"现象十分突出，这对搜证和举证都提出了新要求。

（三）行为人具备较强的规避规则与反侦查意识

利用未公开信息交易的犯罪主体大多文化程度高、精通金融知识、从业经验丰富，作案前计划周密，作案时手段隐蔽，作案后不易留存犯罪痕迹，导致此类犯罪的"三大难"——发现难、取证难和认定难。同时，行为人能够在"前人经验"基础上发现规则漏洞，规避甚至利用规则，利用未公开信息从事相关交易行为。例如，实践中一般采用"先5后2"的标准来认定趋同交易期间，只有在此期间内进行相关操作才能构成犯罪。但从办案现实来看，犯罪分子开始规避并利用该认定标准漏洞，采取与以往

---

① 《"两高"有关负责人关于办理操纵证券、期货市场、利用未公开信息交易刑事案件适用法律问题司法解释答记者问》，载最高人民法院网，https://www.court.gov.cn/zixun-xiangqing-167212.html，2019年6月28日。

"老鼠仓"交易行为不同的反向操作形式，具体表现为行为人在前 5 日或者后 2 日完整地完成了一笔独立买卖交易的行为，这使得期间认定问题再次成为实践争议焦点。

（四）犯罪手段网络化趋势明显

随着信息网络技术的发展，证券、期货市场普遍采用无纸化交易、电脑自动撮合成交以及集中托管，不仅为证券、期货交易提供了成本更低、速度更快的渠道，也使犯罪分子转瞬间即可完成犯罪，其信息传递、交易操作更加隐蔽，查证工作难上加难。

三、利用未公开信息交易罪司法现状

以"利用未公开信息交易罪""中级人民法院"为关键词在阿尔法（Alpha）数据库中进行检索，截至 2021 年 9 月 14 日，共检索得到 2014 年至 2020 年全国各地中院办理的 77 个利用未公开信息交易犯罪案件，总体数量不算多。通过对上述案例进行分析，可以得出本罪司法运行的大致情况：

（一）案例地域分布集中在金融发达的一线城市

表 6-1　案件地域分布表

	上海	北京	重庆	广东	山东	辽宁	湖北
系列1	39	11	11	9	5	1	1

案例辐射的省份/直辖市共有 7 个，前三名均为直辖市，分别是上海、北京与重庆，都是经济发达、政策倾向的区域。在 77 个案件中，发生在上海市的案件占比刚好超过 50%，北京市与重庆市占比均为 14.3%，广东

省占比 11.7%（其中分布在深圳市的案件就有 6 个，占本省案件比例 66.7%），目前我国内地的三家证券交易所①均坐落于这些城市。北京、上海、深圳云集众多证券公司、期货经纪公司、基金管理公司、商业银行、保险公司等金融机构，成为利用未公开信息交易罪的高发区域。

最高人民法院、最高人民检察院、公安部 2009 年发布的《关于公安部证券犯罪侦查局直属分局办理经济犯罪案件适用刑事诉讼程序若干问题的通知》规定，由公安部证券犯罪侦查局设立第一分局、第二分局、第三分局，分别派驻北京、上海、深圳，按管辖区域承办证券领域等重大经济犯罪案件。利用未公开信息交易犯罪通常由公安部指定给地方公安局管辖，北京、上海、重庆、深圳为主要办理地，这也与案件高发地区相吻合。

（二）案例裁判日期较为集中

表 6-2　裁判日期分布表

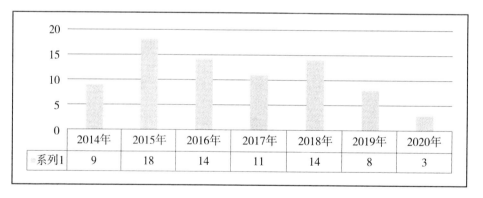

	2014年	2015年	2016年	2017年	2018年	2019年	2020年
系列1	9	18	14	11	14	8	3

如上图所示，案件集中发生在 2015 年至 2018 年，这可能与执法机关、司法机关的专项整治工作有关。根据《2016 年度证监会稽查执法情况通报》，当年"老鼠仓"行为再创新高，新增立案 28 起，同比增长 87%，并且蔓延至不同行业、利用信息的不同环节。同年年底，证监会与公安部联合部署开展"打击防范利用未公开信息交易违法行为专项执法行动"。

---

①　目前中国大陆共有三家证券交易所，分别为 1990 年 11 月 26 日成立的上海证券交易所、1990 年 12 月 1 日成立的深圳证券交易所以及 2021 年 11 月 15 日成立的北京证券交易所。

2017 年 3 月 "两会"期间，最高人民检察院检察长在工作报告中表示，检察机关将积极参与互联网金融风险专项整治，严惩"老鼠仓"等证券期货领域犯罪。[①] 北京市检察院第二分院于 2018 年 4 月发布的《证券犯罪检察白皮书》显示，2012 年至 2017 年该院共办理证券犯罪案件 21 件，而自 2015 年以来，在该院审查起诉的证券犯罪案件中，"老鼠仓"案件占比接近 90%。[②] 在行政执法与刑事司法紧密衔接的情况下，"老鼠仓"行为受到严惩，案件高发态势得到有力遏制，因此 2018 年后本罪的判决数量呈逐年下降趋势。

（三）行为人学历普遍较高，职业分布比较集中

由于检索得到的 77 个案件中，有 22 个案件法院认为裁判文书不宜在互联网公开，因此下列数据仅以余下 55 个案件的裁判文书作为分析样本。55 个案件共 77 名被告人，裁判文书记载了其中 55 人的学历背景以及 71 人的行业背景：

表 6-3　被告人学历分布情况

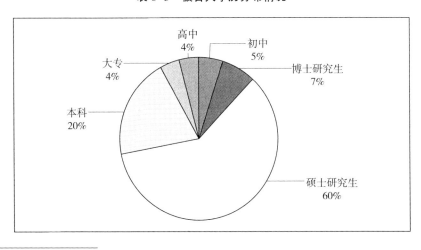

① 《最高人民检察院工作报告》，载最高人民检察院网站，https：//www.spp.gov.cn/spp/gzbg/201703/t20170320_ 185861.shtm，2017 年 3 月 20 日。

② 《"老鼠仓"案高发！北京检察机关白皮书揭露证券犯罪六大特点》，载京检在线，https：//www.thepaper.cn/newsDetail_ forward_ 2098660，2018 年 4 月 26 日。

被告人中，本科以上学历的人数占到可知总人数的 87%，研究生成为本罪主要犯罪群体。据观察，本科以下学历的被告人主要是作为知情人士的明示或者暗示人员存在，为未公开信息知情人提供从事相关交易的帮助，并且其全部完成了最低程度的义务教育。

可见，利用未公开信息交易罪是一项专业度较高的精英型犯罪，高学历人群容易成为本罪的追诉对象。一方面，进入金融行业领域从事能够接触未公开信息的工作，需要学历作为硬实力；另一方面，案件高发区域的金融行业准入门槛高，专业性较强，在高学历专业人士的操作下，犯罪表现出的隐蔽性也较强。从案发情况来看，除了被告人自动投案，其余被告人基本上是证监会针对其个人展开调查并将犯罪线索移交公安机关立案侦查，传唤其到案。

表 6-4　被告人职业分布情况

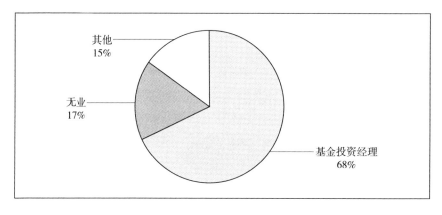

被告人的职业呈现高度集中的特点。71 名已知职业的被告人中有将近 70% 的人在案发前为基金投资经理，其中超过 10% 的人身兼数职或者具备丰富金融从业经验。无业人群占比与其他职业基本持平，这两部分主体存在于共同犯罪中。实践数据表明，无业主体一般为金融机构相关从业人员的近亲属或者其他关系密切的人，其他职业主体多为公司负责人、金融研究所成员、银行职员等，均能为金融行业从业人员利用未公开信息交易提供一定的便利。

（四）涉案金额较大，计算方法多样

由于金额相关的数据混杂，不宜统计，笔者仅从全局对此部分进行简单分析介绍。

涉案金额指的是与入罪相关的违法所得数额、证券交易成交额以及期货交易占用保证金数额，三者中期货交易占用保证金额在实践中出现频率非常低。在 52 份记载涉案数额的裁判文书中，有仅记载违法所得数额的案件、仅记载证券交易成交额的案件，也有两种数额都记录的案件。与证券交易成交额相关的案件中，又细分了仅计算趋同买入数额、仅计算趋同卖出数额、同时计算趋同买卖数额等情况。在部分案件中，裁判文书甚至详细记录了每个案涉账户的趋同交易比例。

从具体数值分析，证券交易成交额绝大部分以千万元人民币（以下币种均为人民币）为单位起算，违法所得数额从十余万元到亿元不等，涉案金额巨大。同时，受到金融市场不确定性与风险性等综合因素影响，本罪被告人并非必然获利，也存在亏损的情况，如杜某江利用未公开信息交易案①，被告人趋同交易股票累计亏损约 394.51 万元。由此可见，获利并非本罪的构成要件，只要利用因职务之便获取的未公开信息从事趋同交易达到严重程度即构成犯罪。

第二节　"老鼠仓" 犯罪构成分析

一、利用未公开信息交易罪的概念及构成要件

利用未公开信息交易罪，指的是证券交易所、期货交易所、证券公

---

① 案号：（2018）粤 03 刑初 543 号。

司、期货经纪公司、基金管理公司、商业银行、保险公司等金融机构的从业人员以及有关监管部门或者行业协会的工作人员，利用因职务便利获取的内幕信息以外的其他未公开的信息，违反规定，从事与该信息相关的证券、期货交易活动，或者明示、暗示他人从事相关交易活动，情节严重的行为。该罪规定在《刑法》第180条第4款，通过解读其罪状，可得出其构成要件如下。

（一）犯罪客体

一般认为，本罪属于复杂客体。从本罪在刑法分则中所处的章节位置来看，其侵犯的主要客体或者说其所保护的主要法益是国家的金融管理秩序，尤其是证券、期货市场的交易秩序。同时，行为人利用信息差优势进行信息不对称的交易，违反了证券市场交易的"三公"原则，对广大投资者的利益造成了严重损害，因此本罪的犯罪客体也包括投资者的合法权益。

（二）犯罪客观要件

本罪的客观要件表现为特定人员利用因职务便利获取的内幕信息以外的其他未公开的信息，违反规定，从事与该信息相关的证券、期货交易活动，或者明示、暗示他人从事相关交易活动，情节严重的行为。具体而言，本罪客观方面需要满足以下五个要素。

1. 存在利用信息的行为

行为人必须有利用信息的行为，单纯获取信息而不使用的，无法构成本罪，视情况可能构成侵犯商业秘密罪等罪名。

2. 该信息属于内幕信息以外的其他未公开的信息

《未公开信息交易刑事案件解释》第1条通过"列举+兜底"的方式明确了何为"其他未公开信息"。一般来说，"其他未公开信息"包括：（1）证券、期货的投资决策、交易执行信息；（2）证券持仓数量及变化、资金数量及变化、交易动向信息；（3）其他可能影响证券、期货交易活动的信息。第2条紧接着规定，如果难以认定涉案信息是否为内幕信息以外的未公开信息的，司法机关可以在有关行政主（监）管部门的认定意见的基础上，根据案件事实和法律规定作出认定。①

上述规定虽然罗列了两类典型的未公开信息，但依旧没有解释"其他未公开信息"的基本概念，司法机关在具体认定时往往难以根据这两点直接得出结论。在《未公开信息交易刑事案件解释》出台前，中国证监会发布的《股票期权交易试点管理办法》第 28 条将未公开信息界定为"除标的证券市场内幕信息以外、对标的证券的市场价格有重大影响且尚未公开的信息"，并通过"列举+兜底"的方式具体展开。② 证券法意义上的非公开信息，包括：（1）证券交易场所、存管银行、证券资产托管机构、证券登记结算机构、依法设立的证券市场监测监控机构在经营、监控过程中形成或获取的证券交易、证券持有状况、资金数量等相关信息；（2）证券期货经营机构、公募基金管理人、商业银行、保险公司、信托公司、社保基金、私募证券投资基金等金融机构的证券投资相关信息；（3）政府主管部门、监管机构或者有关单位，制定或作出的可能对证券交易价格发生重大影响的政策或者决定；（4）中国证监会认定的其他信息。

结合前述两份文件，笔者提炼出未公开信息两个方面的本质特征，这也是其实质性判断标准：其一，信息应具有非公开性。所谓非公开性，是指涉案信息在行为人从事相关交易时尚未公开，处于公众无从获悉该信息内容的秘密状态。其二，信息具有价格敏感性。所谓价格敏感性，是指涉案信息一旦被实施或公布后将对相关证券期货交易价格产生重要影响（仅限于逻辑上的，需根据违法所得数额或交易额进行事后判断）。③ 由此，抽

---

① 在《未公开信息交易刑事案件解释》出台前，实践中已经结合证监会出具的相关认定意见对未公开信息进行判断，根据的是 2011 年《关于办理证券期货违法犯罪案件工作若干问题的意见》第 4 条的规定：证券监管机构可以根据司法机关办案需要，依法就案件涉及的证券期货专业问题向司法机关出具认定意见。该类认定意见侧重行为人利用职务便利获取未公开信息，并利用该信息进行交易的行为，至于该信息本身对股票价格有无影响、影响大小在所不论。

② 2017 年 4 月 24 日，《证券法（修订草案）》提请全国人大常委会二审，该草案第 80 条的规定与《股票期权交易试点管理办法》基本保持一致，但是 2019 年修订的《证券法》中此规定已被删除。

③ 潘庸鲁：《利用未公开信息交易罪的判断规则与证据标准》，载《人民司法》2021 年第 22 期，第 63 页。

象得出"其他非公开信息"的具体概念，即不为公众所知悉，对相关证券期货交易价格有重要影响，金融机构、监管部门以及行业协会按照规定采取规范管理的投资经营、技术分析、监督管理、行业资讯、调控政策等信息。

根据未公开信息的本质特征，法律实务工作者总结出六类司法实践中常见的"其他可能影响证券、期货交易活动的信息"①，包括但不限于社保基金、私募证券投资基金等的资产管理业务信息、服务机构客户的交易执行时客户对个股买入的信息、特定场景下的跨市场交易信息。

3. 该信息是由相关行业人员基于职务之便而获取的

"因职务便利而获取"未公开信息应该是基于职务便利从而合法地获知该信息。参考典型职务犯罪对"利用职务便利"的认定②，本罪中"因职务便利"指的就是因本人职务得以经办、经手或主管相关信息，对相关消息具有知情权，又或者利用职务上有隶属、制约关系的其他工作人员的职权便利取得了相关信息。基于职务外的其他条件而获知该信息，如窃取，属于非法获取，不能认定为这里的"因职务便利获取"。

基于职务之便强调获取的信息与职务之间的必然因果关系，要求行为人必须是相关行业人员且具有获取此种信息的权限或者资格。从这种意义上说，本罪内核上具有职务犯罪的属性，行为本质表现其一就是相关行业人员背弃职业道德，违反对投资者的信义义务，严重损害投资者的利益。

4. 违反规定，利用未公开信息从事与该信息相关的证券、期货交易活动，或者明示、暗示他人从事相关交易活动

行为人必须"违反规定"。"违反规定"与"违反国家规定"有所区

---

① 江翔宇：《对证券法新增未公开信息交易规定的观点——基本不留死角的行政处罚和任重道远的民事赔偿》，载金融法研究会，https://zhuanlan.zhihu.com/p/114161460，2020年3月18日。

② 1999年最高人民检察院《关于人民检察院直接受理立案侦查案件标准的规定（试行）》规定贪污罪的"利用职务上的便利"是指利用职务上主管、管理、经手公共财物的权力及方便条件。2003年最高人民法院《全国法院审理经济犯罪案件工作座谈会纪要》规定，"利用职务上的便利"既包括利用本人职务上主管、负责、承办某项公共事务的职权，也包括利用职务上有隶属、制约关系的其他国家工作人员的职权。

别，后者指违反全国人民代表大会及其常务委员会制定的法律和决定，国务院制定的行政法规、规定的行政措施、发布的决定和命令，前者的内涵显然要大许多。"违反规定"中的"规定"不仅包括法律、法规、规章，还囊括全国性行业规范有关证券、期货未公开信息保护的规定以及行为人所在的金融机构有关信息保密、禁止交易、禁止利益输送等规定。

在"违反规定"的情况下，行为人还必须利用未公开信息从事相关交易活动。在这一要素中，"从事与该信息相关的证券、期货交易活动"判断起来比较容易，争议主要在于对"明示""暗示"的认定。不管"明示"还是"暗示"，均需要证明行为人与他人之间存在交流行为，前者指的是他人在被告知未公开信息又提示相关证券、期货交易内容的情况下从事相关证券、期货交易，后者则是指他人接受了行为人提出的证券、期货交易建议，但对未公开信息内容不明知、无把握。

《未公开信息交易刑事案件解释》第4条规定，行为人"明示、暗示他人从事相关交易活动"，应当综合以下方面进行认定：（1）行为人具有获取未公开信息的职务便利；（2）行为人获取未公开信息的初始时间与他人从事相关交易活动的初始时间具有关联性；（3）行为人与他人之间具有亲友关系、利益关联、交易终端关联等关联关系；（4）他人从事相关交易的证券、期货品种、交易时间与未公开信息所涉证券、期货品种、交易时间等方面基本一致；（5）他人从事的相关交易活动明显不具有符合交易习惯、专业判断等正当理由；（6）行为人对明示、暗示他人从事相关交易活动没有合理解释。

5. 利用信息从事相关交易活动必须达到情节严重的程度

《未公开信息交易刑事案件解释》专门针对本罪的"情节严重""情节特别严重"作出了规定，作为入罪门槛的"情节严重"又包括一般情况和特殊情况两种。

利用信息从事相关交易活动，符合一般情况直接构成犯罪：（1）违法所得数额在100万元以上；（2）两年内三次以上利用未公开信息交易；（3）明示、暗示三人以上从事相关交易活动。利用信息从事相关交易活动，违法所得数额在 50 万元以上，或者证券交易成交额在 500 万元以上，或者期货交易占用保证金数额在 100 万元以上的情况下，还需要同时具备以下特殊情况之一才能构成犯罪：（1）以出售或者变相出售未公开信息等方式，明示、暗示他人从事相关交易活动；（2）因证券、期货犯罪行为受过刑事追究；（3）两年内因证券、期货违法行为受过行政处罚；（4）造成恶劣社会影响或者其他严重后果。这是考虑到了涉案金额未达一般情况标准，但行为本身实际上已经表现出严重的社会危害性的特殊情况，有利于更好地打击此类犯罪。

既然"情节严重"的认定主要以犯罪相关金额作为参考，那么金额的计算方式需要特别注意。《未公开信息交易刑事案件解释》第 8 条规定了"未经处理"的情况，二次以上利用未公开信息交易，依法应予行政处理或者刑事处理而未经处理的，相关交易数额或者违法所得数额累计计算。第 9 条、第 10 条相继规定"违法所得"的范围：如果行为人自己实施了利用未公开信息从事与该信息相关的证券、期货交易活动的行为，那么"违法所得"就是其所获利益或者避免的损失；如果行为人明示、暗示他人利用未公开信息从事相关交易活动，从事与未公开信息相关的证券、期货交易活动的主体是被明示、暗示人员，那么他人利用未公开信息从事相关交易活动所获利益或者避免的损失也属于"违法所得"，行为人的罚金数额按照被明示、暗示人员从事相关交易活动的违法所得计算。

（三）犯罪主体

与内幕交易罪不同，本罪主体仅限于自然人，单位不能构成本罪。如果单位利用未公开信息从事了相关交易，那么对相关责任人的处罚可能比单位犯内幕交易罪更为严厉。根据 2014 年《全国人民代表大会常务委员会关于〈中华人民共和国刑法〉第三十条的解释》，如果单位实施利用未公开信息交易罪，对组织、策划、实施的人依照刑法关于内幕交易罪个人犯罪的规定追究刑事责任。

在明确本罪为自然人犯罪的情况下，本罪主体为真正身份犯，具体分为两类。

1. 金融机构从业人员

包括证券交易所、期货交易所、证券公司、期货经纪公司、基金管理公司、商业银行、保险公司等金融机构的从业人员。近年来，私募机构从业人员实施利用未公开信息交易的行为时有发生，其能否成为本罪主体颇具争议，笔者将在下文详细展开讨论。

2. 主（监）管机构工作人员

包括中国人民银行、证券监督管理委员会、银行监督管理委员会、保险监督管理委员会等有关承担监管职责的部门的工作人员以及中国证券业协会、期货业协会、保险行业协会等承担自律性管理职能的协会的工作人员。

需要注意的是，身份犯并不意味着无身份者利用未公开信息交易绝对不构成犯罪，本罪只是排除无身份者单独构成本罪的情形。如果无身份者既实施了趋同交易行为，又与特殊主体存在共同的犯罪故意，那么仍然有可能成为本罪的主体，关于共同犯罪的部分会在争议焦点中详细阐述。

（四）犯罪主观要件

本罪是故意犯罪，要求行为人有利用内幕信息以外的未公开信息进行交易的故意。本罪主体实施犯罪行为大多出于牟利或者避险的目的，由于这两项内容已经包含在犯罪故意内，属于意图内的目的，因此不是构成犯罪的必备条件，是否具备获利或者避损目的对于是否构罪并无影响。

二、利用未公开信息交易罪与其他相关罪名的区别

（一）利用未公开信息交易罪与内幕交易、泄露内幕信息罪

利用未公开信息交易罪与内幕交易、泄露内幕信息罪存在共同之处，如都规定在《刑法》第 180 条，犯罪客体均为国家的金融管理秩序以及投资者的合法权益，且根据《未公开信息交易刑事案件解释》第 7 条第

1 款,① 两罪的处罚标准无差异。但仔细分析二者各自的构成要件，会发现区别非常明显。

1. 犯罪客观方面

（1）行为对象：内幕信息与未公开信息的差异

内幕交易、泄露内幕信息罪中的"内幕信息"对证券、期货价格有重大影响，提前获取并交易，可以获得较大的非法得利，具体内容依据法律法规来认定。2017 年《期货交易管理条例》第 81 条第 11 项规定，内幕信息，是指可能对期货交易价格产生重大影响的尚未公开的信息，包括：国务院期货监督管理机构以及其他相关部门制定的对期货交易价格可能发生重大影响的政策、期货交易所作出的可能对期货交易价格发生重大影响的决定、期货交易所会员、客户的资金和交易动向以及国务院期货监督管理机构认定的对期货交易价格有显著影响的其他重要信息。2019 年《证券法》第 52 条规定，内幕信息为证券交易活动中，涉及发行人的经营、财务或者对该发行人证券的市场价格有重大影响的尚未公开的信息，同时该法第 80 条第 2 款、第 81 条第 2 款还列举了属于内幕信息的两大类共 20 余种重大事件。因此，判断内幕信息的实质性标准在于：一是非公开性。尽管内幕信息的内容最终需要向社会披露，但其自形成至公开的期间为内幕信息敏感期，故内幕信息是敏感期内公众无法通过合法途径获取的信息；二是重大性。内幕信息对证券、期货价格有重大影响力，一旦公开，对应的证券、期货价格将会产生较大波动。在实际案件中，需要行政处罚机关和司法机关综合进行评判。

利用未公开信息交易罪中"未公开信息"的概念和具体内容不再赘述，根据相关规定可知其以内幕信息为参照，二者在范围上互补，不存在包含关系。虽然和内幕信息一样，其可以影响证券市场价格，但是更多指的是证券、期货的投资决策、交易执行信息等非必然盈利的消息，对其提前获取并

---

① 该条具体内容为：《刑法》第 180 条第 4 款规定的"依照第一款的规定处罚"，包括该条第 1 款关于"情节特别严重"的规定。

不必然取得非法得利。判断未公开信息的实质性标准同样是两点：一是非公开性。这里的非公开性与内幕信息的非公开性有所差异，未公开信息并没有公开的必然性，也没有所谓的敏感期；二是价格敏感性。同样，未公开信息一旦被实施或公布，将对相关证券期货交易价格产生重要影响。

为了更加直观地区分两类信息，整理表格如下：

表 6-5　内幕信息与未公开信息的比较

	内幕信息	未公开信息
概念	可能对期货交易价格产生重大影响的尚未公开的信息；证券交易活动中，涉及发行人的经营、财务或者对该发行人证券的市场价格有重大影响的尚未公开的信息	不为公众所知悉，对相关证券期货交易价格有重要影响的信息
内容定位	《期货交易管理条例》第 81 条、《证券法》第 80 条第 2 款及第 81 条第 2 款	《股票期权交易试点管理办法》第 27 条以及《未公开信息交易刑事案件解释》第 1 条、第 2 条
判断标准	非公开性+重大性	非公开性+价格敏感性
敏感期	有，最终需要公开	无，没有最终公开的要求

（2）行为方式不同

利用未公开信息交易罪的行为方式表现为行为人利用职务便利获取的内幕信息以外的其他未公开的信息，违反规定：①从事与该信息相关的证券、期货交易活动；②明示、暗示他人从事相关交易活动。行为需要达到情节严重才能入罪。

内幕信息、泄露内幕信息交易罪的行为方式主要表现为行为人在涉及证券的发行，证券、期货交易或者其他对证券、期货价格有重大影响的信息尚未公开前：①买入或者卖出该证券；②从事与该内幕信息有关的期货交易；③泄露该信息。同样，上述行为均需情节严重才会进入刑法评价。

两个罪名都有利用信息差带来的优势进行交易的行为，但内幕信息、泄露内幕信息交易罪比利用未公开信息交易罪多一项行为表现，就是泄露内幕信息。"泄露内幕信息"指行为人以明示或者暗示的方式透露、提供给不应知道内幕信息的人，让他人利用内幕信息买入、卖出股票或者进行期货交易，获取不正当利益，而明示、暗示他人从事相关交易活动并不必然以泄露未公开信息为条件，只要行为人利用未公开信息提示他人进行投资即可构罪。

（3）作为入罪门槛的"情节严重"标准不同

利用未公开信息交易罪的"情节严重"规定在《未公开信息交易刑事案件解释》第 5 条、第 6 条以及《追诉标准（二）》（2022 年）第 31 条，内幕交易、泄露内幕信息罪的"情节严重"则主要规定在《追诉标准（二）》（2022 年）第 30 条和《最高人民法院、最高人民检察院关于办理内幕交易、泄露内幕信息刑事案件具体应用法律若干问题的解释》第 6 条。二者标准在具体金额、行为表现上都有不同。

2. 犯罪主体

（1）身份不同

两罪均为"特殊主体"，但身份不同。利用未公开信息交易罪的主体有两类：一是证券交易所、期货交易所、商业银行等金融机构的从业人员；二是证监会等监管部门或者证券业协会等行业协会的工作人员。可见，该罪主体身份限定在金融机构以及主（监）管机构的范围内。

内幕交易、泄露内幕信息罪的主体也是两类：一是证券、期货交易内幕信息的知情人员、单位；二是非法获取证券、期货交易内幕信息的人员、单位。《证券法》第 51 条明确规定"证券交易内幕信息的知情人"包括：①发行人及其董事、监事、高级管理人员；②持有公司百分之五以上股份的股东及其董事、监事、高级管理人员，公司的实际控制人及其董事、监事、高级管理人员；③发行人控股或者实际控制的公司及其董事、监事、高级管理人员；④由于所任公司职务或者因与公司业务往来可以获取公司有关内幕信息的人员；⑤上市公司收购人或者重大资产交易方及其控股股东、实际控制人、董事、监事和高级管理人员；⑥因职务、工作可以获取内幕信息的证券交易场所、证券公司、证券登记结算机构、证券服务机构的有关人员；⑦因职责、工作可以获取内幕信息的证券监督管理机构工作人员；⑧因法定职责对证券的发行、交易或者对上市公司及其收购、重大资产交易进行管理可以获取内幕信息的有关主管部门、监管机构的工作人员；⑨国务院证券监督管理机构规定的可以获取内幕信息的其他人员。同时根据《最高人民法院关于审理证券行政处罚案件证据若干问题的座谈会纪要》的规定，除上述范围外，与内幕信息知情人有密切关系的人，在内幕信息公开前与内幕信息知情人或非法获取内幕消息的人联络、接触的人都有可能被认定为内幕信息知悉人。据此，该罪主体身份比较宽泛，大多限定在公司。

（2）单位是否能构成犯罪不同

根据刑法规定，内幕交易、泄露内幕信息罪既可以是自然人犯罪，也可以是单位犯罪。利用未公开信息交易罪的主体仅限于自然人，没有单位犯罪。

3. 犯罪主观方面

两罪均为故意犯罪，只是在故意的内容上有所区别。

利用未公开信息交易罪要求行为人有利用内幕信息以外的未公开信息进行交易的主观故意，即行为人明知是未公开信息，而积极利用此信息进行相关交易，或者明示、暗示他人进行相关交易。

内幕交易、泄露内幕信息罪的故意则表现为行为人明知自己或者他人内幕交易、泄露内幕信息的行为会侵犯其他投资者的合法利益，破坏证券、期货管理秩序，却希望或者放任这种结果发生，以达到牟取非法利益，或非法避免损失等其他目的。

（二）利用未公开信息交易罪与侵犯秘密类犯罪

一般来说，利用未公开信息交易罪与侵犯秘密类犯罪的行为外观差别明显，不会发生混淆。但是，如果行为人作为未公开信息的知情人员而泄露该信息，则可能需要明确罪与非罪、此罪与彼罪的问题。

目前，我国刑法中没有规定泄露未公开信息罪，利用未公开信息交易罪的行为表现也不包含"泄露信息"，因此在没有确切证据证明泄露未公开信息是为了建议他人交易的情况下，无法将泄露行为纳入"明示、暗示他人从事相关交易"中，而单纯地泄露未公开信息不能比照泄露内幕信息罪进行处罚。但是，未公开信息之所以"未公开"，可能与信息性质息息相关，如未公开信息属于投资公司重大投资信息等商业秘密，甚至可能是尚未公布的国家政策、举措等国家机密。在这种情况下，如果齐备侵犯商业秘密、国家机密相关犯罪的全部要件，就需要以相应罪名对泄露未公开信息的行为进行处罚。

除未公开信息知情人外，第三人接受、非法获取未公开信息交易未必构成利用未公开信息交易罪。根据刑法规定，如果信息知情人员利用明示、暗示的手段让他人从事违法交易的，属于利用未公开信息交易罪的共同犯罪。但是，如果知情人员无意中泄露，或者不法分子采用窃取、骗取、套取、窃听、利诱、刺探或者私下交易等手段获取未公开信息的，第三人利用这些信息的，同样可能根据信息性质的不同构成不同侵犯秘密类犯罪。

第三节　"老鼠仓"犯罪争议焦点与辩护要点

一、争议焦点

（一）私募机构及其从业人员能否成为本罪主体

根据中国证券投资基金业协会的数据，截至 2017 年 9 月底，我国已登记私募基金管理机构 21216 家，已备案私募基金 61522 只，管理基金规模达到 10.32 万亿元，私募基金管理人员工总人数达到 23.24 万人。① 随着

---

① 中国证券投资基金业协会：《私募基金管理人登记及私募基金产品备案月报（2017 年第 9 期）》，载中国私募基金行业数据报告，https://www.amac.org.cn/researchstatistics/report/zgsmjjhysjbg/201710/t20171020_ 4053.htm，2017 年 10 月 20 日。

私募基金、机构、人员规模不断扩大，其"老鼠仓"问题也日益突出。比如，恒健远志总经理胡某平案以及北京某资产管理有限公司投资总监吴某案，虽然证监会依据《私募投资基金监督管理暂行办法》作出了相应处罚，但受行政规章设定的罚款上限不得超过3万元的限制，需要承担的行政责任与两案行为人获利金额均超过百万元的情况明显不匹配，[①] 无法实现处罚效果，甚至可能起到负面激励的作用。

根据《刑法》规定，利用未公开信息交易罪的主体之一为金融机构从业人员，目前实践中尚无私募机构及其从业人员"老鼠仓"而承担刑事责任的具体案例。纵观上文提及的惩治"老鼠仓"犯罪的规范条款，主要规制的是公募基金从业人员，详细规定了此类人员的行政与刑事责任。虽然私募基金在制度设计上与公募基金有所区别，但从正确规制犯罪对象的角度上说，私募机构及其从业人员"老鼠仓"的法律责任和公募机构及其从业人员的法律责任本质上应当是一致的。[②] 然而，最大争议就在于私募机构是否属于《刑法》第180条第4款所规定的金融机构。

立法对何为金融机构存在分歧，因此其尚无完全统一的定义。2009年，中国人民银行出台《金融机构编码规范》，规定证券投资基金管理公司为企业法人，需要经过证监会批准设立，[③] 这一要求将私募机构排除出金融机构。随后，国家税务总局、财政部、中国人民银行等六部门联合发布《非居民金融账户涉税信息尽职调查管理办法》等文件，将私募投资基金、私募基金管理公司、从事私募基金管理业务的合伙企业等纳入金融机

---

① 张子学：《利用未公开信息交易认定处罚的若干问题》，载甘南政法网，http://www.gnzfw.gov.cn/liluntanjiu/7179.html，2017年11月8日。

② 刘运宏：《〈论基金"老鼠仓"的预防〉——兼评〈证券投资基金法（修订草案）〉（征求意见稿）第17条》，载《证券法苑》2011年第4卷，第311页。该学者认为，公募基金的从业人员利用未公开信息从事证券期货交易的构成犯罪，一般商事委托的"私募基金"和"账户管理"中的"老鼠仓"行为却没有在该刑法规制的范围内，这属于没有正确规制犯罪对象，同时指出这种做法会导致公募的基金经理面对该种严厉的处罚和监管时选择跳往私募基金，对基金管理行业的发展而言是非常不利的。

③ 《金融机构编码规范》3.18　证券投资基金管理公司：经中国证券监督管理委员会批准，在中华人民共和国境内设立、从事证券投资基金管理业务的企业法人。

构的范畴。①

从法理角度分析，私募机构属于《刑法》第 180 条第 4 款规定的金融机构，其从业人员当然可以成为利用未公开信息交易罪的犯罪主体。一方面，"老鼠仓"犯罪侵犯的是投资者的信义利益，其行为本质是特定人员对投资者信义义务的违反。私募机构及其从业人员利用未公开信息进行交易，和公募基金从业人员实施同类行为一样，会对投资者合法利益造成损害，破坏公平的市场交易秩序，齐备本罪四个构成要件。另一方面，以单独规范性文件未作规定等作为否定私募机构"金融机构"属性的理由，在当前立法尚存在分歧的情况下无法自圆其说。因此，笔者认为可以通过扩大解释，将私募机构纳入金融机构的范畴，严惩其及从业人员"老鼠仓"行为，以实现罪刑均衡。

（二）"有关行政主（监）管部门"范围及其意见效力

根据最高人民法院、最高人民检察院、公安部、中国证监会印发的《关于办理证券期货违法犯罪案件工作若干问题的意见》第 4 条规定，公安机关、人民检察院和人民法院在办理涉嫌证券期货犯罪案件过程中，可商请证券监管机构指派专业人员配合开展工作，协助查阅、复制有关专业资料。证券监管机构可以根据司法机关办案需要，依法就案件涉及的证券期货专业问题向司法机关出具认定意见。同样，在《未公开信息交易刑事案件解释》中也有规定，内幕信息以外的其他未公开的信息难以认定的，司法机关可以在有关行政主（监）管部门的认定意见的基础上，根据案件事实和法律规定作出认定。

在我国，有关行政主（监）管部门主要指中国证监会及其派出机构。在公安机关办理的利用未公开信息交易刑事案件中，大部分案件首先由证

---

① 《非居民金融账户涉税信息尽职调查管理办法》第 6 条："本办法所称金融机构，包括存款机构、托管机构、投资机构、特定的保险机构及其分支机构；……（三）投资机构是指符合以下条件之一的机构：……3. 证券投资基金、私募投资基金等以投资、再投资或者买卖金融资产为目的而设立的投资实体……"

监会或其派出机构进行行政违法调查或审理，认为可能涉嫌刑事犯罪的，再将案件相关材料移送至公安机关来立案侦查。①

在司法实践中，认定意见一般表现为中国证监会出具的《关于某某涉嫌利用未公开信息交易案有关问题的认定函》（以下简称《认定函》），上面记载了行为人担任的职务、职务相关的涉案未公开信息等，司法机关会在此基础上结合其他证据，证明行为人实施了利用未公开信息交易的行为。但是，这种形式的认定意见在刑事诉讼中的定位略显尴尬。《刑事诉讼法》第 50 条规定了八大类证据，只有符合其中之一才被认为具有证据能力，而有关行政主（监）管部门出具的认定意见很难归入任何一类。如果说是鉴定意见，认定意见并不是有鉴定资质的个人出具的专业意见，《认定函》上没有个人的签名，也没有任何个人会因为给出虚假认定而承担特定的法律责任；而如果将其定位为书证，《认定函》是事后形成的带有主观色彩的判断性意见，并不属于在案件发生过程中产生的，能够反映客观事实的书面材料，因此这个归属路径也是行不通的。

笔者认为，就目前的法律规定来看，既然允许以行政部门出具认定意见，考虑到专业性等，在办案过程中司法机关应当以此为基础，但不能直接采信。司法机关必须立足于案件事实，依据法律规定以及办案者的专业判断，得出涉案信息是否为"其他未公开信息"等结论。

另外，实践中针对案件专业问题出具且最终被司法机关所采纳的认定意见的第三方机构——境内的证券机构，其是否具有出具认定意见的资格存有争议。从本罪罪状可以得出，证券交易所属于金融机构，与证监会、银监会等监管部门是并列关系，同时利用未公开信息交易行为不可避免会涉及交易所交易的股票，因此由其对专业问题出具认定意见面临着权威性与中立性的双重质疑。在这种情况下，这类机构出具的认定意见同样无法经受《刑事诉讼法》对证据的能力审查。因此按照现有规定，这一争议仍是个无解之题。

---

① 王一川：《第三方认定意见在利用未公开信息交易刑事案件中的应用现状统计分析》，载搜狐网，https://www.sohu.com/a/399004233_100138309，2020 年 6 月 1 日。

（三）"趋同交易"的关联性认定

典型"老鼠仓"表现为"先买先卖"，即个人买入、卖出均早于基金等机构操作，它是利用未公开信息交易犯罪的一种形式，但这种类型在我国实践中几乎不存在。观察我国的"老鼠仓"案件，绝大多数案例的交易时间都早于、同期、甚至略晚于基金等机构的交易时间，因此构成利用未公开信息交易罪并不以"先买先卖"同时具备为条件。针对实践反映出的情况，在交易活动关联性的认定上，证监会逐步发展出"趋同交易理论"，并被稽查实务及司法机构普遍采用。"趋同交易"的认定颇具争议，主要集中在期间、比例以及金额计算三个方面。

1. "趋同交易"期间标准问题

"趋同交易"的期间以与基金等金融机构交易时间相近的某个时间段进行计算，目前实践采用的是"先5后2"标准，即机构交易前5个交易日到交易后2个交易日（T-5，T+2，T为交易日）。在此期间，只要齐备本罪的其他构成要件，行为人从事或者明示、暗示他人从事相关证券、期货操作的就可以被认定为趋同交易。

理论与实务对代表"个人交易时间'早于'机构交易时间"的"先5"① 达成基本一致，争议点主要在于"同期"和"晚于"。理论上说，只有在机构交易日之前从事相关交易行为，行为人才能达到肥私的目的，才会对投资者利益造成损害。机构在自身交易日当日甚至之后的时间里投资产品，金融产品价格会随着资金注入处于相对高位；抛售产品，产品价格会在短期内大幅下跌，此时追随交易并不符合"低买高卖"的投资常识。

当然，也有观点指出，未公开信息及机构操作会对证券、期货产

① 将机构交易日前5个交易日作为趋同交易的起点，主要是考虑到通常情况下决策信息产生至执行的普遍期限为5日，如基金经理在决策基金下单某一只股票前，该股票须经基金公司研究所、领导审核后方可进入不同等级的股票池，入池的时间大约在5天左右。何慕：《老鼠仓趋同交易"前五后二"认定模式的思考》，载大成刑辩网，http://criminallaw.dachenglaw.com/results/677.html，2021年8月19日。

生持续性的影响，追随交易同样会带来"损公肥私"的结果，[①] 但不能据此认为"后2"标准是恰当的。实际上，金融机构在不同时期的交易量的变化也会对股价产生影响，这个持续的时间难以确定，明确划定机构交易日后2天作为"趋同交易"的结束点显得过于僵硬。但在"先5后2"已成为普遍规则而暂无法律法规提供明确认定标准的情况下，目前认定"老鼠仓"刑事犯罪中的趋同交易的期间仍须遵守该标准，坚守刑法谦抑性原则，不过分扩张刑事打击的范围。

2. "趋同交易"比例问题

趋同交易的比例又称为"趋同率"，指的是趋同交易金额或者成交股票数量占同期同一操作账户交易总金额或者成交股票数量的比例。实践数据显示，不同案件的趋同交易金额比例各不相同，大部分案件占比较高，也有部分案件占比非常低，如白某利用未公开信息交易案[②]中多个关联账号总体趋同率仅为1.71%。根据概念，趋同交易比例只是反映了趋同交易金额或者成交股票数量在同期同一操作账户交易总金额或者成交股票数量所占比例，但构成"趋同交易"并没有比例要求，只要存在利用因职务之便获取到的未公开信息从事相关交易的行为，满足一定的数额或者情节条件即成立本罪。

在李某峰利用未公开信息交易案[③]中，李某峰及其辩护人提出以趋同率作为证据对其定罪存在错误，但仔细阅读裁判文书可知，一、二审法院只是将比例作为认定趋同交易的其中一项指标。该案趋同股票数占比44.44%到71.43%不等，趋同金额占比48.16%到63.16%不等，且趋同度明显高于李某峰未管理某基金期间。法院根据时间的跨度，结合上交所、深交所提供的趋同股票数、趋同股票占比、趋同金额、趋同金额占比等数据，以及证人证言、李某峰本人供述，综合认定李某峰的行为构成利用未公开信息交易罪，并且根据"二年内三次以上利用未公开信息交易"的规

---

① 王涛、汤琳琳：《利用未公开信息交易罪的认定标准》，载《法学》2013年第2期，第158页。

② 案号：(2018) 粤03刑初681号。

③ 案号：(2020) 渝刑终108号。

定，认定其行为属于情节严重。

因此，趋同率属于认定趋同交易存在与否的重要因素，但不是决定性因素。判断趋同交易，需要回到判断利用信息与交易行为的关联性等要素上去，如掌握未公开信息的行为人是否自行操作或明示、暗示他人操作进行关联交易。

3. "趋同交易"金额计算问题

（1）"违法所得数额"的计算

根据《未公开信息交易刑事案件解释》第 9 条、第 10 条规定，"违法所得"指的是行为人利用未公开信息从事与该信息相关的证券、期货交易活动所获利益或者避免的损失，或者行为人明示、暗示他人利用未公开信息从事相关交易活动，被明示、暗示人员从事相关交易活动所获利益或者避免的损失。

一般来说，"违法所得"要求有所得，指的就是"获利"。趋同卖出金额减去趋同买入金额得到的正值数额，属于"违法所得数额"或者"获利金额"，该数值关系到"情节严重""情节特别严重"的认定。但是实践中存在这样的情况：行为人趋同买入后尚未趋同卖出即案发，此时是否存在"违法所得数额"？若存在，应如何计算？

目前，面对这种情况，实务中一般是将案发后公安机关向证券交易所调查核实之日，该股票的账面金额视为趋同卖出金额，然后根据上述公式进行计算。但是，这种做法缺乏相应的法律依据，引起了不少争议。笔者也不赞同这样操作，"违法所得数额"必须是一个实际获利的数额。如果行为人仅有趋同买入而没有卖出行为，获利数额就始终处于浮动状态，对行为人而言以不确定的要素作为其罪罚依据是不公平的。实际上，"违法所得数额"并不是认定"情节严重"的唯一金钱指标，我们可以通过"证券交易成交额""期货交易占用保证金数额"，又或者通过次数指标等进行判断，最终不会对行为人的定罪量刑产生影响。

（2）"证券交易成交额"计算

"证券交易成交额"也是认定"情节严重"的金钱指标。趋同交易存在三种形式，即对同一只股票：①行为人买入趋同，但卖出不趋同；②行为人买入不趋同，但卖出趋同；③行为人买入、卖出均趋同。对此，应当以何种方式计算证券交易成交额，存在不同观点，[①] 笔者将一一作出评述并表明个人立场。

①不作区分，求和计算。在行为人买入、卖出均趋同的情况下，成交额必然存在"重叠"范围，按这种观点计算明显违背刑法的禁止重复评价原则，对"重叠"范围进行了两次评价，极有可能不恰当地将行为人入罪或在入罪情况下导致罪刑的不相适应。

②不作区分，只计算买入成交额。这种观点虽十分便于操作，但也易陷入僵化。如果行为人买入、卖出均趋同，获利且获利数额、买入交易额均未达到情节严重程度，在卖出交易额满足"情节严重"标准的情况下，仍然按照买入成交额计算是不合理的。

③按趋同交易实际发生额计算。这种观点部分克服了前两种观点的缺陷，但是其认为买入、卖出均趋同，买入、卖出成交额均予以计算，同样犯了重复评价的错误。

④单边趋同，按实际趋同交易额认定；双边趋同，认定交易额较大的一边。目前来看，这种观点最为合理、灵活，笔者予以赞同。在双边趋同的情况下，按照交易额较大的一边计算，如果此时仍然无法符合"情节严重"的要求，则表明该行为的社会危害性尚未达到需要刑法介入评价的程度。

（四）如何把握利用未公开信息交易罪中的"利用"

本罪中，"利用"的含义较为丰富：第一，"利用"是成立犯罪的必要手段，仅有获取而不利用不能构成本罪。实践中司法机关一般通过金融产品种类的一致性、交易时间的紧密性等客观事实来认定行为人是否存在"利用"行为。第二，利用了职务之便获取未公开信息，不是利用职务之

---

① 江奥立：《判断趋同性证券交易行为须结合"谋利意图"》，载最高人民检察院网，https：//www.spp.gov.cn/llyj/201705/t20170529_191769.shtml，2017年5月29日。

便获取的信息同样不能构成本罪。第三，利用的必须是利用职务之便获取的未公开信息的内容，且利用信息与从事相关交易活动之间存在直接因果关系。

上文提到，目前认定"利用"未公开信息趋同交易期间的标准是"先5后2"，但实践中行为人开始针对此项标准反向操作，具体表现为行为人选在机构交易日前五日或者后两日完整完成一笔独立买卖交易。此种情形下，能否认定交易行为"利用"了未公开信息存在三种不同观点，分别是：（1）完全不能认定；（2）仅能认定"后2"区间存在"利用"；（3）趋同交易的情况下应当认定。

笔者认为，应采用第三种标准来认定"利用"。首先，"后2"的惩罚必要性在于，机构交易后的一段时间内，证券仍有可能受到持续性的影响，因此个人仍有"利用"未公开信息从事相关交易的可能。其次，"先5"的情况下，机构交易前很有可能已经存在利好消息，行为人先行买入已经利用了特殊身份所知悉的未公开信息，即使其操作的基金大盘是在其个人账户卖出后再买入，并不影响其利用未公开信息。① 同时，由于本罪保护的是国家的金融管理秩序以及投资者的合法权益，"先5"完成完整的一笔交易，看似不会影响市场交易行为，实际上行为人对利好消息等未公开信息的掌握和使用就是违背对投资者的信义义务，其利用信息差和个人的专业优势获取了更多获利的机会，本质上是对公平交易秩序的破坏。

（五）仅有间接证据能否定罪

利用未公开信息交易罪是金融犯罪领域的罪名，专业程度高，而且案发大多通过对个人而非对行为的审查，隐蔽性极强。在行为人拒不供认犯罪事实、"零口供"现象突出的情况下，直接证据的搜集变得十分困难。根据《最高人民法院关于适用〈中华人民共和国刑事诉讼法〉的解释》

---

① 江奥立、陆圳：《从点到线把握利用未公开信息交易罪中的"利用"》，https：//www.spp.gov.cn/spp/ztk/dfld/202001/t20200112_452580.shtml，2020 年 1 月 12 日。

第 140 条规定，没有直接证据而仅有间接证据的情况下，只要后者同时符合五项条件，就可以认定被告人有罪。因此，只要按照要求对间接证据进行审查，全部符合的，即可定罪：

1. 所有的间接证据已经查证属实。例如，证券交易成交额、行为人确实具有获取未公开信息的权限等。

2. 间接证据之间相互印证，不存在无法排除的矛盾和无法解释的疑问。包括交易人行为的异常性（交易习惯差异、交易关联性等）、各交易人之间的关系（亲密关系、资金往来等）、交易人的个人信息（专业知识与交易行为的匹配程度等）等。[1]

3. 全案证据形成完整的证据链。在没有认罪口供这一直接证据的情况下，全案的间接证据可以形成完整的证据链，证明行为人实施利用未公开信息交易行为齐备本罪的全部犯罪构成要件。如监管机构出具的包括证监会内幕交易认定书、证券或期货交易所趋同交易认定数据等证据，涉案人员公司提供的包括公司重大决议会议纪要、内部控制制度、员工保密制度等内部制度、文件等证据，第三方出具的被告人用于进行内幕交易或利用非公开信息价交易的银行和证券账户所在银行或证券公司、结算机构提供的投资明细、资金流动明细等证据。

4. 根据证据认定案件事实足以排除合理怀疑，结论具有唯一性。在仅有间接证据的情况下，认定的案件事实即被告人实施了犯罪且须受到刑罚处罚，没有其余结论存在的空间。

5. 运用证据进行的推理符合逻辑和经验。如作为近亲属的各交易人均不承认利用未公开信息进行交易，但考虑到亲密关系、各交易人行为异常、实际交易人不具备专业知识、暗示交易人具有获取未公开信息的身份和能力、交易趋同、各交易人无法对异常作出合理解释[2]这一系列证据，

① 《以案说法，如何理解利用未公开信息交易罪》，载搜狐网，https：//www.sohu.com/a/453014299_100121274，2021 年 2 月 28 日。

② 张帅、孟颖：《传递型利用未公开信息交易犯罪认定规则建构》，载重庆市第一中级人民法院网，https：//cqyzy.chinacourt.gov.cn/article/detail/2021/06/id/6101119.shtml，2021 年 6 月 18 日。

推出各交易人存在共谋，均构成利用未公开信息交易罪是符合经验逻辑的。

（六）机构买入行为对股票价格的影响及获利情况是否为构罪要素

构成利用未公开信息罪的决定因素，即犯罪构成要件的内容。本罪的客观方面仅仅对行为表现形式以及情节严重性作出规定，从这个角度考查，相关基金公司买入涉案股票的行为对其价格的影响以及行为人实际获利情况并不属于成立犯罪的必备客观条件，不影响入罪。本罪既不要求具有获利目的，更不要求行为人通过机构买入行为带动价格上涨而实际获利。本文反复强调利用未公开信息交易罪的客体，就是因为可以通过客体把握危害行为本质。本罪的客体是交易管理秩序、投资者的合法利益，因此行为本质就是背信。行为人既违背了对公司的忠实义务，也违背了对投资者的信义义务，侵害二者利益。不管相关基金公司买入涉案股票的行为对其价格是否有影响，行为人是否实际获利，都不会影响该行为对证券市场正常运行所造成的严重危害。因为一旦案发，投资者的损失已经生成，投资者只会对国家金融活动丧失信心，大大影响市场交易。

因此，相关基金公司买入涉案股票的行为对其价格的影响以及行为人实际获利情况，均非构成犯罪的决定性因素。实践中辩护律师多将其作为减轻责任的辩护理由予以阐述，但法院一般不会采纳此类意见，如张某民、尹某利用未公开信息交易案，① 辩护人提出张个人投资收益率明显低于公司投资，并未损害公司利益，可责难性相对较轻，法院则以"行为严重破坏了证券市场秩序，严重损害了投资者的合法利益，也损害了公司的形象"为由不予采纳。

（七）无身份者能否构罪

本罪属于真正身份犯，无身份者不可能单独构成利用未公开信息交易

---

① 案号：（2015）沪高刑终字第49号。

罪，但在共犯理论下，无身份者能够与有身份者构成本罪的共同犯罪。

有身份者与无身份者构成真正身份犯的情形在刑法中俯拾皆是，最典型的莫过于贪污罪。《最高人民法院关于审理贪污、职务侵占案件如何认定共同犯罪几个问题的解释》第 1 条就规定："行为人与国家工作人员勾结，利用国家工作人员的职务便利，共同侵吞、窃取、骗取或者以其他手段非法占有公共财物的，以贪污罪共犯论处。"因此从实然层面考虑，无身份者与有身份者勾结，利用有身份者职务便利获取的未公开信息，从事相关交易活动，构成利用未公开信息交易罪的共犯是没有疑问的。

需要注意的是，刑法理论通说和司法实践均认为，即便无身份者能够构成本罪的共犯，其在共同犯罪中也只能作为教唆犯和帮助犯，不能构成实行共犯。无身份者能够部分实施本罪的行为，不代表其能够实施本罪客观方面要件的实行行为，[①]即具有职务便利、能够直接获取未公开信息，并利用这些信息自己或者明示、暗示他人从事相关交易活动。有观点提出，无身份者从有身份者处打听未公开信息后自己从事交易的行为难道不算是实行行为吗？笔者再次强调，判断实行行为不是以简单的"实施"而是以"实施客观方面规定的行为"为标准的。由于客观方面要求"利用因职务之便获取的未公开信息"，因此即便无身份者利用特殊主体提供的未公开信息从事相关交易活动，也不能认为其实施了本罪的实行行为。而对于教唆犯与帮助犯的认定，主要是看无身份者是否教唆有身份者犯本罪或者为其实施本罪提供了帮助，教唆犯按照其在共同犯罪中的作用可能构成主犯、从犯。

由于共同犯罪是两人以上共同故意犯罪，因此认定本罪共犯还必须考虑共同犯罪故意的问题。一般认为，有身份者与无身份者成立共犯需要具备共同故意，但不要求事前必须有同谋，只要共同犯罪人均具备明知自己的行为会发生何种危害结果，也明知其他共犯的行为会发生何种危害结

[①] 高铭暄、马克昌：《刑法学》（第 7 版），北京大学出版社、高等教育出版社 2016 年版，第 72 页。无身份者无法构成有特殊主体要求之罪的实行共犯，这里所谓的实行行为指的是"刑法分则规定的具体犯罪的犯罪客观方面要件中的行为"，即对于实行行为的理解必须是以客观方面构成要件为基础的。

果，且希望或者放任自己的行为导致危害结果发生的同时也希望或者放任其他共同犯罪人的行为导致危害结果发生的意志状态即可。但笔者认为，本罪必须以存在事前（中）通谋为前提。

第一，如果没有事前（中）通谋，无身份者的帮助行为或教唆行为也就无处可施。举个简单的例子，有身份者利用未公开信息暗示无身份者从事交易，无身份者仅仅认为对方是给出了投资建议并采纳建议进行投资，从纯客观的角度看，这种情况下本罪客观方面要求的行为施行完毕。但是，双方并没有共谋，无身份者的投资行为并不是暗示交易的帮助行为。既然连共同犯罪的行为都没有，那么对无身份者就不可能有刑法评价的问题。

第二，事前（中）通谋是实行行为背后代表的权利义务融合的过程。在教唆的情况下，双方都能认识到教唆意图，并且各自积极促成危害结果的实现。比如，无身份者向有身份者打听其职权能获取的未公开信息，这种行为本身就很异常，按照常理推断双方不可能欠缺对此的违法性认识，①因此只要有身份者提供了信息，通谋也就形成。而在帮助的情况下，无身份者获取有身份者提供的信息，并通过自己的交易行为积极协助有身份者犯罪意图的实现。比如，有身份者向无身份者主动提供未公开信息，并明示或者暗示其从事交易②也可以视作达成事前（中）通谋。只有事先或者事中达成合意，无身份者才能享受到有身份者因职务便利获取的未公开信息，其行为才会和有身份者一样对公平交易秩序、投资者合法权益造成损害，这就是让无身份者承担利用未公开信息交易罪刑事责任的主要依据。

另外，通谋有一种特殊情形，即胁迫。尽管无身份者参与实施部分利用未公开信息交易的行为并能认识到行为的犯罪属性，但其主观上不愿参

---

① 违法性认识并不是成立犯罪的必备条件，此处只是为了方便理解。

② 这里需要注意"暗示"的情况。如果有身份者暗示的未公开信息是概括、模糊的，对于无身份者而言该信息对证券、期货市场所起的作用是未知的，其实施行为大概率是一个自行判断的结果，而要求一个得到不明确信息的交易者去承担利用该信息进行交易的刑事责任并不合理，也因此排除共谋。排除共谋不影响有身份者的行为认定。但是，如果无身份者具备专业知识，能够从暗示中迅速反应过来并进行操作，则不影响事中通谋的成立。

与，只是因为受到他人暴力或非暴力威胁强制而被迫参加。根据刑法规定，被胁迫参加犯罪且在犯罪中起次要或辅助作用的人为胁从犯，因此本罪的胁从犯只能是帮助犯。如果有身份者通过一定手段强制不愿参与犯罪的无身份者为其利用未公开信息从事交易活动提供帮助，那么无身份者可以成立胁从犯，按照其犯罪情节减轻或者免除处罚。

综上，无身份者可以构成利用未公开信息交易罪。笔者将具体结论归纳如下。

1. 本罪的直接正犯只能是有身份者，即证券交易所、期货交易所、证券公司、期货经纪公司、基金管理公司、商业银行、保险公司等金融机构的从业人员以及有关监管部门或者行业协会的工作人员。无身份者不能构成正犯。

2. 有身份者明示、暗示无身份者从事相关交易活动的：

（1）暗示：无身份者不具有违法性认识可能性，不构成犯罪；有身份者行为实施终了，构成犯罪。如果其对无身份者有支配力，可能为间接正犯。

（2）明示、暗示：无身份者具有违法性认识可能性，与有身份者构成共同犯罪，其从分工上说属于帮助犯，从作用上看为从犯。

（3）胁迫：无身份者受到有身份者胁迫，与有身份者构成共同犯罪，其属于胁从犯，从作用上看为从犯。

二、辩护要点

（一）罪之辩护

1. "明示""暗示"的证明

"明示"和"暗示"均要求行为人与他人之间存在交流，前者指的是他人在被告知未公开信息又提示相关证券、期货交易内容的情况下从事相关证券、期货交易；后者则是指他人接受了行为人提出的证券、期货交易建议，但对于未公开信息内容并不明确。

如果案件没有通话记录、聊天记录等客观直接证据，要证明"交流"或者"传递信息"大多只能依赖信息知情人和交易人双方的口供来认定。如果双方拒不承认犯罪，而综合《未公开信息交易刑事案件解释》第4条列出的六点无法证实双方交流未公开信息，不能认定构成利用未公开信息交易罪。在具体案件中，双方被告辩护人可以提出下列可能形成有效反驳的情形：

（1）对于多名被告系亲属的，可以提出被告共同生活，有身份者有将工作带回家的习惯，无身份者可能通过这种方式了解到未公开信息，以此否认"明示""暗示"。

（2）无身份者与有身份者所在金融机构或者主（监）管部门的其他人员有接触，否认同案有身份者的参与。

（3）无身份者是通过合法渠道、依据公开信息进行的交易等。

2. "因职务便利获取的未公开信息"与交易行为的因果关系

行为人利用交易行为和其所获悉"因职务便利获取的"未公开信息之间需要具备刑法意义上的因果关系，只有交易行为是基于未公开信息而实施，整个行为才具备刑事可罚性。一般而言，主要参考如下因素：

（1）交易人交易行为的内容与未公开信息直接对应。

（2）交易人交易行为与知情人获悉的未公开信息之间具有高度明确的关联，具体表现为双方行为指向的产品之间存在交互。

如果案件中没有证据证明交易人交易行为是利用了知情人提供的因其职务便利取得的非公开信息，相关交易活动不认定为犯罪。比如，辩护人可提出交易人通过合法渠道、依据公开信息进行交易；交易人有相当的专业知识与投资经验，可以自主判断进行交易，不需要利用未公开信息。若控方采用第三方出具的认定意见来证明行为人具备利用未公开信息要件，可以指出认定意见不属于鉴定意见，且仍然未能说明交易行为和未公开信息间的关联性。

(二) 刑之辩护

1. 犯罪情节轻微，且系从犯，并主动投案，可免除刑罚

实践表明，行为人是否具备获取未公开信息的职务便利，是否能够单独构成本罪，是认定其能否成为从犯的重要因素。如果被告人为无身份者，不具备获取未公开信息的职务便利，在共同犯罪中只是利用有身份者传递的未公开信息进行相关交易，则应该按照分工认定其为帮助犯，按照所起作用认定为从犯。无身份表明其不能单独构成本罪，而帮助犯决定其具有较强的替代性，从某种程度上说就像是"命令的执行者"，综合考虑可以减轻处罚。

在可以减轻处罚的情况下，如果行为人主动投案且如实供述自己的罪行，根据刑法规定，犯罪较轻的，可以免除处罚。辩护人可以从身份角度切入，结合其他情节，为被告争取免刑。

2. 行为人从违法所得中分得钱款较少，在对其判处罚金时予以考虑，可减轻处罚

利用未公开信息交易罪属于金融犯罪，此类犯罪的行为人一般具有获取利益或者避免损失的犯罪动机。从这一角度出发，获利越多，行为人就会更加积极实施犯罪；获利越少，对行为人而言犯罪成本较大，其犯罪积极性就会降低，在犯罪中起到的作用也相应变小。因此，如果被告人从违法所得中分得钱款较少，表明其作用也较小，在罚金刑上可以适当减轻处罚。

三、经典案例

(一) 蒋某利用未公开信息交易案

1. 基本案情[①]

蒋某自 2010 年 7 月 3 日至 2013 年 8 月 22 日，担任某基金管理有限公

---

① 案号：(2019) 鲁刑终 279 号。

司（以下简称某公司）发行的行业精选股票型证券投资基金（以下简称行业精选基金）经理，对该基金买卖股票拥有决定权。其间，蒋某将利用职务便利获取的行业精选基金投资信息透露给其丈夫王某玉、其父亲蒋某1，由王某玉、蒋某1等人控制使用他人证券账户，利用该信息先于、同期或稍晚于行业精选基金买卖相同股票188只，累计成交金额2996033238.91元（将近30亿元），非法获利113562509.72元（1亿多元）。其中：蒋某1、王某玉使用黄某新证券账户买卖相同股票89只，累计成交金额248751383.68元，非法获利5342950.28元；王某玉等人使用陈某、罗某霞、杨某珍、贠某茹、王某、杨某茹、胡天闻、林某梅8个证券账户（以下简称账户组）买卖相同股票，累计成交金额2747281855.23元，非法获利108219559.44元。

案发后，被告人蒋某主动投案，如实供述了其将行业精选基金投资信息告知其父亲蒋某1进行股票交易的犯罪事实。

一审法院认为，被告人蒋某身为基金管理公司的从业人员，利用因职务便利获取的内幕信息以外的其他未公开信息，违反规定，明示或暗示他人从事与该信息相关的证券交易活动，情节特别严重，其行为构成利用未公开信息交易罪。被告人蒋某到案后如实供述部分犯罪事实，退缴部分违法所得，依法对其从轻处罚。最终，法院认定被告人蒋某犯利用未公开信息交易罪，判处其有期徒刑6年6个月，并处罚金人民币1.14亿元；没收扣押在案的违法所得人民币8000万元，由扣押机关上缴国库，剩余违法所得人民币3356.250972万元继续追缴，上缴国库；未随案移送的其他扣押物品由扣押机关依法处理。

宣判后，原审被告人蒋某不服，提出上诉。在二审期间，上诉人蒋某亲属代蒋某向青岛市中级人民法院退缴违法所得人民币3356.250972万元，缴纳罚金人民币1.14亿元。

2. 本案争议焦点

（1）"明示、暗示"的认定

蒋某及其辩护人提出蒋某对其丈夫以及助理的部分操作行为并不知

情，以此否认利用未公开信息"明示或者暗示"他人从事相关交易，主张排除相关涉案金额。主要包括两点：

①蒋某未告知其丈夫相关未公开信息，对于王某玉利用陈某等 8 个证券账户交易股票的行为不知情，王某玉交易的数额应从其犯罪数额中扣除；

②蒋某助理沈某圆代理其他基金经理下单、助理考核独立下单和研究部考核委托助理下单部分的数额应从认定蒋某涉案的交易数额中扣除。

二审法院认为该上诉理由不成立。首先，上诉人蒋某的身份为基金经理，其职权让其对相关基金交易的标的股票、交易时间、交易数量、交易价格及盈利预期等未公开信息有所掌握。在这个前提下，蒋某通过与其父蒋某 1、其夫王某玉的交流、将行业精选基金持仓明细带回家、带领王某玉对上市公司调研等方式使蒋某 1、王某玉二人知悉上述信息。其次，明知基金经理的直系亲属不能从事证券交易，蒋某 1、王某玉仍然通过他人名义开设证券账户、场外配资以控制并使用相关证券账户与资金等方式，从事证券交易牟利。最后，上诉人蒋某的助理沈某圆等人下单部分的数据，属于蒋某职权范围内掌握的未公开信息，同时涉案 9 个证券账户确实与该部分交易有大量趋同，因此上诉人蒋某的行为显然属于"明示、暗示"他人从事相关交易活动。

（2）趋同交易的认定

①趋同交易时间

蒋某辩护人指出，王某海、王某玉操纵的账户组从事南玻 A、金科股份等 29 只股票交易活动的初始时间均早于从蒋某处获取未公开信息的初始时间，对应的获利数额应从认定的非法获利数额中扣除。由此可见，辩护人认为趋同交易时间应从获取未公开信息后起算。

二审法院指出，按照行业认定惯例，认定涉案账户组属于趋同交易的时间标准是行业精选基金自主买卖股票前 5 个交易日及后 2 个交易日内发生的所有同方向同股票交易。据此，趋同交易时间并不是固定的某个时间点，只要涉案人员实际控制的证券账户先于、同期或稍晚于证券公司账户买卖相同股票，就构成趋同交易。案涉账户组的交易活动在这一时间区间内，认定为趋同交易并无疑问。

②趋同金额

尽管上诉理由中的大部分诉求都在减少趋同金额，但蒋某辩护人仍然专门就趋同金额认定提出了三点辩护意见。

第一点针对的是第三方出具的鉴定结论，认为有关涉案9个证券账户盈利数额的鉴定结论在鉴定方法、数额、内容等方面存在严重不足，确定的盈利数额与证监会核查的数额差距巨大，实际应以证监会核查的数额为准。

第二点针对的是趋同交易方向。辩护人指出黄某新的证券账户与王某海、王某玉操纵的证券账户组在中联重科、西山煤电等10只股票盈利方向相反，与"蒋某、王某玉均利用从蒋某处获取的未公开信息进行股票交易并非法获利"的认定相矛盾，故9个证券账户交易上述10只股票的获利4763143.51元应从认定的非法获利数额中扣除。

第三点提出了"被动趋同"的概念。蒋某辩护人认为，一审判决认定的188只趋同股票中，应扣除因行业精选基金执行"混合"买入指令而导致涉案账户组存在"被动趋同"交易数额。

二审法院认为，证监会核查的仅仅是上诉人蒋某本人作为指令下达人的交易数据，不包括其助理沈某圆、楼某强按照蒋某的授权和指令下达交易指令的情况，故该核查数据不完整，不应采信。公安机关立案后，委托上海和深圳两个证券交易所、利安达会计师事务所对涉案9个证券账户趋同交易的获利情况均进行了统计与鉴定，并且原审判决认定的趋同交易金额是按照有利于被告人的原则就低采信两个证券交易所的统计结果。至于交易方向，已知不同账户之间的实际操纵人也不同，由于每个操纵人对股票买卖的时机掌握不同，故盈利方向不一致实属正常，且盈利并非本罪的必备要件。按照"前5后2"的行业认定惯例，在此期间进行同方向同股票交易就属于趋同交易，执行的交易指令是单一还是混合不影响认定。

③趋同交易率

蒋某辩护人认为涉案账户组购买的股票与行业精选基金发生趋同率低

于市场平均趋同概率，这说明了一审认定的结果及数额不具有准确性。

二审法院认为该辩护意见无法成立。涉案期间，按照"前5后2"的惯例，涉案9个证券账户大量频繁交易股票，与行业精选基金交易的股票存在高度趋同，趋同率达80%左右，个别账户高达90%以上。而在蒋某任职前和离职后，涉案9个证券账户的交易量、交易频率及趋同率明显偏低，个别账户甚至为0。

（3）自首的认定

江宁及其辩护人均认为蒋某的行为构成自首，且其亲属愿意退缴全部违法所得并代为缴纳罚金，应减轻处罚。

二审法院认可一审判决对上诉人蒋某的行为不构成自首的理由，即其只如实供述了部分犯罪事实，但是考虑二审期间其亲属代为退缴部分违法所得，缴纳全部罚金，依法可对其酌情从轻处罚，辩护人要求对上诉人蒋某从轻处罚的辩护意见成立。

最终，二审法院纠正了一审判决中的量刑部分，认定上诉人蒋某的行为构成利用未公开信息交易罪，改判自由刑为有期徒刑5年。

3. 办案启示

本案减刑的关键点在于，上诉人在二审期间及时退缴违法所得，积极缴清全部罚金。这点在另一起案件——姜某君、柳某利用未公开信息交易案①中同样有所体现。姜某君、柳某两名上诉人在一审期间已经退缴部分违法所得，二审期间又退缴一部分；姜某君在二审期间还有立功表现。最终上海高级人民法院维持罚金刑不变，对一审判决的自由刑予以纠正，改判姜某君有期徒刑5年9个月（减刑9个月），柳某有期徒刑4年（减刑6个月）。可见，无论是一审还是二审，辩护人都可以从这一点着手，让被告人/上诉人在其最大能力范围内退缴和受罚，表现出实实在在的认罪认罚态度，争取从轻、减轻处罚。

除自首的上诉理由被采纳外，辩护人其余意见均被二审法院认定"不

---

① 案号：（2019）沪刑终76号。

成立"，其中涉及的几个问题需要我们加以明确。

首先，"明示、暗示"的认定问题。一般在此类案件中，只要被告人具有相应身份与职权，法院就已经初步认定其可能"利用未公开信息"进行交易，如果有"明示、暗示"的行为表现，结合趋同交易内容，再符合"情节严重"即可认定构成利用未公开信息交易罪。本案中，实务主要围绕上诉人的日常表现（将涉密材料带回家且不设防、将无关人员带至上市公司进行调研）、其本人及身边人的交易活动（明知不可而为之，实际控制的相关账户组趋同交易率偏高，趋同交易金额特别巨大）等方面认定"明示、暗示"。在这种情况下，以不知情作为上诉及辩护理由的可信度非常低。

在《未公开信息交易刑事案件解释》第4条给出的六个明确认定标准中，职务便利、时间关联点、人员的关联关系都属于比较确定的，仍余辩护空间就是"他人从事的相关交易活动具有正当理由"以及"行为人对明示、暗示他人从事相关交易活动可以作出合理解释"。辩护人可以针对这两点积极取证，提出合理可能。前者如他人具备从事交易的专业知识、历史交易记录表明其具有丰富投资经验、家庭背景决定其有从事大笔交易的风险承受能力、交易行为符合其交易习惯等，后者如行为人指出他人与其单位同岗位人员关系同样关系密切、他人与自己同住有在本人不知情情况下获取未公开信息的可能等。破坏"交流"的证据链条不必然让"交流"可能性降至0，此时尝试"多因"的辩护策略或许能见效。当然，趋同交易率作为一个参考性很强的指标，如果达到较高数值，交易就显得异常，行为人"明示、暗示他人""利用未公开信息交易"的关联性也相对加强，此时进行"多因"辩护，空间就非常狭小了。

其次，趋同交易的认定问题，包括期间、金额以及趋同率。最新的司法解释没有明确趋同交易的时间，审判基本采用"先5后2"的行业惯例标准，但笔者认为本案辩护人实际上没有对这一点有疑问，法院没有明确区分趋同交易时间以及明示/暗示时间这两个时间点。趋同交易指的是代表行为人利益的一方交易相同股票的行为早于、同期于或者略晚于证券机构交易，没有明确的时间点，而是一个时间段。本案辩护人提出的辩护意见并不针对双方交易行为，而是强调一方交易行为的初始时间与一方获取未公开信息的初始时间不具有关联性，影响的是"明示、暗示"的判断，因此在辩护工作中必须注意对不同要素涉及的时间点进行区分。

金额认定方面，整理本案可得出两点结论：其一，证监会出具的报告并非必然权威，其可能因为核查数据不完整而不被采信；其二，第三方认定机构包括证交所、会计师事务所等，公安可以同时委托多机构对证券账户趋同交易的获利情况进行统计鉴定，法院按照有利于被告人的原则就低采信。笔者认为这无疑为辩护工作提供了一个很好的思路。由于目前暂时没有相关规范对趋同交易金额认定提出要求，包括机构资质、机构报告证据能力等，所以在这一点上留存了可供操作的余地。辩护律师可通过质疑证监会的报告，不管是诉讼哪一阶段，力争引入多个第三方机构对涉案金额进行反复核查认定，将可能的涉案金额压到最低，争取最有利的量刑。

趋同率是涉案操作账户的自我比较。其不属于法律术语，也没有划定标准，达到何种数值才算"高"并不明确，笔者在此再次明确趋同率不属于定案依据。不过，本案辩护人与法院选择了比简单罗列比例数字更具有说服力的方式，即从横向和纵向两个维度比较涉案账户的趋同率，如通过获取未公开信息前后的趋同率比较、趋同率高企时期与市场平均趋同率的比较来认定，差距越大说明利用未公开信息交易可能性越高，反之亦然。辩护人可以从这个角度切入，尽可能选择差距最小的参照物进行对比，为被告人争取最有利的认定数据。

（二）胡某夫利用未公开信息交易案

1. 基本案情①

2010 年 4 月 15 日至 2015 年 5 月 29 日，上诉人胡某夫利用担任某基金管理有限公司（以下简称某公司）中央交易室股票交易员、副总监，负责执行基金经理的指令下单交易股票，知悉基金交易信息的职务便利，违反

_____

① 案号：（2018）京刑终 70 号。

规定，使用其实际控制的胡某、耿某名下证券账户，亲自或明示、暗示他人同期于指令交易买入相同股票，趋同买入成交金额共计人民币11.1亿余元，非法获利共计4186.071662万元。

2016年12月23日，上诉人胡某夫主动向侦查机关投案。在一审审理期间，胡某夫家属代为退缴800万元。

一审法院认为，胡某夫身为基金管理公司从业人员，利用因职务便利获取的内幕信息以外的其他未公开的信息，违反规定，从事以及明示或暗示他人从事与该信息有关的证券交易活动，其行为已构成利用未公开信息交易罪，且情节特别严重，依法应予惩处。鉴于胡某夫具有自首、部分退赃、认罪和悔罪等量刑情节，法庭结合胡某夫趋同交易成交额、非法获利金额及追缴情况，经综合考虑后对其予以从轻处罚。最终，法院判决被告人胡某夫犯利用未公开信息交易罪，判处有期徒刑7年，并处罚金人民币9000万元。

宣判后，原审被告人胡某夫不服，提出上诉。

2. 争议焦点

（1）主体认定问题

胡某夫及其辩护人认为，其并非基金投资经理，获取的未公开信息有限，危害性较小，结合其自首、退赃情节，应当从轻、减轻处罚。

二审法院并未支持这一观点。单就主体问题而言，基金经理、交易员虽岗位、职责不同，但同为未公开信息的知情主体，二者利用未公开信息进行交易，侵犯了同一客体，均破坏了证券市场公平交易秩序，社会危害性不存在实质差异。同时，二审法院指出，虽然社会危害性不因基金经理、交易员的身份而有所区别，但不代表只要涉嫌本罪的行为社会危害性均相同，在具体案件中一般要根据趋同交易成交金额、非法获利数额等情节综合判断社会危害性大小，并在量刑时参考全国范围内同一时期的同类型案件，使判处的刑罚基本均衡。

（2）趋同交易认定问题

胡某夫及其辩护人对认定趋同交易的标准提出质疑，指出认定金额部分存在"交易巧合"应予以排除，并主张将亏损额从交易金额中扣减。简单概括，即一审认定的趋同交易买入金额和非法获利金额依据不足。

二审法院采用了与其他案件略有不同的"同日后 2 日"标准进行裁判，认定胡某夫的行为构成趋同交易并据此统计金额。法院指出，该标准是证监会采用的标准，胡某夫及其辩护人对这一标准的合理性提出质疑，却未能提供充足的理由或证据，故质疑不成立。胡某夫在某公司任职期间，明知某公司禁止员工交易股票，一边私自操作胡某、耿某证券账户，买入与其按照基金经理指令下单交易相同的股票，另一边向其父亲胡某透露其交易股票种类、时间等具体信息，明示或暗示胡某同期于指令交易买入相同股票，这些行为均成立刑法意义上的"利用未公开信息交易"，不属于"交易巧合"。趋同交易金额根据特定区间内完整的一笔交易进行计算，数据对应"趋同买入金额""趋同卖出金额"，亏损额并不在此范围内，而且盈利也不是本罪的构成要件。而且胡某夫及其辩护人指的是其离职后进行的股票交易造成的相关亏损，与利用未公开交易信息更无关联，不应从其非法获利中扣除。

综合上述理由，二审法院驳回胡某夫的上诉，维持原判。

3. 办案启示

"驳回上诉，维持原判"实际是利用未公开信息交易上诉案的常态，即便是得以改判的案件，二审法院基本上也不会动摇一审法院对行为的定性，只是考虑到立功、积极退缴等情节，纠正量刑部分内容。

本案涉及的主体认定问题并非以往争论最多的"有身份者与无身份者"，而转向对"有身份者"的身份划分。这与客观要件中的"利用因职务便利获取的内幕信息以外的其他未公开的信息"要素紧密相关，即"因职务便利"中的"职务"是否有权力大小的区别；如果有，这种区别是否会影响行为的社会危害性并由此影响行为人的刑事责任。笔者认为，认识职务必须回到对未公开信息的把控。不管是直接获取还是间接获取，只要行为人有相应的职务，并且该职务使得行为人得以经办、经手或主管相关信息，或者可以利用职务上存在隶属、制约关系的其他工作人员的职权便利获取信息，就符合"因职务便利"。可见，该要件本质在于要求对未公开消息享有知情权，职务与获取的信息之间具有必然因果关系，而职务包含的权力大小在所不论。

职务包含的权力越大，获取的未公开信息越多，趋同交易行为呈现的社会危害性越大，这是一种简单推测，不具有必然性。本案上诉人尽管只是交易员，负责执行基金经理的指令，但其职务经手未公开信息，其对相关信息享有知情权。从结果上看，上诉人趋同买入成交金额共计11亿余元，非法获利就有4000多万元，远远超出"情节特别严重"的标准，按照上述简单推测的结论，职务包含的权力大小与社会危害性就难成比例。因此，身份划分并无意义，"因职务之便"是一个"平面"评价，职务层级不同体现出的社会危害性没有实质区别。辩护律师必须注意，"立体"评价社会危害性的重点在于行为本身，即趋同交易成交金额、非法获利数额等。如果想要从社会危害性的角度入手进行辩护，最好是从代表"情节严重"的相关情节中挖掘辩点。

目前普遍采用"先5后2"的标准衡量趋同交易，刑事审判中也有采用"同日后2日""前0后2"等其他标准，但无论哪一种都定位在"先于1—5个交易日、同期或稍晚于1—2个交易日"的时间区间内。对本罪其他案件进行考查，笔者发现只要选用标准不超出这一范围，以"标准无法律依据"或者"依据不足"为由进行辩护根本行不通。笔者认为，考虑到各方面因素直接采用行业管理进行认定无可厚非，辩护律师的着眼点不应该局限于对既有认定模式进行批判，而应回到认定利用未公开信息交易罪基本逻辑。趋同交易的成立必须经过三个时间点：未公开信息产生时间点、行为人得以获取未公开信息时间点、行为人交易时间点。由于部分未公开信息最终需要公开，因此还必须考虑未公开信息失效的时间点。辩护律师可以通过仔细研究案卷，明确上述四个时间点，如果发现按照惯例认定的金额与按照四个时间点认定的金额严重失衡，就应当据理力争，切实维护当事人的合法权益，让其罪刑适应、罚当其罪。

（三）张某民、尹某利用未公开信息交易案

1. 基本案情①

2008 年 7 月至 2013 年 1 月，被告人张某民担任某资管公司股票投资部副总经理，负责相关账户股票投资。2007 年 4 月 16 日，被告人张某民借用其亲戚张某某的账户在光某证券开设证券账户；2009 年年初，张某民指使其妻被告人尹某为其借身份证开设证券账户。尹某明知张某民不能从事证券交易，仍从杨某、谢某某处借得身份证交与张某民，用于开设证券账户，张某民使用上述两张身份证开设证券账户，并实际控制"杨某""谢某某"及其本人此前借用的"张某某"名下的证券账户。

2009 年 2 月至 2013 年 12 月，被告人张某民利用因上述职务便利获取的相关账户股票交易等未公开信息，自行或指使被告人尹某，通过其控制的上述"张某某""杨某""谢某某"名下证券账户与其管理的上述账户趋同交易"深天马 A""湖北宜化""徐工机械"等 140 只股票，累计趋同交易金额共计 13.4 亿余元，获利金额 2800 余万元。其中，"杨某""谢某某"名下账户趋同交易金额共计 5.1 亿余元，获利金额 1000 余万元。2014 年 4 月 9 日，侦查人员至被告人张某民、尹某住处将二人带至公安机关调查，张某民、尹某二人如实供述所犯罪行。

一审法院认为，被告人张某民身为金融机构的从业人员，利用因职务便利获取的未公开信息，违反规定，从事与该信息相关的证券交易活动，交易金额 13.4 亿余元，获利 2800 余万元，情节严重；被告人尹某帮助开设证券账户，并在张某民的指使下多次实施相关交易行为，两名被告人的行为均已构成利用未公开信息交易罪，系共同犯罪，其中张某民系主犯，尹某系从犯。被告人张某民、尹某被侦查人员从其住所地传唤到案，不属于主动到案，故不具有自首情节，但到案后均能如实供述所犯罪行，依法可以从轻处罚。案发后，侦查机关冻结了相关银行、证券账户，追回全部

---

① 案号：（2015）沪高刑终字第 49 号。

违法所得，且张某民、尹某愿以相关账户中的钱款缴纳罚金。综合两名被告人的犯罪事实、性质、情节，以及在共同犯罪中的地位、作用等，依法对张某民、尹某从轻处罚，并对尹某适用缓刑。

最终，法院判处被告人张某民有期徒刑 2 年 9 个月，并处罚金人民币 2850 万元；判处被告人尹某拘役 3 个月，缓刑 3 个月，并处罚金人民币 12 万元；违法所得从冻结在案的相关账户中予以划扣。

宣判后，被告人张某民、尹某均不服，提出上诉。

2. 争议焦点

本案中涉及的部分问题上文已讨论，不再赘述。

（1）原有投资是否属于利用未公开信息

张某民及其辩护人提出，关于"国电南瑞"等股票交易，是张某民原有投资的继续，并未利用未公开信息。

二审法院不认可这一理由。虽然张某民关于"国电南瑞"等股票交易有利用个人调研成果和经验的因素，但并不能否认其利用了公司的未公开信息。因为张某民作为公司的股票投资部副总经理，掌握公司的未公开信息，依据法律规定，本身就负有不能与自己管理的公司资金进行趋同交易的义务。张某民违背这一义务，在特定时间内实施趋同交易，就属于利用未公开信息。

（2）趋同交易金额计算方式

张某民及其辩护人认为，本案的金额计算方式有问题，应以买入和卖出双向趋同的交易作为计算获利数额的依据，据此计算获利应为 411 万元。

二审法院指出，利用未公开信息交易罪，并不以买入和卖出双向趋同为构成要件，只要张某民利用因职务便利获取的未公开信息，违反规定，进行了与该信息相关的证券交易活动，情节严重，即可构成犯罪。张某民利用未公开信息进行的单向趋同交易也应计入犯罪金额。

（3）自首认定问题

张某民及其辩护人、尹某及其辩护人均认为，二人在第一次被传唤后交代了全部犯罪事实，属于因形迹可疑，在被依法传唤后即交代犯罪事实的情形，应认定自首。

二审法院认可一审法院的裁判，认为二人均不成立自首。侦查人员在至张某民、尹某住处将二人带至侦查机关之前，侦查机关已接受了证监会移送的相关材料，并对张某民、尹某涉嫌利用未公开信息交易立案侦查。虽然侦查机关在张某民的住处未出示传唤证，但此时已认定张某民、尹某具有重大作案嫌疑，而并非仅仅是形迹可疑。张某民、尹某被动到案后如实供述了犯罪事实，根据刑法规定，虽然不能认定二人具有自首情节，但可认定二人具有如实供述情节，依法可从轻处罚。

综合上述及其他理由，二审法院裁定维持原判、驳回上诉。

3. 办案启示

本案提供的办案经验超出事后评价范围，提前到风险防控环节。笔者认为，法院对"原有投资"的态度表明法律不允许任何特定身份的主体参与投资活动，只要齐备"有身份""有信息""有交易"就推定为趋同交易。

有身份者具备丰富的金融知识、工作经验，而职务决定其得以获取未公开信息，允许资金经理等人推进所谓的"原有投资"在某种意义上属于"如虎添翼"。这种情况下，举证将面临前所未有的困难：如何将利用个人调研成果和经验交易的部分与利用未公开信息交易的部分进行有效剥离？对投资者、金融机构而言，即便有身份者暂时未利用未公开信息，潜在风险却不会消减，这会动摇投资信心，给金融市场带来极大的负面影响。因此，金融机构、监管部门等应当做好风险防范，建议这些单位对有身份者及其直系亲属的财政状况、投资情况等进行定期审查。

趋同交易的认定仅在于是否在特定时间区间内早于、同期于或者略晚于证券交易机构交易使用个人账户进行同向同股票操作，"买入卖出均趋同"是最典型的趋同交易模式，但不是应然模式，本罪成立不以买入和卖出双向趋同为构成要件。在某些情况下，行为人已经买入 A 股票，利用职务之便获取的未公开信息趋同卖出；或者是趋同买入 B 股票，由于个人评判或者基于其他未公开信息而未趋同卖出……这些行为都对利用未公开信息交易罪所要保护的法益造成侵害，因此单向趋同也是利用了未公开信息进行交易，其成交额当然需要计入。

趋同交易金额在司法解释中被表述为"证券交易成交额"，有关规范没有明确其具体计算方式。按照字面解释，似乎只要是证券交易成交的数额都应当计入。但是，一笔交易分为买、卖两个过程，如果行为属于双向趋同，那么其中至少有一部分资金存在重合，对其累计计算不可避免面临重复评价的质疑。在姜某君、柳某利用未公开信息交易案、①、李某利用未公开信息交易案②中，严格区分了买入金额、卖出金额以及非法获利金额，由于每一笔金额都达到了入罪标准，所以没有认定困难。但是单独看每一笔交易金额的时候都不符合"情节严重"的情况下，选用何种计算方式就见仁见智了。笔者赞同分类认定：单边趋同，按实际趋同交易额认定；双边趋同，认定交易额较大的一边。从某种程度上说，司法机关严格区分买入、卖出金额的意义十分有限，因为这笔数额仍然无法排除重复评价的可能。辩护律师在翻阅案卷的时候，必须认真确认指控的每笔交易的趋同方向及对应金额计算是否妥当，避免因为司法机关重复计算而可能给当事人带来的不利影响。

认定自首必须满足"自动投案""如实供述"两项基本要求。蒋某利用未公开信息案中，蒋某虽然自动投案，但仅如实供述部分犯罪事实，没有提及主要犯罪事实，因此无法认定自首。但笔者认为本案存在自首的认定空间，辩护律师应当找准辩护点，为当事人争取最轻量刑。

本案中，法院确认侦查人员在至住处将二人带至侦查机关时未出示传唤证，存在程序问题。根据《公安机关办理刑事案件程序规定》第198条、第199条的规定，传唤一般针对不需要拘留、逮捕的犯罪嫌疑人；传唤犯罪嫌疑人时，应当出示传唤证和侦查人员的人民警察证，并责令其在

① 案号：（2015）沪高刑终字第49号。
② 案号：（2017）京刑终153号。

传唤证上签名、捺指印。刑事传唤是一种"通知"，其责令犯罪嫌疑人、被告人负到案义务，如不履行该项义务将受到刑事强制措施，但其并不属于刑事强制措施，没有直接的强制效力。本案侦查人员未出示传唤证，当事人没有办法确认通知的真实性，理论上享有拒绝传唤的权利。而且即便出示传唤证，到案与否仍然是当事人可选择的。拒绝传唤的法律后果无非是拘传或者在有进一步证据证明的情况下采取其他强制措施，但是根据本案的情况，当事人拒绝"有正当理由"。在这样的情况下，张某民、尹某虽然可以拒绝，争取逃跑时间，干扰侦查工作的正常进行，但是二人还是选择合作，自愿跟随侦查人员前往侦查机关并如实供述犯罪事实，认定为"主动投案"并无疑问。法院否认辩护人"形迹可疑"的观点是正确的，因为二人确实有"重大作案嫌疑"，但仅仅从当时"侦查机关已接受了证监会移送的相关材料""对二人涉嫌利用未公开信息交易立案侦查"就完全排除传唤型自首的成立则存在错误。这不仅过分限缩了自首成立的空间，并且没有认识到自首制度的设立目的旨在鼓励犯罪嫌疑人主动置于公检法机关的控制下，自愿接受惩罚，减少证据收集的时间和精力、提高办案效率、节约司法资源。而且，《最高人民法院关于处理自首和立功具体应用法律若干问题的解释》规定"在被通缉、追捕过程中，主动投案的"都可以被认定为"自动投案"，为什么经过传唤这一非强制措施配合到案的犯罪嫌疑人，就没有"自动投案"的可能了呢？从这一角度看，二人完全可以成立自首。

本案还可以尝试另外一种辩护思路，即根据《关于处理自首和立功若干具体问题的意见》第 1 条中的第二小点，"明知他人报案而在现场等待，抓捕时无拒捕行为，供认犯罪事实的"认定为"自动投案"，来评价张某民、尹某二人的行为。利用未公开信息交易案件不以行政查处为前提，但实践中大多是证监会先行介入调查，向公安机关移送涉嫌犯罪案件及线索或者涉案主体，公安再予以刑事立案。在证监会调查期间，张某民对证监会移送调查资料"报案"应该存在认识，而其与妻子并没有离开住处，反而在住处配合侦查人员传唤工作。规定"抓捕时无拒捕行为"，表明这类

"明知他人报案"的犯罪嫌疑人已经达到需要逮捕的程度，其只要配合抓捕就可以认定为"自动投案"。顺着这个逻辑，不需要逮捕的行为人在明知或者可能知道证监会已经移交线索的情况下，面对侦查机关"传唤而无拒绝行为"，应当也可被视作"自动投案"。结合张某民、尹某后续的行为表现来看，二人被传唤至侦查机关后旋即如实供述全部犯罪事实，认罪态度积极良好，成立自首顺理成章。

在笔者看来，辩护律师出具的法律意见对案件走向的影响不可谓不深，从本案可见一斑。在办理利用未公开信息交易案件时，辩护律师要找准辩点，朝正确方向用力，才算真正做到了有效辩护。同时，辩护虽然是司法实务工作，但是其仍然是一种应用法律的过程，辩护律师对法律的理解应当符合基本法理和"三常"定律，而非无根据地提出某些辩护意见，给当事人的定罪量刑带来不利效果。

第四节　结　语

"老鼠仓"是我国金融市场久治不去的顽疾。为应对这种严重破坏社会主义市场经济秩序的行为，相关法律法规不断完善，刑法领域则通过设立利用未公开信息交易罪规制此类行为。在刑事司法运行过程中，"老鼠仓"犯罪逐渐呈现出鲜明特点，法律实务工作者对此类罪行的把握也随之深入。

利用未公开信息交易行为构罪，必须符合犯罪构成要件。本罪犯罪客体复杂，既包括国家的金融管理秩序，也包括投资者的合法权益——本罪的行为本质就在于负有特定职务的主体违背职业道德，背离信义义务。客观方面要素众多，具体表现为特定人员利用因职务便利获取的内幕信息以外的其他未公开的信息，违反规定，从事与该信息相关的证券、期货交易活动，或者明示、暗示他人从事相关交易活动，情节严重的行为。主体和主观方面则是仅限特定自然人的故意犯罪。本罪与他罪分野显著，只要对每一要件都做到认知清晰，就能准确认定行为性质。

实践中，"老鼠仓"犯罪不断"升级"，新变化的出现给刑法理论和刑辩实务提出了新的课题和挑战，笔者归纳其中部分争议和难点，并提出了个人浅薄之见。在笔者看来，某些问题可以通过解释学找到出路，如"机构买入涉案股票对其价格的影响及行为人获利情况是否为构罪要素"；但某些问题只有通过立法才能彻底解决，如"'有关行政主（监）管部门'范围及其意见效力"。这些问题都反映出当前规制"老鼠仓"行为的相关法律法规存在漏洞和盲点，尤其是部分术语的基本概念以及程序不明确，为立法还是司法的完善提供了努力方向。只有规范明晰，作为辩护律师的我们才有操作指引可参考、可遵守，才能找到为当事人争取最大权益的着力点。

结合实务工作经验，笔者分别从罪、刑两个方面介绍了常见的辩护策略和裁判规则，包括如何举证、如何辩护等。在此基础上，笔者选取三个体现新变化的案件作为典型例子细致介绍案情、提取争议焦点，并就案件进行反思，得出办案启示。一方面，即便作用甚微，也希望本篇能为法律实务工作者认识、把握该罪提供实质帮助；另一方面，本文亦期望能抛砖引玉，让更多"有智之士"为如何解决本罪争议问题、优化本罪辩护工作发表见解，从而提升本罪的司法实务质量，实现有效打击犯罪以及合情合法合理地惩治犯罪。

第七章

编造并传播证券、期货交易虚假信息罪[①]

第一节　概　述

　　资本市场是基于信息定价的市场，信息是投资者进行投资的指南，证券期货市场是资本和投资主体投资的重要渠道。随着社会和互联网的高速发展，极大地拓展了人们获取、传播信息的渠道，国内信息和国外资讯均可以通过不同方式轻松获取，特别是互联网的发展，成为不法分子散播虚假信息的利器。利用互联网编造、传播证券、期货交易虚假信息影响证券期货市场秩序的现象屡有发生，严重影响了证券、期货市场秩序。真实、完整、准确地传播信息是市场健康、稳定、有效运行的重要基础，信息传播秩序也是市场秩序的重要内容。为确保证券、期货市场在社会主义市场经济条件下健康、有序地发展，严惩发生在证券期货交易过程中的各类违法犯罪活动日益重要，我国现行刑法逐步加大打击编造、传播证券、期货交易虚假行为的力度，但立法层面依然不完善，在实践运用中存在诸多的争议。

一、立法情况

　　在证券市场方面，1997 年《刑法》第 181 条第 1 款规定："编造并且传播影响证券交易的虚假信息，扰乱证券交易市场，造成严重后果的，处

---

① 撰稿人：苏珊。

五年以下有期徒刑或者拘役，并处或者单处一万元以上十万元以下罚金。"第3款规定："单位犯前两款罪的，对单位判处罚金，并对其直接负责的主管人员和其他直接责任人员，处五年以下有期徒刑或者拘役。"从而在立法层面增加了危害证券交易秩序方面的犯罪。

1998年在证券法方面作了与之相适应的立法。1998年《证券法》第72条规定："禁止国家工作人员、新闻传播媒介从业人员和有关人员编造并传播虚假信息，严重影响证券交易。禁止证券交易所、证券公司、证券登记结算机构、证券交易服务机构、社会中介机构及其从业人员，证券业协会、证券监督管理机构及其工作人员，在证券交易活动中作出虚假陈述或者信息误导。各种传播媒介传播证券交易信息必须真实、客观，禁止误导。"第188条规定："编造并且传播影响证券交易的虚假信息，扰乱证券交易市场的，处以三万以上二十万元以下的罚款。构成犯罪的，依法追究刑事责任。"2005年《证券法》第206条规定："违反本条第七十八条第一款、第三款的规定，扰乱证券市场的，由证券监督管理机构责令改正，没收违法所得，并处以违法所得一倍以上五倍以下的罚款；没收违法所得或者违法所得不足三万元的，处以三万元以上二十万元以下的罚款。"

在期货市场方面，随着期货市场的发展，编造并传播期货交易虚假信息和诱骗投资者买卖期货合约的现象时有发生，严重侵犯了其他投资者的利益和扰乱了期货市场管理秩序，但前期并未有规范期货市场相应的法律法规。1999年9月1日国务院颁发实施的《期货交易管理暂行条例》第46条规定："任何单位或者个人不得编造、传播有关期货交易的谣言，不得恶意串通、联手买卖或者以其他方式操纵期货交易价格。"第60条第3款规定："任何单位或者个人编造并且传播影响期货交易的虚假信息，扰乱期货交易市场的，比照本条第一款、第二款的规定处罚；构成犯罪的，依法追究刑事责任。"2007年4月15日起实施的《期货交易管理条例》第43条规定，任何单位或者个人不得编造、传播有关期货交易的虚假信息，不得恶意串通、联手买卖或者以其他方式操纵期货交易价格。第71条规定，期货公司有下列欺诈客户行为之一的，责令改正，给予警告，没收违法所得，并处违法所得 1 倍以上 5 倍以下的罚款；没有违法所得或者违法所得不满 10 万元的，并处 10 万元以上 50 万元以下的罚款；情节严重的，责令停业整顿或者吊销期货业务许可证……任何单位或者个人编造并且传播有关期货交易的虚假信息，扰乱期货交易市场的，依照本条第 1 款、第 2 款的规定处罚。

而在刑事方面，1999 年 12 月之前未对期货市场刑事处罚有相关的规定。直至 1999 年 12 月 25 日第九届全国人民代表大会常务委员会第十三次会议通过的刑法修正案，考虑到期货犯罪与证券犯罪的相似性，将编造并传播期货交易虚假信息和诱骗投资者买卖期货合约的行为规定为犯罪，并纳入《刑法》第 181 条的规定之中。①

虽然现行法律法规对编制、传播虚假信息的行为进行了规定，但仍然存在亟须完善的空间，在司法监控层面，通过搜索裁判文书网公开的编造并传播证券、期货交易虚假信息罪案例，仅有一例，即滕某雄、林某山编造并传播证券、期货交易虚假信息罪案［上海市第二中级人民法院（2018）沪 02 刑初 27 号］，很明显对此方面的监管大部分还停留在行政监管层面。相较于证券市场，而期货市场上的相关处分或处罚案例更是少之又少。编造并传播证券、期货交易虚假信息罪的完善不应当是具体量刑规则的完善，关于编造传播的界定、虚假信息的界定、主观意志的界定、因果关系的界定亦应当逐步规范化。

二、立案标准

2010 年 5 月 7 日，《最高人民检察院、公安部关于印发〈最高人民检察院、公安部关于公安机关管辖的刑事案件立案追诉标准的规定（二）〉的通知》第 37 条规定，［编造并传播证券、期货交易虚假信息案（《刑法》第 181 条第 1 款）］编造并且传播影响证券、期货交易的虚假信息，扰乱证券、期货交易市场，涉嫌下列情形之一的，应予立案追诉：（1）获

---

① 黄永：《中华人民共和国刑法立法背景与条文解读》，中国法制出版社 2021 年版，第 439 页。

利或者避免损失数额累计在 5 万元以上的；（2）造成投资者直接经济损失数额在 5 万元以上的；（3）致使交易价格和交易量异常波动的；（4）虽未达到上述数额标准，但多次编造并且传播影响证券、期货交易的虚假信息的；（5）其他造成严重后果的情形。

2022 年 5 月 15 日，最高人民检察院联合公安部对本罪立案标准作了部分修改。根据《最高人民检察院、公安部关于公安机关管辖的刑事案件立案追诉标准的规定（二）》第 32 条的规定，〔编造并传播证券、期货交易虚假信息案（《刑法》第 181 条第 1 款）〕编造并且传播影响证券、期货交易的虚假信息，扰乱证券、期货交易市场，涉嫌下列情形之一的，应予立案追诉：（1）获利或者避免损失数额在 5 万元以上的；（2）造成投资者直接经济损失数额在 50 万元以上的；（3）虽未达到上述数额标准，但多次编造并且传播影响证券、期货交易的虚假信息的；（4）致使交易价格或者交易量异常波动的；（5）造成其他严重后果的。

第二节　编造并传播证券、期货交易虚假信息罪犯罪构成分析

一、编造并传播证券、期货交易虚假信息罪的概念和构成要件

编造并传播证券、期货交易虚假信息罪犯罪，根据《刑法》第 181 条的规定是指编造并且传播影响证券、期货交易的虚假信息，扰乱证券、期货交易市场，造成严重后果的行为。

（一）犯罪主体

本罪的犯罪主体为一般主体，既包括单位又包括个人。一般常见的主体有证券交易所、期货交易所、证券公司、期货经纪公司、证券登记结算

机构、期货登记结算机构、为公开或非公开募集资金设立的证券投资基金的从业人员，证券业协会、期货业协会或者证券期货监督管理部门的工作人员，证券、期货咨询服务机构及相关机构的人员，以及证券、期货交易的客户、从事证券市场信息报道的工作人员等。也有观点认为，本罪的主体不包括证券交易所、期货交易所、证券公司、期货经纪公司、证券登记结算机构、期货登记结算机构的工作人员，如果这些行为主体编造并提供虚假信息的，应当以诱骗投资者买卖证券罪定罪。

（二）犯罪主观方面

主体行为人主观上为故意，即明知编造并且传播虚假信息会影响证券、期货交易价格，扰乱证券、期货市场，仍然进行编造传播，故意的范围一般仅限于对编造、传播虚假信息行为的故意，而不需要对传播范围、扰乱市场的后果具有认识，或有希望、放任的态度，过失不能构成本罪。

（三）犯罪客观方面

客观上，行为人实施了编造并且传播影响证券、期货交易的虚假信息，扰乱证券、期货交易市场的行为。同时，构成本罪必须是扰乱证券、期货交易市场，造成严重后果的行为。所谓"扰乱证券、期货交易市场，造成严重后果"，是指虚假信息引起股票价格、期货交易价格重大波动，或者在股民、期货交易客户中引起了心理恐慌，大量抛售或者买进某种股票、期货交易品种，给股民、投资者造成重大经济损失，或者造成恶劣的社会影响等。

（四）立案标准

2022年5月15日颁布的《最高人民检察院、公安部关于公安机关管辖的刑事案件立案追诉标准的规定（二）》第32条规定，〔编造并传播证券、期货交易虚假信息案（《刑法》第181条第1款）〕编造并且传播影响证券、期货交易的虚假信息，扰乱证券、期货交易市场，涉嫌下列情形之一的，应予立案追诉：（1）获利或者避免损失数额在 5 万元以上的；
（2）造成投资者直接经济损失数额在 50 万元以上的；（3）虽未达到上
述数额标准，但多次编造并且传播影响证券、期货交易的虚假信息的；
（4）致使交易价格或者交易量异常波动的；（5）造成其他严重后果的。

二、编造并传播证券、期货交易虚假信息罪与其他相关罪名

（一）编造并传播证券、期货交易虚假信息罪与操纵证券市场罪

【案例 1】滕某雄、林某山涉嫌编造并传播证券交易虚假信息案。2015
年 5 月 8 日，深圳交易所中小板上市公司海某股份有限公司（以下简称海
某公司）董事长滕某雄未经过股东大会授权，明知未经股东大会同意无法
履行协议条款，仍代表海某公司签订了以自有资金 2.25 亿元认购某银行
定增股的认购协议，同时授意时任董事会秘书林某山发布公告。次日，林
某山在明知该协议不可能履行的情况下，仍按照滕某雄的指示发布该虚假
消息。随后，在原定股东大会召开之日（5 月 26 日）前三日，又发布
"中止投资某银行"的公告。

2015 年 5 月 11 日至 5 月 22 日，即认购公告发布后的首个交易日至放
弃认购公告发布前的最后一个交易日，海某公司股价（收盘价）由 18.91
元上涨至 30.52 元，盘中最高价为 32.05 元。按收盘价计算，上涨幅度
61.40%，同期深综指上涨幅度 20.68%，正偏离 40.71%。从成交量看，上
述认购公告发布前 10 个交易日海某公司二级市场累计成交 4020 万余股，
日均成交 402 万余股；认购公告发布后的首个交易日至放弃认购公告发布
前的最后一个个交易日的 10 个交易日中，海某公司二级市场累计成交
8220 万余股，日均成交量 822 万余股；放弃公告发布后 10 个交易日海某
公司二级市场累计成交 6221 万余股，日均成交 622 万余股。虚假信息的传
播，导致海某公司股票价格异常波动，交易量异常放大，严重扰乱了证券
市场秩序。

上海市公安局以滕某雄、林某山涉嫌操纵证券市场罪向上海市人民检察院第二分院移送起诉。

检察机关审查认为，在案证据不能证明滕某雄、林某山在发布信息的同时在二级市场进行关联交易，从中谋取相关利益，认定滕某雄、林某山操纵证券市场的证据不足，遂退回公安机关补充侦查。公安机关补充侦查后，检察机关仍然认为在案证据不能证明二被告人构成操纵证券市场罪，但是足以认定二被告人不以实际履行为目的控制海某公司发布虚假公告，且该发布虚假公告行为造成了股票价格和成交量剧烈波动的严重后果，构成编造并传播证券交易虚假信息罪。2018年3月14日，上海市人民检察院第二分院以滕某雄、林某山涉嫌编造并传播证券交易虚假信息罪提起公诉。

2018年6月29日，上海市第二中级人民法院作出一审判决，以编造并传播证券交易虚假信息罪判处被告人滕某雄有期徒刑3年，缓刑4年，并处罚金人民币10万元；判处被告人林某山有期徒刑1年6个月，缓刑2年，并处罚金人民币10万元。被告人未上诉，判决已生效。[①]

【案例2】吴某模操纵证券市场案。根据中国证监会网站披露，2014年9月30日至2015年3月25日，吴某模控制凯某德发布涉及发展彩票业务、基金业务等新题材的利好信息拉抬股价，但凯某德对相关事项并未积极推进，部分事项相继宣告终止或者取消，相关信息披露存在不真实、不准确、不完整、不及时等情形。与此同时，吴某模控制账户组集中资金优势、持股优势连续买卖，并在自己实际控制的账户之间交易"凯某德"，配合拉抬"凯某德"股价。证监会调查后认为：吴某模控制凯某德发布一系列利好公告，并利用账户组集中资金优势、持股优势连续买卖和在自己实际控制的账户之间交易，配合拉抬"凯某德"股价的行为，违反了2005年《证券法》第77条第1款第1项、第3项的规定，构成2005年《证券法》第203条规定中所述"操纵证券市场"的行为。[②]

[①] 《最高人民检察院、中国证监会联合发布证券违法犯罪典型案例》之六，滕某雄、林某山编造并传播证券交易虚假信息案。
[②] 中国证券监督管理委员会（2020）52号行政处罚决定书（吴联模）。

第一个案例中，公安机关与检察院、法院的观点并不一致，争议焦点在于被告人滕某雄、林某山的行为究竟是构成操纵证券市场罪，还是编造并传播证券交易虚假信息罪。第二个案例中，中国证监会认定吴某模构成操纵证券市场的行为。根据《刑法》第 182 条规定利用虚假或者不确定的重大信息，诱导投资者进行证券、期货交易的行为构成利用虚假信息操纵证券市场罪。其中编造、传播虚假信息或者误导性信息，影响期货交易价格或者期货交易量，并进行相关交易或者谋取相关利益的，构成操纵。

从上述法律规定及案例可以看出，利用虚假信息操纵证券市场与编造并传播证券交易虚假信息的共同特点是两者均有实施编造、传播虚假信息的行为，且该行为足以造成证券、期货市场价格的异常波动，扰乱了证券、期货市场价格的秩序。但操纵证券市场罪中行为人除了实施编造、传播虚假信息的行为，还要求行为人应具有同时实施利用该虚假信息使得股票交易价格出现异常波动之机进行相关交易，牟取不正当利益的行为。相对来说利用虚假信息操纵证券市场的法定刑罚比编造并传播证券交易虚假信息罪更重。两者的区别具体如下。

1. 从主观上来看，编造并传播证券交易虚假信息主观上可能仅有扰乱证券、期货市场的故意，是否进行交易、是否获利在所不问。而利用虚假信息操纵证券市场主观目的就是诱导投资者进行交易或者在证券市场中获利。

2. 从客观行为上看，编造并传播证券交易虚假信息罪中，侧重的是行为人实施了编造虚假信息又将虚假信息传播的行为（编造者与传播者分离是否构成本罪，后文详细陈述，在此不再赘述），后续没有更多的动作。而利用虚假信息操纵证券市场的行为，侧重于后续的利用，行为人的手段可以是编造虚假信息、传播虚假信息也可是利用了不确定的重大信息、甚至是其他手段。在利用虚假信息操纵证券市场的行为中，利用虚假或者不确定的重大信息达到操作证券、期货市场的目的，编造、传播只是其中的手段之一，利用虚假信息或不确定的重大信息进而操纵证券市场才是目的。

3. 编造并传播证券交易虚假信息罪所指向的仅仅是"虚假信息"。信息型操纵还包含利用"不确定的重大信息"。关于重大信息，中国证券监督管理委员会《证券市场操纵行为认定指引（试行）》第 19 条规定，信息优势，是指行为人相对于市场上一般投资者对标的证券及其相关事项的重大信息具有获取或者了解更易、更早、更准确、更完整的优势。前款所称重大信息，是指能够对具有一般证券市场知识的理性投资者的投资决策产生影响的事实或评价。下列信息属于重大信息：（1）《证券法》第 65 条、第 66 条、第 67 条、第 75 条及相关规定所称中期报告、年度报告、重大事件和内幕信息等；（2）对证券市场有重大影响的经济政策、金融政策；（3）对证券市场有显著影响的证券交易信息；（4）在证券市场上具有重要影响的投资者或者证券经营机构的信息；（5）中国证监会或证券交易所认定的重大信息。《最高人民法院关于印发〈全国法院民商事审判工作会议纪要〉的通知》第 85 条规定了"重大性要件的认定"。在审判实践中，部分人民法院对重大性要件和信赖要件存在着混淆认识，以行政处罚认定的信息披露违法行为对投资者的交易决定没有影响为由否定违法行为的重大性，应当引起注意。"重大性"是指可能对投资者进行投资决策具有重要影响的信息，虚假陈述已经被监管部门行政处罚的，应当认为是具有重大性的违法行为。在案件审理过程中，对于一方提出的监管部门作出处罚决定的行为不具有重大性的抗辩，人民法院不予支持，同时应当向其释明，该抗辩并非民商事案件的审理范围，应当通过行政复议、行政诉讼加以解决。

如果行为人实施了编造、传播虚假信息的行为，没有证据证明行为人实施利用上述信息进而故意操作证券市场或牟取不正当利益的行为，一般应当认定为编造并传播证券交易虚假信息罪。

（二）编造并传播证券、期货交易虚假信息罪与诱骗投资者买卖证券、期货合约罪

【案例3】贾某诱骗投资者买卖证券罪。某化妆品公司经中国证监会

批准上市后，在某证券交易所发行股票，并委托某国有证券公司承销。贾某是该证券公司董事长兼总经理。贾某在董事会上提议，通过召开新产品新闻发布会，夸大化妆品公司经营业务和经济实力等办法，来鼓动投资者购买股票。一些董事会成员对贾某这一主张持反对意见，但贾某及董事会部分骨干成员坚持认为该方案可行。董事会决议形成后，贾某及董事会大部分成员购进化妆品公司大量股票。事实上，贾某和证券公司董事会主要成员已经从某市科学技术委员会获悉，该化妆品公司新产品开发遇到了现有技术条件无法克服的障碍。但贾某等人仍然决定联合化妆品公司召开新闻发布会。召开新闻发布会当天，化妆品公司股价随即迅速上涨了三倍多，大批投资者争相买进该公司股票。一个月后，该证券公司又通过本地新闻媒体披露化妆品公司新产品开发失败的消息，导致股价一路狂跌。贾某和证券公司董事会部分成员早已趁化妆品公司股价涨幅较大时，抛出了股票赚取巨额利润。这一问题线索被举报到纪委监委。法院判决，某证券公司在明知某化妆品公司所开发的产品不具有开发价值的前提下，为了获取非法利益诱骗投资者购买股票，给投资者利益造成重大损失，构成诱骗投资者买卖证券罪，判处罚金200万元，没收违法所得。贾某犯诱骗投资者买卖证券罪，判处有期徒刑1年，缓刑1年；犯内幕交易罪，判处有期徒刑1年6个月，缓刑2年，合并执行有期徒刑2年，缓刑2年，并处罚金10万元，没收其违法所得。同时，对某证券公司董事会部分成员违法所得予以没收。①

《刑法》第181条第2款规定："证券交易所、期货交易所、证券公司、期货经纪公司的从业人员，证券业协会、期货业协会或者证券期货监督管理部门的工作人员，故意提供虚假信息或者伪造、变造、销毁交易记录，诱骗投资者买卖证券、期货合约，造成严重后果的，处五年以下有期徒刑或者拘役，并处或者单处一万元以上十万元以下罚金；情节

---

① 《案说101个罪名㊷诱骗投资者买卖证券、期货合约罪》，载中央纪委国家监委网，https://www.ccdi.gov.cn/toutiaon/202202/t20220215_171640.html，2022年2月15日。

特别恶劣的，处五年以上十年以下有期徒刑，并处二万元以上二十万元以下罚金。"

从上述法律规定及案例可以看出，利用虚假信息操纵证券市场与编造并传播证券交易虚假信息的共同特点是提供虚假信息，扰乱证券期货市场秩序。但两者存在以下不同点。

（1）从犯罪主体上看，编造并传播证券、期货交易虚假信息罪的犯罪主体是一般主体，即年满16周岁、具有刑事责任能力的自然人或单位。诱骗投资者买卖证券、期货合约罪的犯罪主体是特殊主体，即证券交易所、期货交易所、证券公司、期货经纪公司的从业人员，证券业协会、期货交易协会或者证券期货监督管理部门工作人员及上述单位。前罪犯罪主体的外延要比后罪大得多。

（2）从主观方面看，虽然两罪的主观方面都是故意，但是编造并传播证券交易虚假信息主观上可能仅有扰乱证券、期货市场的故意，是否进行交易、是否获利在所不问。诱骗投资者买卖证券、期货合约罪中行为人故意提供虚假信息或者伪造、变造、销毁交易记录的目的是诱骗投资者买卖证券、期货，提供虚假信息或者伪造、变造、销毁交易记录仅为手段。

（3）从客观行为上看，编造并传播证券、期货交易虚假信息罪的行为方式表现为编造并传播虚假信息。诱骗投资者买卖证券、期货合约罪的行为方式表现为故意提供虚假信息或伪造、编造、销毁交易记录，诱骗投资者购买证券、期货合约的行为。

当然，编造并传播证券、期货交易虚假信息罪与诱骗投资者买卖证券、期货合约罪存在重大区别，但确也存在交叉关系。当特殊主体证券交易所、期货交易所、证券公司、期货经纪公司的从业人员出于故意诱骗投资者买卖证券、期货的意图，故意编造传播虚假证券期货交易信息时，应成立想象竞合犯，择一重罪处理。

第三节　争议焦点与辩护要点

一、争议焦点

(一) 关于"编造"的争议

从文义上理解，"编造"在《现代汉语词典》中的解释为无中生有，凭想象力创造。文义上理解本条所指"编造"是指对根本不存在的事实或根本没有发生过的事实进行捏造，促使公众陷入错误的认识，对于这一点没有太多的争议。但是实践中，各种虚假信息的形成是复杂多变的。比如，在真实信息的基础上篡改关键内容，扭曲本意或者故意删除核心内容，破坏了信息的完整性，或原本是未确定的、似是而非的信息，行为人通过某些途径以确定的结论予以传播，同样可能引起证券、期货市场的波动，造成严重的后果。所以，一定条件下这种行为也应当认定为编造。

消极的不作为是否构成本罪？根据《证券法》第 78 条规定，发行人及法律、行政法规和国务院证券监督管理机构规定的其他信息披露义务人，应当及时依法履行信息披露义务。信息披露义务人披露的信息，应当真实、准确、完整，简明清晰，通俗易懂，不得有虚假记载、误导性陈述或者重大遗漏。同时，根据《证券法》第 85 条规定，信息披露义务人未按照规定披露信息，或者公告的证券发行文件、定期报告、临时报告及其他信息披露资料存在虚假记载、误导性陈述或者重大遗漏，致使投资者在证券交易中遭受损失的，信息披露义务人应当承担赔偿责任；发行人的控股股东、实际控制人、董事、监事、高级管理人员和其他直接责任人员以及保荐人、承销的证券公司及其直接责任人员，应当与发行人承担连带赔偿责任，但是能够证明自己没有过错的除外。所以从前置法《证券法》规定可以看出证券发行人、上市公司对于某些信息进行披露时，应当按照法律法规进行披露，保障所披露的信息真实、准确、完整简明清晰，通俗易懂，不得有虚假记载、误导性陈述或者重大遗漏。所以信息披露义务人如果存在重大遗漏可以理解为应当披露而没有披露或者没有澄清不实信息的行为。所以编造并传播证券、期货交易虚假信息罪中的编造包含消极不作为方式，当然，可能存在与他罪存在竞合的情况，在此不论。

对于编造需要进行适当的扩大解释，但是要严格区分编造行为和专（从）业人员分析预测行为。分析预测行为是证券、期货交易等资本市场中极为常见的方式。行为人通常是利用自己的专业知识与从业经验，根据现存的公开信息材料对市场价格的未来走向作出分析预判，同时行为人将自己对市场的分析预判通过一些渠道、方式进行传播，如果作出预判的基础信息是现存公开、通过合法手段获取的，且行为人对此亦未进行捏造、篡改。此后，即使行为人的分析预判同市场的实际走向有所偏差甚至影响证券、期货市场的价格，也不宜认定为编造行为。

综上，如果仅从文义上去解释"编造"，不符合本罪的立法本意，不利于打击此类犯罪。在不违反罪刑法定原则的基础上，应当适当地对其作出扩大解释，一般认为编造包含以下内容：一是无中生有，凭空捏造不存在的证券、期货交易虚假信息的行为；二是对原有的信息进行加工改造，通过对真实信息进行加工篡改或是故意隐瞒某些信息，甚至所发布的信息部分真实、部分虚假，只要对事实进行了歪曲，引人误解，造成严重危害的行为。当然，如果只是对部分内容进行局部修改，并不影响信息的真实和完整性的，不属于本罪的编造。

（二）关于"传播"的争议

在《最高人民检察院关于印发第三批指导性案例的通知》第 9 号李某强编造、故意传播虚假恐怖信息罪①中，最高人民检察院陈述：编造恐怖

---

① 《最高人民检察院关于印发第三批指导性案例的通知》检例第 9 号。

信息以后向特定对象散布，严重扰乱社会秩序的，构成编造虚假恐怖信息罪。编造恐怖信息以后向不特定对象散布，严重扰乱社会秩序的，构成编造、故意传播虚假恐怖信息罪。即最高人民检察院的观点为向特定对象散布虚假信息的行为构成编造，向不特定对象散布虚假信息的行为构成传播。笔者认为这个区分方法并不完全准确。比如，行为人将虚假信息透露给特定人，教唆散布虚假信息，接受信息后进行二次传播，后续接受虚假信息的人可能就是不确定、不可控的，这种情况亦应认定为传播。

由于传播的手段多种多样，常见的除口头直接传播外，还有书面传播、网络传播、媒体传播，传播对象可以是个体也可以是不确定的多数人，笔者认为只要所采用的形式促使所编造的信息得到了扩散，进而扰乱了证券、期货市场的正常秩序，即可以认定为本罪的传播。

（三）关于"编造并传播"的争议

根据《刑法》第 181 条规定，编造并传播证券、期货交易虚假信息罪是指编造并且传播影响证券、期货交易的虚假信息，扰乱证券、期货交易市场，造成严重后果的行为。根据上述规定从文理上解释，有观点认为，"并且"意味着必须同时存在，行为人必须编造虚假信息的同时又传播了虚假信息，两者缺一不可。单纯实施了编造虚假信息未进行传播或者仅实施了传播行为而不曾实施编造行为，都不构成本罪。但是编造主体和传播主体分离的情况经常存在，在此我们分析一下，是否构成本罪。

1. 编造者和传播者分离但双方达成传播虚假信息合意的情形，是否构成本罪？比如，编造者 A 编造了虚假信息，示意 B 对外进行传播，B 清楚散播的信息是 A 编造的，且散播出去可能会扰乱证券、期货交易市场，仍然为之。那么 A 和 B 具有共同犯罪的故意，双方均应当构成编造并传播证券、期货交易虚假信息罪。在《最高人民检察院、中国证监会联合发布证券违法犯罪典型案例》之六滕某雄、林某山编造并传播证券交易虚假信息案中，滕某雄作为海某股份有限公司的董事长，未经过股东大会授权，明知未经股东大会同意无法履行协议条款，仍代表海某公司签订了以自有资金 2.25 亿元认购某银行定增股的认购协议，同时授意时任董事会秘书林某山发布公告。次日，林某山在明知该协议不可能履行的情况下，仍按照滕某雄的指示发布该虚假消息。虚假信息的传播，导致海某公司股票价格异常波动，交易量异常放大，严重扰乱了证券市场秩序。[①] 本案中，滕某雄编造了虚假信息，示意林某山发布公告，林某山在明知该协议不可能履行的情况下，仍按照滕某雄的指示发布该虚假消息，二人构成共同犯罪。因此，上海市第二中级人民法院作出判决，确认滕某雄、林某山均构成编造并传播交易虚假信息罪。上述案例可以得出结论编造者和传播者分离但双方达成传播虚假信息合意的情形，可以构成本罪。

2. 编造者和传播者主体分离的情况但双方未达成意思联络，是否构成犯罪？实践中对此有不同的观点，有人认为单独的编造行为不构成犯罪，因为编造行为本身不具有可罚性，其本身并不会对证券、期货市场造成危害。也有人认为虽然编造行为不会直接扰乱证券、期货市场秩序，但是编造行为是源头，是传播行为的开始，不能否定编造行为的刑事违法性。

编造者和传播者主体分离且未达成传播虚假信息合意的行为有如下情形。第一种情形：编造者 A 编造了虚假的信息，示意 B 对外进行传播，B 不清楚散播的信息是 A 编造的，亦不清楚散播出去可能会扰乱证券、期货交易市场，这种情况下双方未达成共同犯罪的合意。此时 B 仅仅作为 A 传播的工具，双方是否构成编造并传播证券、期货虚假信息罪？

【案例 4】李某兴借用他人资金 100 万元，买进某某股票 9 万股。随即，他以某公司的名义，向深圳证券交易所发出匿名信，提出要收购某某股票的虚假意向。然后他又采取信函、传真、电话等方式，以某公司的名义，向《证券报》通报所谓收购的虚假消息，要求公布。后《证券报》发布了"某公司致函本报向社会公告收购某某股票"的消息。该消息称："到 11 月 25 日下午 2 时 15 分，某公司已经持有某某股票的 6%，并表示收

---

① 《最高人民检察院、中国证监会联合发布证券违法犯罪典型案例》之六滕某雄、林某山编造并传播证券交易虚假信息案。

购该股票。"消息一出，引起股市很大震动，使得该种股票价格飞涨。到11月27日下午，某某股票的价格由10.30元升至13.35元时，李某兴将持有的9万股某某股票全部抛售。1月28日，国家证券管理部门就此次虚假信息进行了澄清：指出根本没有收到某公司的收购报告，工商部门也没有某公司的企业登记记录，深圳证券交易所也没有某公司的开户和交易记录。于是某某股票价格大幅下跌，造成许多受虚假信息诱骗买进该股票的中小股民严重的经济损失。

该案辩护律师认为，被告人捏造的虚假信息是通过《证券报》予以散发的，而报刊应当对自己刊登新闻的内容负责，对其真实性和可靠性负有调查属实的基本职责。而"某公司要收购某某股票"虚假信息得以向社会公布正是由于《证券报》没有履行调查职责，因此，《证券报》应当对收购某某股票的虚假信息承担主要责任，而被告人只应当对提供的新闻原始资料的真实性负责。从这种角度上讲，被告人不应当承担本案的刑事责任。

株洲县人民法院认为，本案被告人李某兴首先采用以某公司的名义，向深圳证券交易所发出匿名信，提出要收购某某股票的虚假意向，然后他又用信函、传真、电话等方式，以某公司的名义，向《证券报》通报所谓收购的虚假消息，要求公布。由于被告人编造虚假信息，引起某某股票在股市的价格猛涨狂跌，造成众多中小股民严重的经济损失。被告人的行为符合编造并传播证券、期货交易虚假信息罪的犯罪构成要件，应当依法惩处。①

从上诉案例可以看出，《证券报》虽然实施了传播行为，但其仅仅作为编造者传播的工具，没有主观犯罪故意，不构成犯罪。编造者虽然未具体实施传播行为，但具有编造和传播的主观犯罪故意，应当认定为本罪的间接正犯。

第二种情形：编造者A编造了虚假的信息，其没有对外传播的故意，B明知A编造了虚假信息，B在A不知情的情况下，利用A编造的虚假的

---

① 案号：(1997)株法刑初字第230号。

信息对外进行传播，并扰乱证券、期货交易市场，这种情况下，是否构成本罪。A和B没有共同犯罪故意，也没有意思联络。A仅有编造行为不构成犯罪，但是如果B清楚A编造了虚假的信息，在A不知情的情况故意传播足以扰乱证券、期货交易虚假信息的行为，笔者认为，即使B与编造者A没有意思联络，也构成犯罪。

第三种情形：编造者A编造了虚假的信息，其没有对外传播的故意，B不清楚散播的信息是A编造的，在A不知情的情况下对外传播虚假信息，造成证券、期货市场异常波动，此时A、B均无犯罪的故意，双方均不构成编造并传播证券、期货虚假信息罪。

基于以上的例子可推出"编造并传播"的规定并不要求两个行为同时存在。（1）纯粹的编造行为不宜作为本罪的实行行为，虽然编造行为可能是传播行为的源头，但如果编造者没有将虚假信息传播、扩散的故意，编造行为本身并不会对证券、期货市场造成危害，编造行为与危害结果之间没有直接的因果关系，笔者认为纯粹的编造行为不宜认定为犯罪。（2）明知他人编造虚假信息，故意将虚假信息进行传播，此行为具有故意扰乱证券、期货交易市场秩序的故意，传播行为与危害结果也有直接的因果关系，即使虚假信息并非传播者编造，此种情形，笔者认为，应当认定构成本罪。

（四）关于"虚假信息"的争议

信息是投资者进行投资的指南，获取真实信息是投资者作出客观判断，进而作出投资方向的依据。资本市场是基于信息定价的市场，信息传播的真实、完整、准确是市场健康、稳定、有效运行的重要基础，信息传播秩序也是市场秩序的重要内容。[①]

我们从证监会公开的两个行政处罚的案例来探讨一下，虚假信息的特征。

---

① 《证监会严厉处罚一起编造传播虚假信息行为》：曹某编造传播虚假信息案。

【案例5】李某编造并传播虚假信息案。2016年8月10日，李某在微博发布《三十名中国投资市场散户实名上证监会举报书》，举报某公司操纵玻璃期货1609合约价格。

经查，某公司及其关联账户在前述玻璃期货合约持仓符合交易所限仓规定，无异常交易情况，不存在因操纵前述玻璃期货合约被刑事追诉的情况。该条微博被转发1200余次，引发评论跟帖470余次。以"玻璃操纵东方财富网"为关键词在百度搜索，共出现2130个相关结果，主要是《玻璃期货疑被操纵投资者实名举报》等文章刊登在东方财富网、网易新闻等网络平台。李某公开发布举报书后，玻璃期货1609合约价格改变上涨趋势，连续4个交易日下跌，累计跌幅达5.07%。①

【案例6】王某所编造并传播虚假信息案。2015年4月22日21时35分，王某所在某网站发帖称，"据内部人士圈内秘传：000722湖南发展集团股份公司有可能在其母公司湖南发展投资集团（财富证券第二股东）和湖南财信控股集团公司（财富证券大股东）的撮合下，定向增发股份，募资收购湖南财富证券（其实是一个反收购，几家公司都是省财政厅下属单位），000722有可能在一周内停牌"。截至2015年6月8日，该帖累计点击量13481次，跟帖量32次，点赞量9次。王某所发布"湖南发展收购财富证券"帖子后3个交易日，"湖南发展"股价涨幅约为26.3%，同期"深证成指"涨幅仅为0.4%，"湖南发展"价格走势明显偏离同期大盘走势及同行业指数。

在"湖南发展"股吧中，王某所编造的上述虚假信息被其他用户转载、评论，对其他投资者产生误导。王某所发布虚假信息后3个交易日内，"湖南发展"作了两次澄清公告进行辟谣，王某所发布虚假信息的行为扰乱了正常的市场秩序。②

从上述两个案例可以看出，本条所称的虚假信息应当具备四个特征。

---

① 中国证券监督管理委员会（2020）78号行政处罚决定书（李直）。
② 中国证券监督管理委员会〔2015〕20号行政处罚决定书（王之所）。

第一，虚假性，如案例中李某在某公司及其关联账户在前述玻璃期货合约持仓符合交易所限仓规定，无异常交易情况，不存在因操纵前述玻璃期货合约被刑事追诉的情况下虚构玻璃期货疑被操纵的事实。李某的行为是凭空捏造一个不存在的玻璃期货被操纵的事实。王某所在湖南发展集团股份公司未有筹划收购湖南财富证券的任何举措的情况下，发帖称000722湖南发展集团股份公司有可能在其母公司湖南发展投资集团（财富证券第二股东）和湖南财信控股集团公司（财富证券大股东）的撮合下，定向增发股份，募资收购湖南财富证券（其实是一个反收购，几家公司都是省财政厅下属单位），000722有可能在一周内停牌。而王某所的行为则是将一个反收购行为，经过自己的加工、盖章，扭曲成定向增发股份，募资收购。根据上述案例可知，本条所指的虚假信息既包含无中生有，凭空捏造不存在的证券、期货交易虚假信息；也包含对原有的信息进行加工、改造，对事实进行了歪曲，或者有误导性的，能引起市场行情变化的信息，如引起价格上涨或者下跌，大量抛售或者吸纳等的不真实信息。

第二，公开性，只有使虚假信息经过各种渠道传播给特定、不特定的多数人，使之所知悉，才能起到影响证券、期货秩序的效果。上述案例中，李某在微博上发帖，该条微博被转发1200余次，引发评论跟帖470余次。以"玻璃操纵 东方财富网"为关键词在百度搜索，共出现2130个相关结果。而王某所在东方财富网股吧发帖，该帖累计点击量13481次，跟帖量32次，点赞量9次。该二人通过网络媒体将虚假信息传播了不特定多数人，二人行为符合公开的特征。

第三，重大性，即所传播的虚假信息造成了对证券、期货市场波动，扰乱了证券、期货市场的正常秩序。关于重大事件，《证券法》第80条规定："发生可能对上市公司、股票在国务院批准的其他全国性证券交易场所交易的公司的股票交易价格产生较大影响的重大事件，投资者尚未得知时，公司应当立即将有关该重大事件的情况向国务院证券监督管理机构和证券交易场所报送临时报告，并予公告，说明事件的起因、目前的状态和可能产生的法律后果。前款所称重大件包括：（一）公司的经营方针和经营范围的重大变化；（二）公司的重大投资行为，公司在一年内购买、出售重大资产超过公司资产总额百分之三十，或者公司营业用主要资产的抵押、质押、出售或者报废一次超过该资产的百分之三十；（三）公司订立重要合同、提供重大担保或者从事关联交易，可能对公司的资产、负债、权益和经营成果产生重要影响；（四）公司发生重大债务和未能清偿到期重大债务的违约情况；（五）公司发生重大亏损或者重大损失；（六）公司生产经营的外部条件发生的重大变化；（七）公司的董事、三分之一以上监事或者经理发生变动，董事长或者经理无法履行职责；（八）持有公司百分之五以上股份的股东或者实际控制人持有股份或者控制公司的情况发生较大变化，公司的实际控制人及其控制的其他企业从事与公司相同或者相似业务的情况发生较大变化；（九）公司分配股利、增资的计划，公司股权结构的重要变化，公司减资、合并、分立、解散及申请破产的决定，或者依法进入破产程序、被责令关闭；（十）涉及公司的重大诉讼、仲裁，股东大会、董事会决议被依法撤销或者宣告无效；（十一）公司涉嫌犯罪被依法立案调查，公司的控股股东、实际控制人、董事、监事、高级管理人员涉嫌犯罪被依法采取强制措施；（十二）国务院证券监督管理机构规定的其他事项。公司的控股股东或者实际控制人对重大事件的发生、进展产生较大影响的，应当及时将其知悉的有关情况书面告知公司，并配合公司履行信息披露义务。"具体的执行标准《最高人民检察院、公安部关于公安机关管辖的刑事案件立案追诉标准的规定（二）》第 32 条有明确规定。①

　　案例中，李某公开发布举报书后，玻璃期货 1609 合约价格改变上涨趋势，连续 4 个交易日下跌，累计跌幅达 5.07%。王某所发布"湖南发展收购财富证券"帖子后 3 个交易日，"湖南发展"股价涨幅约为 26.3%，同期

---

① 2022 年 5 月 15 日生效的《最高人民检察院、公安部关于公安机关管辖的刑事案件立案追诉标准的规定（二）》第 32 条规定："编造并且传播影响证券、期货交易的虚假信息，扰乱证券、期货交易市场，涉嫌下列情形之一的，应予立案追诉：（一）获利或者避免损失数额在五万元以上的；（二）造成投资者直接经济损失数额在五十万元以上的；（三）虽未达到上述数额标准，但多次编造并且传播影响证券、期货交易的虚假信息的；（四）致使交易价格和交易量异常波动的；（五）造成其他严重后果的。"

"深证成指"涨幅仅为 0.4%，"湖南发展"价格走势明显偏离同期大盘走势及同行业指数。所以，影响证券、期货交易的虚假信息一般为对公司股票、期货交易价格产生较大影响的虚假信息，如涉及公司分红、公司增资、减资的计划；公司对外担保；公司发生重大亏损或者遭受重大损失；公司合并、分立、解散以及期货市场的保证金比例、税率调整、仓量调整等虚假信息等信息。

第四，关联性，影响证券、期货交易市场的因素非常多，如国家制度、国家政策因素、国际形势、上市公司自身的经营情况、人员变动，等等。但本条所指的虚假信息与交易市场应当具有直接关联性，能够起到影响证券、交易市场秩序，否则亦不能构成本罪。

（五）关于"造成严重后果"的认定

根据《刑法》第 181 条规定的只有扰乱证券、期货交易市场，造成严重后果的才构成犯罪，本罪是结果犯。司法实践中结果要件依据的是《最高人民检察院、公安部关于公安机关管辖的刑事案件立案追诉标准的规定（二）》第 32 条的规定。但在司法实践中仍存在争议。

1. 关于扰乱证券、期货交易市场，造成严重后果的关系。有人认为扰乱证券、期货交易市场和造成严重后果是并列关系，也有人认为，是承接关系。持第一的种观点的认为，扰乱证券、期货交易市场和造成严重后果应当分开理解。扰乱证券、期货交易市场是指虚假信息扰乱证券、期货交易市场秩序；造成严重后果是指虚假信息导致证券、期货交易价格发生不正常波动，给投资人造成损失。第二种观点认为，是否造成严重后果的依据就是虚假信息是否扰乱的证券、期货交易市场、是否引起价格不正常波动、是否给投资者造成严重损失、是否引起投资者恐慌……，所以两者不能分开理解。笔者认为，上述第二种观点与《最高人民检察院、公安部关于公安机关管辖的刑事案件立案追诉标准的规定（二）》第 32 条的规定更加契合，扰乱证券、期货交易市场只是造成严重后果的一种情形，两者是承接的关系。

2. 关于获利或者避免损失数额累计在 5 万元以上的计算时间期限的认定，笔者认为起算时间点应当从投资人进行投资开始计算到虚假信息获得澄清会被采取强制结束时止。

二、辩护要点

（一）无罪辩护

1. 主观故意之辩

本罪的犯罪构成中，主观上必须是故意，过失不构成本罪。明知编造并且传播虚假信息会影响证券、期货交易价格，扰乱证券、期货市场，仍然进行编造并传播的才能构成本罪。前文笔者曾举过例子。比如，在编造者和传播者并非同一主体时，如果编造者编造了虚假的信息，其没有对外传播的故意，在不知情的情况下被他人予以传播，此时，编造者与传播者没有意思联络，编造者并没有扰乱证券、期货市场的犯罪故意，不应当认定为犯罪。又如，同是编造者和传播者非同一主体的情形，如果传播者对所传播的信息是他人编造的这一情况并不知情，而通过公开渠道传播了虚假信息，此时，传播者没有故意犯罪的意图，因此也不能构成本罪。

2. "编造"之辩护

行为人传播的信息不属于刑法意义上的"编造"。前文已详细阐述编造的范围，即，一是无中生有，凭空捏造不存在的证券、期货交易虚假信息；二是对原有的信息进行加工改造，通过对真实信息进行加工篡改或是故意隐瞒某些信息对事实进行了歪曲，引人误解，造成严重危害的行为。如果行为人传播的信息是通过公开渠道获取并非本人凭空捏造，或者虽对真实信息做了加工篡改，但并不影响信息的真实和完整性的，那么行为人的行为亦不应当构成犯罪。另，应当将编造虚假信息与分析预测行为进行区别。

3. "传播"之辩

受众的数量是行为人实施散布行为是否构成传播的关键，如果行为人传播的数量仅为特定的几个人或者即使是不特定的多数人，但如果仍是行为人可控范围内，笔者人亦不应当认定为构成本罪的传播。

4. "虚假信息" 之辩

笔者认为本罪所指虚假信息应当符合四个特征，即虚假性、公开性、重大性、关联性，这四个特性缺一不可，否则均可能不构成本罪。

5. 是否造成严重后果之辩

现阶段是否造成严重后果的法律依据为 2022 年 5 月 15 日生效的《最高人民检察院、公安部关于公安机关管辖的刑事案件立案追诉标准的规定（二）》第 32 条规定，但在执行层面仍存在争议，如第 1 项获利或者避免损失数额在 5 万元以上的，那么获利和避免损失的起算时间和结束时间怎么计算；第 2 项造成投资者直接经济损失数额在 50 万元以上的，投资者的损失怎么界定；第 4 项中致使交易价格和交易量异常波动的，异常波动又是怎么界定，以上均是可以作为辩护的要点。

第四节　结　语

近年来，资本市场迅速发展，监管制度日益完善，打击证券市场特别是期货市场的违法犯罪活动越来越严厉，证监会对编造并且传播影响证券、期货交易的虚假信息进行处罚的案例也不断增多，但是司法机关认定构成编造并传播影响证券、期货交易虚假信息罪案件却仍然非常少，究其原因：一方面，由于证监会对上市公司负有监督的职能和享有执法权，其在股票发行审核、股票发行方式、股票发行定价等均有较多的行政干预。我国施行严格的审批监管政策，一部分证券类违法行为经由证监会调查直接给予行政处罚，不再移送司法机关。另一方面，编造并传播证券、期货交易虚假信息罪，操纵证券、期货市场罪等证券类犯罪行为，确认其行为属刑事犯罪大都是以行政违法为前提，证监会等监管部门的干预几乎成为了证券类犯罪案件的前置程序。最后，我国证券期货市场起步晚，运行机制不成熟，本罪在立法及司法解释层面相对缺失，各罪存在交叉，罪名整体的逻辑性不足等，导致司法工作人员无法准确把握本罪。

未来，编造并传播证券、期货交易虚假信息罪的完善不仅应是具体量刑规则的完善，关于编造传播的界定、虚假信息的界定、主观意志的界定、因果关系的界定亦应当逐步规范化。

第 八 章

提供虚假证明文件罪①

第一节 提供虚假证明文件罪的概述

一、立法背景

随着我国改革开放的深入，市场经济体制的建立，承担资产评估、验资、验证、会计、审计、法律服务、保荐、安全评价、环境影响评价、环境监测等职责的中介组织在我国相继成立，这些中介组织在社会主义市场经济中的作用也越来越重要。

二、提供虚假证明文件罪的概念

通过查阅国内相关文献和资料，未找到对提供虚假证明文件罪的相对明确的定义，只是在《刑法》第 229 条对提供虚假证明文件罪有所规定。从《刑法》第 229 条②的规定来看，本文所述的提供虚假证明文件罪是指

---

① 撰稿人：韩宇霞。

② 参见《刑法》第 229 条第 1 款规定："承担资产评估、验资、验证、会计、审计、法律服务、保荐、安全评价、环境影响评价、环境监测等职责的中介组织的人员故意提供虚假证明文件，情节严重的，处五年以下有期徒刑或者拘役，并处罚金；有下列情形之一的，处五年以上十年以下有期徒刑，并处罚金：（一）提供与证券发行相关的虚假的资产评估、会计、审计、法律服务、保荐等证明文件，情节特别严重的；（二）提供与重大资产交易相关的虚假的资产评估、会计、审计等证明文件，情节特别严重的；（三）在涉及公共安全的重大工程、项目中提供虚假的安全评价、环境影响评价等证明文件，致使公共财产、国家和人民利益遭受特别重大损失的。"

承担资产评估、验资、验证、会计、审计、法律服务、保荐、安全评价、环境影响评价、环境监测等职责的中介组织的人员故意提供虚假证明文件，情节严重的行为。

《刑法》第229条仅仅是概括性地阐述了提供虚假证明文件罪。但是，由于中介组织借助自己对专业领域和信息资源掌握的优势，加上交易的多变性，从而导致司法实践的复杂性，单一定义难以应对司法实践中多变的具体案件情况的。因此，对于本罪最终的司法认定，应当以实际具体案例为出发点，以问题为导向，对中介组织所涵盖的范围，虚假证明文件的类型，本罪的共同犯罪认定，以及"情节严重"的几个方面进行论述，这样一来，在了解本罪司法实践现状和辩护出罪的同时，完善本罪的相关理论，以实现理论指导实践，从而区分罪与非罪、此罪与彼罪。

三、加重情节的理解

《刑法修正案（十一）》对提供虚假证明文件罪的加重构成要件作了重新规定，删除了原本"索取他人财物或者非法收受他人财物"的表述，修改为三类场景下情节特别严重的。

第一类，提供与证券发行相关的虚假的资产评估、会计、审计、法律服务、保荐等证明文件，情节特别严重的。对保障证券发行的真实性具有重要作用。

第二类，提供与重大资产交易相关的虚假的资产评估、会计、审计等证明文件，情节特别严重的。

第三类，在涉及公共安全的重大工程、项目中提供虚假的安全评价、环境影响评价等证明文件，致使公共财产、国家和人民利益遭受特别重大损失的。重大工程、项目的种类繁多，有的涉及金额较大，有的却与公共安全息息相关。如果在涉及公共安全的领域出具虚假证明文件，将会导致公共财产、国家和人民利益遭受到巨大的损害。因此，《刑法修正案（十一）》的修正对上述重要场合出具虚假证明文件的行为进行了升格处罚。

在该条的修正中，对于一般的中介组织及其人员的处罚不进行升格，是由于其实际的社会危害性适用刑罚第一档基本能够做到罪责刑相适应。而对于在三类重要场景中出具虚假证明文件的行为，进行加重处罚才能够与其造成的严重的法益损害相当。同时，此次修正亦能使本罪的加重情节发挥法律的指引作用和预防作用，在三类场景中对出具证明文件的中介组织发挥警惕教育的功能。

四、兼具取财情形的处理

《刑罚修正案（十一）》将原加重情节"中介组织人员索取他人财物或者非法收受他人财物，犯前款罪的，处五年以上十年以下有期徒刑，并处罚金"的规定改为"有前款行为，同时索取他人财物或者非法收受他人财物构成犯罪的，依照处罚较重的规定定罪处罚。"此外，2022年版《追诉标准（二）》将2010年版《最高人民检察院、公安部关于公安机关管辖的刑事案件立案追诉标准的规定（二）》中"1.在提供虚假证明文件过程中索取或者非法接受他人财物的"删除了。这些改动，使得本罪的兼具取财行为需要进行新的解释。

在《刑法修正案（十一）》修改了兼具取财行为后，单纯的兼具取财行为不能构成加重情节。提供虚假证明文件兼具取财的行为可能同时构成提供虚假证明文件罪和受贿罪。行为人基于受贿的目的，以提供虚假证明文件的方式为他人谋取利益的，属于牵连犯，应当择一重罪处罚。

第二节 提供虚假证明文件罪的犯罪构成及特点

一、提供虚假证明文件罪的犯罪构成

(一)犯罪主体

在主体方面，本罪的主体是指中介组织或者其工作人员在从事资产评估、验资、验证、会计、审计、法律服务等职责的特殊主体。《刑法》第229条中"等"将中介组织的类型未穷尽列举，充分考虑到了市场经济的不断发展，市场主体增加，以及交易方式的变化要求。该罪的主体可以概括为存在于市场、政府、社会之间，为市场经济协调、有序开展提供一定的专业服务，其不当的专业行为会侵害到不特定主体利益的组织与个人。

(二)犯罪客体

提供虚假证明文件罪规定在刑法分则第三章"破坏社会主义市场经济秩序罪"中的第八节"扰乱市场秩序罪"中。对于该罪侵害的客体，有些学者主张该罪侵害的是国家对中介组织市场的管理秩序，这是单一客体。即可以简称为国家对中介组织及其活动的管理制度。具体而言指国家对《刑法》第229条中所列举的，资产评估机构、验资机构、审计机构、法律服务机构服务等的管理秩序。有些学者主张本罪侵犯的是复杂客体，即本罪除侵犯上述单一客体外，本罪也侵犯了对于中介组织而言，社会公众、其他单位、国家等这些不特定第三人的合法权益或者信赖利益。笔者认为，该罪侵害的是复杂客体更加合适。主要原因在于，中介活动主体多样性、涉及社会关系的复杂性，单一的犯罪客体不足以全面概括在司法实践中的多样性、复杂性。

发生于大连市的案例，战某锦作为大连市某会计师事务所负责人，在从事某某公司审计业务时，受该公司负责人董某的委托，先后为该公司出具两份虚假的审计报告，后董某利用两份虚假的审计报告，使本不具备向银行贷款资格的某公司先后两次向吉林市某银行申请贷款，并最终导致银行损失 2.5 亿元。[①]

　　本案中，行为人战某锦作为中介组织工作人员提供虚假证明文件，根据特别法优于普通法原则，首先，违反了专业领域内的《注册会计师法》，破坏了中介行业的监督管理秩序，进而破坏了《刑法》第 229 条所保护的中介管理秩序、社会主义市场经济秩序。其次，因大连市某公司委托战某锦提供与其公司财务状况不符的虚假审计报告并向大连市某银行申请贷款，后大连市某公司因无力偿还贷款，致使银行遭受巨大的经济损失。从此处可以看出，提供虚假证明文件行为不仅对中介组织内的专业监管秩序造成了破坏，而且会侵害不特定第三方主体的利益。例如，上述案例中对战某锦而言侵害的是不特定第三方主体，即大连市某银行的经济利益。在实践中，由于审计报告的专业性，银行对于审计报告的审查往往只是形式审查，因此，当银行出于对专业中介行为人所作出的审计报告的信任而作出决策时，会产生相关经济利益受损的危害风险；而当银行的信贷部门根据该证明文件实际发放贷款后，就加大了银行的财产受到实际损失的风险；当委托人，即本案中的某公司无力偿还该笔贷款时，银行这一不特定第三方主体的财产损失便发生了。该风险高低判断，往往依赖于第三方对该虚假证明文件的信任和依赖程度。而情节犯对于构成犯罪而言，只有达到"情节严重"时方可入罪，因此，对社会公众、投资者的利益侵害也可以作为情节要素，作为犯罪客体。而信任专业中介行为人的单位和个人，依据该证明文件作出决策后造成的实际损失也是可以作为本罪的犯罪客体的。综上，该罪的客体应当是复杂客体，不仅侵害我国社会主义市场经济的正常秩序，还由于中介专业行为涉及主体之多元性、复杂性，侵害不特定交易主体的利益，该利益包括经济利益、信赖利益。

---

　　① 案号：（2018）吉 01 刑终 122 号。

（三）犯罪客观方面

本罪的客观方面是指承担资产评估、验资、验证、会计、审计、法律服务等职责的中介组织人员，在从事中介专业领域工作过程中，提供虚假证明文件，达到情节严重的行为。《刑法》第 229 条以叙明罪状的形式描述了提供虚假证明文件罪的犯罪构成。而客观行为上，中介组织及其工作人员在从事中介工作过程中，利用自身掌握专业知识的便利条件提供虚假证明文件；反之，如果中介组织、工作人员没有利用职业便利以及掌握的专业优势则不构成本罪，应当以其他罪名定罪；在入罪的情节上，该罪以情节严重作为罪与非罪的标准。鉴于情节严重，受到司法实践中案情之复杂性，加之举证困难的影响，因而其认定存在一定弹性，因此我国最高人民检察院、公安部已经根据实际情况于 2022 年 4 月 26 日联合发布修订后的《最高人民检察院、公安部关于公安机关管辖的刑事案件立案追诉标准的规定（二）》（以下简称"修订后《立案追诉标准（二）》"）① 规定了提供虚假证明文明罪等经济犯罪的新的立案标准。该标准为中介组织犯罪提供了案件受理的数额标准与行为标准，同时解决了《刑法》第 229 条规范概况性与社会实践复杂性导致的立案标准难以界定的矛盾。

值得注意的是，2022 年版"修订后《立案追诉标准（二）》"将 2010年版"原来《立案追诉标准（二）》"中"1. 在提供虚假证明文件过程中索取或者非法接受他人财物的"删除了。而根据《刑法修正案（十一）》第 229 条第 2 款之规定"有前款行为，同时索取他人财物或者非法接受他人财物构成犯罪的，依照处罚较重的规定定罪处罚"，是对于构成第 1 款基本犯中的情节严重还是第 2 款情节严重加重犯中的"情节严重"，理论界对此看法不一。此次"修订后《立案追诉标准（二）》"将其删除，因此可以理解为：中介组织或者其工作人员在从事专业的中介工作过程中，具有提供

---

① 2022 年修订后的《最高人民检察院、公安部关于公安机关管辖的刑事案件立案追诉标准的规定（二）》第 73 条。

虚假证明文件的基本行为，并且索取或者接受委托人的财物的基本犯基础上的加重情节，该情节所存在的前提是虚假证明文件的提供行为以及索取或者非法收受他人财物之行为系中介工作的专业负责人所为。如若是中介组织中其他人非具备专业资质的负责专业中介工作行为之外行政工作人员所为，那么应当按照该工作人员所构成的其他罪名定罪处罚，如常见的非国家工作人员受贿罪。

（四）犯罪主观方面

在主观方面上表现为故意，即明知故犯。行为人明知会侵犯国家对经济、社会的管理制度，但是出于钱财利益或者人情难拒等其他目的而实施的提供虚假证明文件的犯罪行为。当然，犯罪目的与动机是基于钱财诱惑的所占比重最大。但是无论何种犯罪动机，都不影响作为中介组织或者其工作人员故意犯本罪的成立。

二、提供虚假证明文件罪的特点

（一）隐蔽性强

由于中介组织人员出具的证明文件要经过许多程序，其中任何一个程序出现错误，都会导致证明文件内容与实际不符。以律师非诉业务中的尽职调查为例，无论是大型的收购案或交易项目，律师事务所常常会出具《风险评估报告》，此报告不仅包含项目是否合规，还包含有交易对象的项目涉税成本、资产债权信息等，以达到最大限度降低交易风险的目的。对于此类报告，任何一个文字记录或者数字的改动，都会使评估报告与实际不符，因此，即使是专业人员，如果不认真核查，也很难发现其中的错误。

（二）查证难

由于中介组织人员都是通过国家有关资格考试，并取得执业资格的专业人员,因此,这些中介组织人员无论是故意还是过失而出具的虚假证明文件,即使是专业人员也难以发现其存在的问题,从而导致案发后查证困难。

第三节 提供虚假证明文件罪现状以及存在的问题

一、提供虚假证明文件罪的现状

近年来,随着市场经济的发展,交易主体的多元化,要求经济效率不断提高,于是,中介组织及其成员在经贸往来中发挥着不可小觑的作用。任何事情都有其两面性,中介组织在市场经济中起到积极作用的同时,也会存在某些中介组织及其成员利用其掌握交易信息的不对等性和专业资源的掌握优势,提高了虚假证明文件的可信性。根据威科先行·法律信息库全国关于提供虚假证明文件罪刑事案件文书数量统计得出下图:

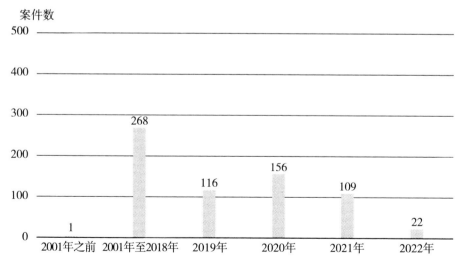

图 8-1 提供虚假证明文件罪案件年度数量走势统计

通过上图所示,2020 年以前,提供虚假证明文件罪的裁判文书每年均不同程度有所增加,特别是 2018 年至 2020 年,裁判文书数量急剧增加,案件数量整体呈上升趋势。2021 年，《刑法修正案（十一）》正式施行后，相较于 2020 年的裁判文书数量急剧下降，但总体基数还是大的。提供虚假证明文件罪不仅妨碍了国家对市场经济秩序的管理，还会损害第三方交易主体的利益。同时，作为市场经济运转的桥梁，若中介组织因为犯罪行为逐渐失去交易主体对其的信任，对于市场经济的健康有序发展是不利的。因此，明确对提供虚假证明文件罪的认定，对于维护交易秩序，良好交易关系的形成有非同小可的意义。

地域		案件数	占比
湖北		35	9.89%
上海		29	8.19%
湖南		25	7.06%
广东		24	6.78%
吉林		23	6.5%
辽宁		21	5.93%
黑龙江		16	4.52%
江苏		14	3.95%
安徽		14	3.95%
山东		13	3.67%

图 8-2　提供虚假证明文件罪全国案件数量分布图前十

表 8-1　全国各省检察机关办理提供虚假证明文件罪数量统计

省份	办理本罪数量
浙江	33
辽宁	21
广东	18
四川	18
河北	17
福建	17
黑龙江	17
内蒙古自治区	16
山东	15
江苏	13

截止到 2022 年，笔者统计全国办理提供虚假证明文件罪的检察文书

数量排名前十的省份分别是浙江省、辽宁省、广东省、四川省、河北省、福建省、黑龙江省、内蒙古自治区、山东省、江苏省，对以上省份的检察文书型以及不同文书类型总计进行图表统计与对比分析，可以得出以下图表结论。

表 8-2　全国提供虚假证明文件罪检察文书数量排名前十类型统计

	起诉书	不起诉书
浙江	18	15
辽宁	13	8
广东	11	7
四川	9	9
河北	8	9
福建	13	4
黑龙江	11	6
内蒙古自治区	7	9
山东	11	4
江苏	12	1
总　计	113	72

根据上述表格可以看出，对提供虚假证明文件罪予以起诉的案件数量多于不予起诉的案件数量的省份有 7 个，分别是浙江省、辽宁省、广东省、福建省、黑龙江省、山东省、江苏省；不予起诉的案件数量不少于予以起诉的案件数量的省份有 3 个，分别是四川省、河北省、内蒙古自治区。可见，该罪的认定情况在全国各个不同地区认定状况存在差异。

通过表 4 可以看出全国办理的提供虚假证明文件罪案件的检察文书总量排名前十的省份总计 185 件，其中决定起诉的案件占比约 61%（总计 113 件），不予起诉的占比 39%（总计 72 件）。

通过对上述提供虚假证明文件罪统计表的分析可以看出：虽然中介组织提供虚假证明文件罪呈现高发态势，且在认定上存在专业性、隐蔽性等种种困难，但是我国大部分涉嫌提供虚假证明罪的案件最终都被处以刑罚。当然，通过上述表格可以看出，提供虚假证明文件罪作出不予起诉决定的案件量也不少。一方面，体现了我国罪刑法定、罪责刑相适应原则；另一方面，也体现出由于中介组织及其工作人员对知识领域的专业性、垄断性，以及涉案人员关系的复杂性，该罪属于在司法实践中成为认定较为疑难的罪名。同时，由于该罪所涉及的专业领域知识、信息的专业性较强，案情往往都较复杂，单一概括性入罪标准，无法对复杂多变的案件事实进行准确的定性。由于提供虚假证明文件罪的入罪以"修订后《立案追诉标准（二）》"中的金额为标准，因此，在司法实践中即使犯罪嫌疑人存在提供多份虚假证明文件或者为多家公司提供虚假证明文件，虽然其行为扰乱市场经济秩序范围较大，涉及面较广，但是由于司法实践中对金额认定的固化，难以将实施的行为按照犯罪来处理，或者说作出的处罚不符合罪刑相适应原则。例如，在广检公诉刑（2019）1号的检察文书中，河北省邢台市广宗县人民检察院认为：虽然犯罪嫌疑人李某某的行为违反会计审计的相关工作规范，未对中介委托人的账目进行考查的情况下，为邢台市某某建筑装饰有限公司、内丘某某机械设备有限公司，邢台市某某电子科技有限公司等九家公司提供虚假的会计审计报告总计24份，使得该九家公司依据以上24份报告用于办理贷款，但是由于该九家公司总计获利3万元，且犯罪嫌疑人李某某主动认罪认罚，因此决定不予起诉。本案所反映的问题在于，中介组织的犯罪属于专业领域犯罪，其犯罪行为既违反了行业规范，破坏了行业管理秩序，又违反了刑法规范，破坏了市场经济秩序，且存在多家银行、多家公司承担被骗取贷款和被骗取钱款的可能。但是由于中介组织在操作专业知识行为的复杂性，行业内规范责任的层级性，犯罪行为波及面广，不特定的第三人可能存在受损风险的前提下，如果单一按照犯罪金额定罪，作出不构成犯罪的认定，或者将争议焦点集中在金额多少上，而非中介组织的工作人员对行业内规定的遵守上，久而久之，司法认定将会把本罪的争议焦点偏向为"情节犯"，而实践中却呈现"结果犯"的特征。这会成为行为人出罪的关键点。

二、提供虚假证明文件罪存在的问题

（一）中介组织涵盖范围不明晰

我国《刑法》第 229 条对提供虚假证明文件罪的中介组织主体进行了并列式列举，该列举虽然考虑到了中介组织类型随社会发展而有所新增，但是如果未给予中介组织一个明确的涵盖范围，当某一专业领域的从事中介行为的组织在实施了提供虚假证明文件的犯罪行为，并产生相应的犯罪后果时，由于缺乏刑法对相应的主体条件的规制，而可能被处以无罪或者以其他罪名定罪，放纵犯罪。

（二）不具备专业资质的中介组织工作人员实施犯罪的认定存在差异

在司法实践中，本罪的自然人主体除具备专业资质的中介组织工作人员外，一般涉及中介组织中不具备专业资质的工作人员是否属于本罪主体的问题。他们在中介组织中参与了提供虚假证明文件，但不具备专业的资质，其行为是定性为提供虚假证明文件罪，还是以其他罪名定罪，在司法实践中是存在一定认定差异的。从为数不多的判例中可以发现，在对中介组织的非具备专业资质的犯罪行为人的判处刑罚中，有些司法机关以提供虚假证明文件罪共同犯罪判处刑罚。例如，在（2017）豫 1525 刑初 321 号的判决书中，被告人汤某在不具备工程造价咨询资质，也未经实地考察核实的情况下，参与了为花某、答某实际 133 万元的投资提供虚假证明为约 668 万元的审计报告，最终该案判定被告人汤某提供虚假证明文件罪，坚持该罪所保护法益。对于同类的案件情况，有些司法机关则在以《刑法》第 229 条系对中介组织以及主要负责从事中介工作的专业人员行为的规制为由，认为提供虚假证明文件的作出，所依赖的是中介专业知识，因此对于不具备专业资质的，从事行政工作的其他非专业人员，参与犯罪的，均以委托人的行为所触犯的罪名来定罪，如骗取贷款罪、诈骗罪等，而不以提供虚假证明文件罪论处。

由此可以看出，对于不具备专业资质的中介组织工作人员在共同犯罪中的认定，各个司法机关是存在差异的。

（三）中介组织的工作人员与单位构成共同犯罪的认定存在差异

从事审计、会计、法律服务等专业领域的工作人员执业时必须依赖相关中介组织，而对于不具备专业资质，但是又从事相关工作的其他人员，其行为一定受到中介组织负责人或者项目负责人的安排，所以，一旦出现提供虚假证明犯罪行为，中介组织的单位行为与其工作人员是否构成共同犯罪，在司法实践中的认定是存在一定差异的。

假如，中介组织负责人与委托人串通，由委托人提供虚假的证明资料，交由中介组织为其提供虚假的证明文件，而该中介组织的负责人将委托人提供的虚假的相关资料，交由负责该项目的具体工作人员，而该员工在遵循职业规定和相关法律法规的前提下，并尽到了合理审查责任，利用委托人提供的虚假资料最后出具了证明文件。从外观来看，这种情况的确是单位指使单位员工提供虚假证明文件；从结果来看，所提供的证明文件确实具有"虚假"性。该员工如果要证明在出具证明文件的过程中出于对中介组织的信任从而接受了委托人提供的虚假证明材料，并且在出具证明文件过程中已经遵循相关规定，在举证方面，又存在一定难度。而且实践中造成证明文件"虚假"的原因是多方面的，如果将所有举证责任都归于员工，会产生不少中介组织的员工难以自证无罪的现象。

（四）"虚假证明文件"中"虚假"之界定并不明确

我国的法律法规并没有明确界定"虚假证明文件"的认定标准，对《刑法》第229条中的"虚假证明文件"的"虚假"的认定程度也没有明确的界定。提供虚假证明文件罪中的"提供"指交付的行为，即证明文件只是以一定的形式被公开，其虚假性质才具有侵害国家、社会公众等使用者利益的可能。如果制作了虚假证明文件，而没有实际交付，不能成立本罪。此处所讲的证明文件的界定是在提供的基础上进行的，如果没有"提供"，那出具虚假证明文件是没有意义的。"虚假证明文件"中的"虚假"该如何界定？而证明标准是什么？允许存在误差吗？误差多少算正常？是否应当参照中介行业相关规定？如何精准地把握"虚假证明文件"，这需要综合考量。

第四节　提供虚假证明文件罪的辩护要点

一、不起诉

在（2017）豫 1525 刑初 321 号的判决书中，承办检察院认为，虽然犯罪嫌疑人李某某的行为违反会计审计的相关工作规范，未对中介委托人的账目进行考查的情况下，为邢台市某某建筑装饰有限公司、内丘某某机械设备有限公司，邢台市某某电子科技有限公司等九家公司提供虚假的会计审计报告总计 24 份，使得该九家公司依据以上报告用于办理贷款，但是由于该九家公司总计获利 3 万元，犯罪情节轻微，且犯罪嫌疑人李某某主动认罪认罚，因此决定不予起诉。

辩护要点：1. 从本罪的入罪以《最高人民检察院、公安部关于公安机关管辖的刑事案件立案追诉标准的规定（二）》中的金额为标准进行辩护；2. 将"身份犯"往"结果犯"上辩护，司法实践中往往呈现"结果犯"的特征。

二、无罪判决

在（2018）冀 0306 刑初 37 号判决书中，审判法院判决中介组织工作人员徐某林、郭某、孙某三位被告人无罪。法院认为，虽然被告方作出的验资报告与检方所委托的资产评估机构作出的评估报告存在数额差异，但是考虑到双方分别于鉴定时受市场行情变化的影响，且根据房地产评估机构一般性行业规制来看，被告人将房屋入住率抬高，加之评估进相关物业服务，符合一般行业规制的操作，而检方提供的评估报告中仅仅是依照毛坯房标准且依照基础标准进行考评，其报告本身不具备可参考性，因此不能凭借此报告认定被告人所提供的证明文件是虚假文件，因此，被告人不构成犯罪。

辩护要点：1. 不能以其他估价机构所作估价结论与被告人所作估价结论进行对比作为定案依据，该两家机构估价结论合法性存疑；2. 被告人不存在故意高估标的资产价值的情况；3. 被告人所作估价报告并非贷款机构进行放贷的充分必要文件，不能以此认定被告人行为的危害性。

三、罪轻辩护

（一）免于刑事处罚的罪轻辩护

在（2017）豫 1525 刑初 321 号判决书中，审判法院判决被告人汤某犯提供虚假证明文件罪，免于刑事处罚。法院认为，被告人汤某在给广德高科专业合作社出具资产评估及专项审计报告时主观上不存在"故意而为"的动机和目的，不存在刑法意义上的"情节严重"或"造成严重后果"。

在（2017）晋 1127 刑初 48 号判决书中，被告人印某、安某分别是忻州市煤炭设计研究院副院长和忻州市煤炭设计研究院采煤设计室副主任，二人辩护意见一致认为忻州市煤炭设计研究院是自收自支的事业单位，并非中介服务机构，其不符合提供虚假证明文件罪的主体资格。审判法院认为，尽管两被告人所在单位，与依法成立、自主执业、自负盈亏的社会中介组织不完全相同，但在从事国家行政规章等授予其从事为煤矿矿井的新建、改建、技术改造提供技术保障服务，编制初步设计等评估业务时，其本质仍是为社会提供评估服务且具有资质的评估中介机构，符合我国刑法所规定提供虚假证明文件罪的主体特征，且两被告人所在单位接受委托编制方案，亦属于中介机构的服务行为。在案证据虽然无法证实二被告人实际虚构评估数额，导致造成重大损失的具体数额，但是根据《最高人民检察院、公安部关于公安机关管辖的刑事案件立案追诉标准的规定（二）》第 73 条规定①，在提供虚假证明文件过程中有其他情节严重情形的，应予立案追诉。

辩护要点：1. 被告人不是本罪的适格主体；2. 被告人的行为未给他人、社会、国家造成严重后果；3. 被告人不存在主观上"故意而为"的动机和目的；4. 犯罪情节轻微。

（二）缓刑的罪轻辩护

在（2018）粤 5103 刑初 658 号判决书中，审判法院认为，被告人蓝某标归案后，如实供述自己的罪行，且已退缴违法所得，依法予以从轻处罚。同时鉴于被告人蓝志标没有犯罪前科，归案后有悔罪表现，目前没有再犯罪的危险，且本人具备监管条件，依法对被告人蓝某标可予适用缓刑。

辩护要点：1. 积极退赃退赔；2. 没有前科，认罪悔罪。

（三）减刑的罪轻辩护

在（2018）吉 01 刑终 122 号判决书中，上诉人战某锦出具虚假的审计报告虽未实际进行审计并个人收取钱款，但战某锦作为会计师事务所的实际经营者，给港湾公司两次出具审计报告共计收取 1.5 万元低于市场审计费用，该款应为出具审计报告费用的范畴，该款虽系战某锦非法所得，但不应认定战某锦"非法收受他人财物犯提供虚假证明文件罪"，对战某锦应按照《刑法》第 229 条第 1 款的规定处罚，原审判决适用法律错误。

---

① 参见 2022 年修订后的《最高人民检察院、公安部关于公安机关管辖的刑事案件立案追诉标准的规定（二）》第 73 条。

故对上诉人的上诉理由和辩护人的辩护意见予以采纳。此外，上诉人战某锦已上缴全部非法所得，可酌情从轻处罚。原审判决定罪准确，审判程序合法，但适用法律错误，应予改判。从一审判决被告人战某锦有期徒刑8年改为判决有期徒刑4年6个月。

辩护要点：1. 从"情节特别严重"到"情节严重"的罪轻辩护；2. 自愿退赃退赔；3. 自首情节；4. 认罪认罚；5. 无前科，偶犯、初犯。

第五节　结　语

随着社会经济的发展，中介组织及其人员开始参与民众日常生活的方方面面，提供虚假证明文件罪作为规制中介组织及人员的重要罪名值得深入研究与完善。《刑法修正案（十一）》第229条和2022年版"修订后《立案追诉标准（二）》"第73条，展现了立法者对该领域不法行为的重视与整治的决心，但是在司法实践中，由于提供虚假证明文件罪存在主体涵盖范围、虚假证明文件的认定以及情节的认定标准等问题，司法机关办理提供虚假证明文件罪的案件时作出不予起诉，或者起诉后轻判、判缓的裁判也是不少的，这提供了极大的辩护空间。

第 九 章

证券犯罪民刑行交叉问题探析①

    证券犯罪案件大多数涉及上市公司，一般情况下证监会会先进行调查，再给予行政处罚，涉嫌犯罪的会移送公安机关立案侦查，如果引发股价下跌，给股民造成损失的，还会被股民起诉赔偿。因此，证券犯罪案件往往涉及民刑行交叉问题。

    随着我国资本市场的快速发展，财务造假、操纵市场等恶性违法违规事件屡有发生，不仅动摇着投资者信心，还对我国资本市场平稳健康发展构成严重阻碍。国家因此从严监管证券市场，修改法律，出台司法解释，对相应的违法犯罪行为从严从重予以打击。

    在民事赔偿方面，以前股民要提起证券虚假陈述侵权民事赔偿诉讼，需要等待证监会的行政处罚决定或刑事判决才能起诉，但 2022 年 1 月 22 日开始实施的《最高人民法院关于审理证券市场虚假陈述侵权民事赔偿案件的若干规定》废除了这个前置程序，这使得股民的起诉更加便利和及时。同时《最高人民法院关于证券纠纷代表人诉讼若干问题的规定》确立了特别代表人制度，极大程度降低股民维权的成本和程序要求。

    在刑事处罚方面，《刑法修正案（十一）》与以信息披露为核心的注册制改革相适应，和修订后的证券法相衔接，提高了欺诈发行股票、债券罪，违规披露、不披露重要信息罪的刑罚，加大罚金力度，对于欺诈发行股票、债券罪，修正案将刑期上限由 5 年有期徒刑提高至 15 年有期徒刑，并对个人的罚金由非法募集资金的 1% 至 5% 修改为"并处罚金"，取消

---

① 撰稿人：瞿振轶。

5%的上限限制，对单位的罚金由非法募集资金的1%至5%提高到20%至100%。对于信息披露造假，修正案将相关责任人员的刑期上限由3年提高至10年，罚金数额由2万元至20万元修改为"并处罚金"，取消20万元的上限限制。

同时，《刑法修正案（十一）》还明确控股股东、实际控制人等"关键责任人"的刑事责任；压实保荐人等中介机构的职责；进一步明确对"幌骗交易操纵""蛊惑交易操纵""抢帽子交易操纵"等新型操纵市场行为追究刑事责任。

在行政处罚方面，2014年《证券法》对证券违法行为最高处罚金额为人民币60万元，2019年《证券法》将处罚上限普遍提高数倍甚至更多，其中将信息披露义务人报告或披露的信息含有虚假记载、误导性陈述或重大遗漏的处罚上限提高到1000万元。

本章将以康某药业案为例，来探讨一下证券犯罪案件涉及的民刑行交叉问题。

第一节 康某药业案回顾

2001年3月19日，康某药业股份有限公司（以下简称康某药业）在上海交易所主板上市。2019年5月21日，股票简称变更为"ST康某"。

2017年至2019年，康某药业先后披露《2016年年度报告》《2017年年度报告》《2018年年度报告》。

2018年10月16日，质疑康某药业财务造假的研究报告发表，康某药业股价随即暴跌。当天晚上，证监会紧急成立康某药业核查小组，第二天，核查小组迅速进入康某药业，调取相关的财务凭证，就此展开对康某药业的财务调查。随后，康某药业及其相关责任人员的相关案件逐步得到披露，包括行政案件、刑事案件、民事案件和破产案件，以及案中案。

一、行政案件

2020 年 5 月 14 日，中国证监会对康某药业下达了《行政处罚决定书》，认定康某药业 2016 年至 2018 年，通过伪造和变造增值税发票、伪造银行回款凭证、伪造定期存单，累计虚增收入达到 291.28 亿元，虚增利润近 40 亿元。《行政处罚决定书》依法对康某药业违法违规案作出行政处罚及市场禁入决定，对康某药业责令改正，给予警告，并处以 60 万元罚款，对 21 名责任人员处以 10 万元至 90 万元不等罚款，对 6 名主要责任人采取 10 年至终身证券市场禁入措施。

马某田和许某瑾一共被罚款 90 万元，其中作为直接负责的主管人员被罚款 30 万元，作为实际控制人被罚款 60 万元。

二、刑事案件

广东省佛山市人民检察院于 2021 年 10 月 27 日以佛检刑诉（2021）Z19 号起诉书指控马某田犯违规披露、不披露重要信息罪、挪用资金罪、操纵证券市场罪，向广东省佛山市中级人民法院（以下简称佛山市中级人民法院）提起公诉；以佛检诉发刑诉（2016）62 号起诉书、佛检刑追诉（2017）3 号起诉书指控康某药业及马某田犯单位行贿罪，于同日立案审理，案号分别为（2021）粤 06 刑初 113 号、（2021）粤 06 刑初 114 号。佛山市中级人民法院审查，上述两案中的被告人马某田为同一个人，决定将（2021）粤 06 刑初 114 号案件并入（2021）粤 06 刑初 113 号案件审理。上述两份起诉书指控：2015 年至 2018 年，马某田伙同他人，违规筹集大量资金，利用实际控制的股票交易账户自买自卖、连续交易，操纵公司股票价格和交易量，致使共计 20 次连续 10 个交易日累计成交量达到同期该证券总成交量 30% 以上，共计 7 次连续 10 个交易日累计成交量达到同期该证券总成交量 50% 以上。马某田组织其控制的关联公司与公司存在长期大额资金往来，存在涉案资金违规调用，不按规定披露资金使用的情况。此外，马某田等为谋求不正当利益，分别于 2005 年至 2009 年、2007 年至 2012 年向陈某、钟某、万某行贿。

2021 年 11 月 17 日，广东省佛山市中级人民法院对康某药业原董事长、总经理马某田等 12 人操纵证券市场案公开宣判。马某田因操纵证券市场罪、违规披露、不披露重要信息罪以及单位行贿罪数罪并罚，被判处有期徒刑 12 年，并处罚金人民币 120 万元；康某药业原副董事长、常务副总经理许某瑾及其他责任人员 11 人，因参与相关证券犯罪被分别判处有期徒刑并处罚金。马某田提起上诉，2022 年 1 月 10 日，广东省高级人民法院依法作出终审裁定，驳回上诉，维持原判。

对比起诉书上指控的罪名和一审判决书上判决的罪名，起诉书指控马某田犯违规披露、不披露重要信息罪、操纵证券市场罪、挪用资金罪 3 个罪名，但一审判决书仅对违规披露、不披露重要信息罪、操纵证券市场罪进行判处，对挪用资金罪并没有判处，那就说明挪用资金罪是无罪的。

三、民事案件

2020 年 12 月 31 日，11 名投资者就康某药业虚假陈述案向广州中院提起普通代表人诉讼，广州中院向上市公司发出应诉通知书。2021 年 3 月 26 日，广州中院发布康某药业普通代表人诉讼权利登记公告，中证中小投资者服务中心有限责任公司（以下简称投资者服务中心）发布接受投资者委托的说明并通知上市公司。4 月 8 日，投资者服务中心根据 50 名以上投资者的特别授权，向广州中院提交了依法转为特别代表人诉讼的申请。4 月 16 日，广州中院发布案件转为特别代表人诉讼的公告。5 月 28 日，广州中院召开康某药业证券虚假陈述责任纠纷案庭前会议，明确案件争议焦点，协商下一步工作。6 月 12 日，广州中院发布特别代表人诉讼原告资格查询公告。6 月 18 日，广州中院组织召开康某药业特别代表人诉讼线上调解沟通协调会。7 月 27 日，广州中院开庭审理康某药业特别代表人诉讼案，进一步听取双方当事人诉辩意见，组织对损失核定报告进行质证，并再次征求当事人的调解意愿和方案。8 月 26 日，投资者服务中心向广州中院提出财产保全申请，广州中院 9 月 8 日对有财产可保全的 17 位被告执行保全。9 月 28 日，广州中院就康某药业特别代表人诉讼案主持开展第二次调解。

2021 年 11 月 12 日，康某药业证券特别代表人诉讼也作出一审判决，广州中院当庭宣告康某药业等相关被告承担投资者损失总金额达 24.59 亿元。审计机构正中珠江会计师事务所未实施基本的审计程序，承担 100% 的连带赔偿责任，正中珠江合伙人和签字会计师杨某蔚在正中珠江承责范围内承担连带赔偿责任。康某药业被判承担 5.5 万名投资者损失总额 24.59 亿元。原董事长、总经理马某田及 5 名直接责任人员、正中珠江会计师事务所及直接责任人员承担全部连带赔偿责任，时任公司董事、监事、高级管理人员的 13 名个人按过错程度分别承担 20%、10%、5% 的连带清偿责任。

广州中院判决认定"案涉虚假陈述行为的揭露日"为 2018 年 10 月 16 日，该日期是计算投资者获赔金额的"关键"，2017 年 4 月 20 日为康某药业的虚假陈述实施日。

2021 年 11 月 26 日，康某药业发布公告，重整计划开始执行，关于证券虚假陈述集体诉讼案投资者债权，50 万元以下的债权部分，将全额现金清偿；超出部分将以现金、股票、信托收益权等予以清偿。

四、破产案件

2021 年 4 月 22 日，康某药业收到广东省揭阳市中级人民法院送达的（2021）粤 52 破申 1 号《通知书》，广东揭东农村商业银行股份有限公司以康某药业股份有限公司不能清偿到期债务，向法院提出破产重整。

6 月 4 日，揭阳市中级人民法院裁定受理康某药业破产重整，并于同日指定金杜律师事务所作为管理人。

8 月 10 日，揭阳市中级人民法院组织召开康某药业破产重整案第一次债权人会议，投资者服务中心参加会议，并积极参选加入债权人委员会，为投资者争取最大权益。揭阳市中级人民法院 9 月 1 日出具决定书,认可投资者服务中心成为债委会成员。

2021 年 12 月 20 日,康某药业破产重整计划经全体债权人表决通过后,经广东省揭阳市中级人民法院裁定批准,康某药业破产重整案进入了执行阶段。12 月 29 日,广东省揭阳市中级人民法院裁定:康某药业股份有限公司破产重整计划执行完毕,终结重整程序。

五、案中案

1. 刘某清案

其实早在 2014 年 8 月,一位康某药业投资者刘某清便到证监会实名举报过。据中国裁判文书网信息,该持股人举报康某药业管理层侵占上市公司资产 10 多亿元,并存在虚假陈述、购买土地时涉嫌财务造假 10 多亿元等问题。

证监会指派广东证监局调查此事。之后,广东证监局答复称,未发现康某药业存在举报所涉的违法情况。于是,刘某清向证监会提出行政复议申请,证监会认为不符合受理条件,驳回其申请。

刘某清认为证监会严重渎职,提起了多起行政诉讼,一审、二审均败诉,其相关申诉,也被最高人民法院驳回。

北京市高级人民法院(2017)京行终 3456 号行政判决书:"本院认为,刘某清提起本案诉讼所要解决的实质性纠纷系其认为康某药业存在违法违规的行为,证监会并未对此履行监管职责。但在刘某清提起本案所针对的举报申请之前,其已多次向证监会举报康某药业,且举报所针对的违法违规事项基本相同,证监会及广东证监局也多次就其举报的事项进行核查并答复,刘某清亦针对证监会及广东证监局的答复提起过多次行政诉讼。在此情况下,刘某清继续就基本相同的事项向证监会举报投诉,属于对原调查答复意见不服的反复举报行为。证监会转交广东证监局处理,并由广东证监局答复刘某清未发现其举报问题存在,该答复未对刘某清设定新的权利义务，也不会对刘某清的合法权益产生实际影响，被诉复议决定不予受理其复议申请正确。一审法院判决驳回刘某清的诉讼请求，结论并无不当。刘某清的上诉请求，不能成立，本院不予支持。"

刘某清还曾经向国土资源部（现自然资源部）申请公开康某药业在揭阳的 12 份《国有土地使用权证》的信息，但被驳回。后起诉到法院，也被驳回。

2. 内幕交易案

2022 年 4 月 18 日，广东证监局网站连发三份行政处罚书，四名有关康某药业重整的内幕知情人因内幕交易各被罚款 50 万元。其中三名分别来自广州某医药集团有限公司（以下简称广某集团）的现任高管李某云、徐某流、裴某泽。其中，裴某泽担任广州某制药股份有限公司、广州某保健食品有限公司等公司法定代表人，同时还担任广州某制药股份有限公司、广州某制药有限公司、广州某医药销售有限公司等公司高管；徐某流则担任广州某有限公司董事长，而广州某有限公司的控股股东依旧为广某集团；李某云现任广某集团党委委员、工会主席。行政处罚的第四人是李某云之子杨某凌。

让人意想不到的是，涉及的三起内幕交易中，仅有一人微利，其余两人均亏损。

3. 提供虚假证明文件罪

经中国证监会移送涉嫌犯罪案件线索，公安机关侦查，揭阳市人民检察院于 2022 年 6 月 24 日对 A 会计师事务所杨某蔚、张某璃构成出具证明文件重大失实罪，苏某升涉嫌提供虚假证明文件罪依法提起公诉。

4. 强制执行案

A 会计师事务所已经注销，但没有缴纳完证监会的罚款，还有 5000 多万元，证监会向北京市金融法院申请强制执行。

5. 对行政处罚提起的行政诉讼

邱某伟任康某药业的董事、副总经理和董事会秘书，被认定为康某药业信息披露违法行为直接负责的主管人员，证监会对其处以警告、罚款 30

万元的行政处罚。邱某伟不服行政处罚,申请行政复议,被驳回后,向北京市第一人民法院起诉,法院驳回其诉讼请求,邱某伟不服,上诉至北京市高级人民法院,也被驳回。目前为止,康某药业案中,被证监会行政处罚的这些人中,只检索到邱某伟走完了全部法律程序。

第二节　证券民刑行案件的管辖

从康某药业案件来看,刑事案件由佛山市中级人民法院管辖,民事案件由广州市中级人民法院管辖,行政案件由北京市金融法院管辖,破产案件由揭阳市中级人民法院管辖。因为案件类型的不同,而导致四个地方的中级人民法院对同一家公司的案件实施管辖的,那么这样的管辖有什么法律依据呢?

一、刑事案件

根据公开报道的消息,涉康某药业的刑事案件,经公安部交办,广东省揭阳市公安局侦查终结后以马某田等 12 人涉嫌违规披露、不披露重要信息罪、操纵证券市场罪为由向揭阳市人民检察院移送起诉。2021 年 10 月 27 日,经指定管辖,佛山市人民检察院以马某田等 12 人构成违规披露、不披露重要信息罪、操纵证券市场罪提起公诉。佛山市中级人民法院将该案与此前提起公诉的康某药业、马某田单位行贿案并案审理。

《关于公安部证券犯罪侦查局直属分局办理经济犯罪案件适用刑事诉讼程序若干问题的通知》明确规定:"公安部证券犯罪侦查局设立第一、第二、第三分局,分别派驻北京、上海、深圳,按管辖区域承办需要公安部侦查的有关经济犯罪案件。"《关于办理证券期货违法犯罪案件工作若干问题的意见》第 10 条规定:"涉嫌证券期货犯罪的第一审案件,由中级人民法院管辖，同级人民检察院负责提起公诉，地（市）级以上公安机关负责立案侦查。"

因此，证券犯罪案件，只能由地级（市）以上公安机关立案，中级人民法院审判。涉康某药业的刑事案件，公安部指定揭阳市公安局立案侦查，但提起公诉的检察院变成了佛山市检察院，审判也由佛山市中级人民法院完成。其中的原因是，被告人马某田因为涉嫌单位行贿罪被佛山市人民检察院提起了公诉，为便于两起案件的审理，经指定管辖，佛山市人民检察院接手了马某田等人的操纵证券市场罪、违规披露、不披露重要信息罪，一并向佛山市中级人民法院移送起诉。

如果出现基层人民法院一审审理证券犯罪案件，属于程序违法，即使一审判决，也会被二审法院发回重审，可以参考上海市第二中级人民法院（2021）沪 02 刑终 1242 号刑事裁定书；更早些，2012 年 ST 大某原董事长何某葵欺诈发行一案，昆明市官渡区人民法院一审判处何某葵有期徒刑 3 年，缓期 4 年执行，经昆明市人民检察院抗诉，理由也是审级违法，昆明市中级人民法院发回重审，最后昆明市中级人民法院一审判决。

2020 年 12 月，最高人民法院决定在北京、天津、上海、重庆、深圳、大连、青岛、郑州成立八个"人民法院证券期货犯罪审判基地"，由天津市第一中级人民法院、北京市第三中级人民法院、重庆市第一中级人民法院和其他五个市的中级人民法院成立。

二、民事案件

《关于审理证券市场虚假陈述侵权民事赔偿案件的若干规定》第 3 条规定："证券虚假陈述侵权民事赔偿案件，由发行人住所地的省、自治区、直辖市人民政府所在的市、计划单列市和经济特区中级人民法院或者专门人民法院管辖。《最高人民法院关于证券纠纷代表人诉讼若干问题的规定》等对管辖另有规定的，从其规定。省、自治区、直辖市高级人民法院可以根据本辖区的实际情况，确定管辖第一审证券虚假陈述侵权民事赔偿案件的其他中级人民法院，报最高人民法院备案。"

《最高人民法院关于证券纠纷代表人诉讼若干问题的规定》第 2 条规定："证券纠纷代表人诉讼案件，由省、自治区、直辖市人民政府所在的市、计划单列市和经济特区中级人民法院或者专门人民法院管辖。对多个被告提起的诉讼，由发行人住所地有管辖权的中级人民法院或者专门人民法院管辖；对发行人以外的主体提起的诉讼，由被告住所地有管辖权的中级人民法院或者专门人民法院管辖。特别代表人诉讼案件，由涉诉证券集中交易的证券交易所、国务院批准的其他全国性证券交易场所所在地的中级人民法院或者专门人民法院管辖。"

我国目前有计划单列市五个：大连、青岛、宁波、厦门、深圳；经济特区四个：深圳、珠海、汕头、厦门；证券交易所三个：北京证券交易所、上海证券交易所、深圳证券交易所，另外，全国中小企业股份转让系统（新三板）在北京。

从上述规定也能够看出，证券虚假陈述侵权民事赔偿案件的一审法院是中级人民法院，并不是基层人民法院。

需要特别说明的是，除证券虚假陈述侵权民事赔偿案件外，康某药业还涉及其他民商事案件，这类案件就按民事案件的管辖规定来确定管辖法院。只是后来，随着康某药业虚假陈述案发，经最高人民法院指定，与康某药业有关的民事案件由揭阳市中级人民法院集中管辖。

三、行政案件

对证券违法行为进行处罚，处罚的行政主体有可能是国家级的证监会、省级的证监局、市级的证监局，因此，不同的处罚层级，对应着不同的复议机关、行政诉讼法院。但有一点也是可以确定的，如果对行政处罚不服，提起行政诉讼，一审法院只能是中级人民法院，而不会是基层人民法院。

需要特别说明的是，我国目前设立了三家金融法院，分别是上海金融法院、北京金融法院、成渝金融法院，根据全国人大常委会的决定和最高人民法院的规定，这三家法院都审理以金融监管机构为被告的第一审涉金融行政案件。证监会或证监局都是金融监管机构，因此对其提起的行政诉讼，一审的管辖法院就都是金融法院，判决的执行也都由金融法院来实施。《最高人民法院关于北京金融法院案件管辖的规定》第6条规定："北京市辖区内应由中级人民法院受理的对中国人民银行、中国银行保险监督管理委员会、中国证券监督管理委员会、国家外汇管理局等国家金融管理部门以及其他国务院组成部门和法律、法规、规章授权的组织因履行金融监管职责作出的行政行为不服提起诉讼的第一审涉金融行政案件，由北京金融法院管辖。"

康某药业案件中，邱某伟不服证监会的处罚，提起行政诉讼的一审法院是北京市第一中级人民法院，对中正珠江会计师事务所行政处罚的强制执行是北京金融法院，原因就在于邱某伟起诉时北京金融法院还未成立，根据所在地法院管辖的原则，自然归北京市第一中级人民法院管辖，而北京市金融法院成立后，起诉证监会的第一审行政案件及强制执行案件就都归北京金融法院管辖了。

四、破产案件

《企业破产法》第3条规定，破产案件由债务人住所地人民法院管辖。因此，康某药业破产重整的管辖法院就是揭阳市中级人民法院。

第三节　民刑行案件证据的互认

一、证据类型

我国三大诉讼法对证据种类是这样规定的。

《民事诉讼法》第 66 条规定：当事人的陈述；书证；物证；视听资料；电子数据；证人证言；鉴定意见；勘验笔录。

《行政诉讼法》第 33 条规定：书证；物证；视听资料；电子数据；证人证言；当事人的陈述；鉴定意见；勘验笔录、现场笔录。

《刑事诉讼法》第 50 条规定：物证；书证；证人证言；被害人陈述；犯罪嫌疑人、被告人供述和辩解；鉴定意见；勘验、检查、辨认、侦查实验等笔录；视听资料、电子数据。

虽然三大诉讼法对各自证据的分类都是八类，但名称却有一些差异。书证、物证、证人证言、鉴定意见、视听资料、电子数据，这五类证据是三大诉讼法都认可的证据类型，只是民事诉讼法、行政诉讼法中，将视听资料、电子数据分成两类，而刑事诉讼法合为一类。民事诉讼法和行政诉讼法规定的当事人陈述，在刑事诉讼法中就分为两类：被害人陈述及犯罪嫌疑人、被告人供述和辩解。民事诉讼法中，只有勘验笔录，而在行政诉讼法中增加了现场笔录，这也是由行政处罚案件的特点所决定的。在行政处罚案件中，经常会进行实地现场检查，对有违法行为的现场和人身进行检查，查封、扣押、冻结相关证据或财物。在刑事诉讼法中，这一证据类型，有了更多地扩充，发展为勘验、检查、辨认、侦查实验等笔录。这类笔录类证据，核心就是在记录侦查行为，保证因此获得的书证、物证等证据的真实性和合法性，也具有较强的证明能力。

二、证据认定规则

我们来看看三大诉讼法及相关司法解释中，对各自证据认定规则是如何规定的。

1. 民事案件

民事《民事诉讼法》第 71 条规定，证据应当在法庭上出示，并由当事人互相质证。

《最高人民法院关于适用〈中华人民共和国民事诉讼法〉的解释》第

103 条第 1 款规定，证据应当在法庭上出示，由当事人互相质证。未经当事人质证的证据，不得作为认定案件事实的根据。

《关于民事诉讼证据的若干规定》在第五节"证据的审核认定"中，确立了优势证据原则，对各类证据的认定提出了标准，其中的第 85 条规定，人民法院应当以证据能够证明的案件事实为根据依法作出裁判。审判人员应当依照法定程序，全面、客观地审核证据，依据法律的规定，遵循法官职业道德，运用逻辑推理和日常生活经验，对证据有无证明力和证明力大小独立进行判断，并公开判断的理由和结果。

2. 行政案件

《行政诉讼法》第 43 条规定，证据应当在法庭上出示，并由当事人互相质证。

《最高人民法院关于适用〈中华人民共和国行政诉讼法〉的解释》第 42 条规定，能够反映案件真实情况、与待证事实相关联、来源和形式符合法律规定的证据，应当作为认定案件事实的根据。

《关于行政诉讼证据若干问题的规定》在第五节"证据的审核认定"中，提到审查证据的合法性与真实性，行政诉讼中一般认为也是优势证据原则，其中的第 54 条规定，法庭应当对经过庭审质证的证据和无需质证的证据进行逐一审查和对全部证据综合审查，遵循法官职业道德，运用逻辑推理和生活经验，进行全面、客观和公正地分析判断，确定证据材料与案件事实之间的证明关系，排除不具有关联性的证据材料，准确认定案件事实。

3. 刑事案件

《刑事诉讼法》第 50 条规定，证据必须经过查证属实，才能作为定案件的根据。

《刑事诉讼法》第 55 条规定，对一切案件的判处都要重证据，重调查研究，不轻信口供。只有被告人供述，没有其他证据的，不能认定被告人有罪和处以刑罚；没有被告人供述，证据确实、充分的，可以认定被告人有罪和处以刑罚。证据确实、充分，应当符合以下条件：（1）定罪量刑的事实都有证据证明；（2）据以定案的证据均经法定程序查证属实；（3）综合全案证据，对所认定事实已排除合理怀疑。

《最高人民法院关于适用〈中华人民共和国刑事诉讼法〉的解释》（以下简称《刑事诉讼法解释》）第71条规定，证据未经当庭出示、辨认、质证等法庭调查程序查证属实，不得作为定案的根据。

从上述法律规定可以看出，不管是民事案件，还是行政案件、刑事案件，证据都必须经法庭出示、质证，这一点对民行刑案件都是一样的。民事诉讼、行政诉讼认定事实依据优势证据，而且都有专门关于证据的规定，但刑事诉讼没有专门的证据规定，其认定事实，需要排除合理怀疑，其证明标准要更高些。

证券犯罪案件中，存在民刑行案件交叉，其中认定事实又只能依靠证据，因此就需要加强对这三类诉讼中证据互认的研究和探讨。这类案件，往往是证监会先进行行政调查，认为涉嫌犯罪后，会将线索移交公安机关立案侦查。那么这类案件，就经常会出现行政案件中的证据能不能直接在刑事案件中引用问题，下面就对这个问题作些探讨。

三、行政案件证据在刑事诉讼中的认证

《刑事诉讼法》第54条第2款规定，行政机关在行政执法和查办案件过程中收集的物证、书证、视听资料、电子数据等证据材料，在刑事诉讼中可以作为证据使用。

《监察法》第33条第1款规定，监察机关依照本法规定收集的物证、书证、证人证言、被调查人供述和辩解、视听资料、电子数据等证据材料，在刑事诉讼中可以作为证据使用。

从这两部法律的规定来看，监察机关依法收集的所有证据都能够直接在刑事诉讼中作为证据使用，而无须转化。但其他行政机关依法收集的证据，只有物证、书证、视听资料、电子数据等客观证据，在刑事诉讼中可以作为证据使用。

《刑事诉讼法解释》第75条规定，行政机关在行政执法和查办案件过程中收集的物证、书证、视听资料、电子数据等证据材料，经法庭查证属实，且收集程序符合有关法律、行政法规规定的，可以作为定案的根据。第101条规定，有关部门对事故进行调查形成的报告，在刑事诉讼中可以作为证据使用；报告中涉及专门性问题的意见，经法庭查证属实，且调查程序符合法律、有关规定的，可以作为定案的根据。

这些规定进一步明确了，行政机关依法收集的客观证据，经法庭查证属实，可以作为定案依据。特别是明确了事故调查报告，可以作为证据使用，并成为定案根据。

在证券犯罪案件中，经常会出现证券监管机构出具的认定意见，对此，又该如何确定其证据效力和证明力呢？《关于办理证券期货违法犯罪案件工作若干问题的意见》第4条规定："公安机关、人民检察院和人民法院在办理涉嫌证券期货犯罪案件过程中，可商请证券监管机构指派专业人员配合开展工作，协助查阅、复制有关专业资料。证券监管机构可以根据司法机关办案需要，依法就案件涉及的证券期货专业问题向司法机关出具认定意见。"这条规定确定了认定意见具有证据效力，但作为定案依据还需要经法庭查证属实且程序符合法律、有关规定的。

《关于办理证券期货违法犯罪案件工作若干问题的意见》第5条规定："司法机关对证券监管机构随案移送的物证、书证、鉴定结论、视听资料、现场笔录等证据要及时审查，作出是否立案的决定；随案移送的证据，经法定程序查证属实的，可作为定案的根据。"

这里面并没有提到言词证据或主观证据如何认定的问题，我个人认为，这类言词证据应当按照刑事诉讼的程序规定重新收集，才具有证据效力，经法庭出示、质证，查证属实的，才能作为定案依据。先来看看法律规定，《关于办理侵犯知识产权刑事案件适用法律若干问题的意见》规定：

"二、关于办理侵犯知识产权刑事案件中行政执法部门收集、调取证据的效力问题

行政执法部门依法收集、调取、制作的物证、书证、视听资料、检验

报告、鉴定结论、勘验笔录、现场笔录，经公安机关、人民检察院审查，人民法院庭审质证确认，可以作为刑事证据使用。行政执法部门制作的证人证言、当事人陈述等调查笔录，公安机关认为有必要作为刑事证据使用的，应当依法重新收集、制作。"

再来看看案例，《刑事审判参考》第 970 号案例①"王某余、秦某英容留卖淫案"（2014 年第 2 集总第 97 集）。这起案例的裁判宗旨表述的是："1. 行政执法中收集的言词证据，只有经过侦查机关依法重新取证的，才具有刑事证据资格。2. 重新收集的言词证据，不能依照治安处罚法的规定程序提取，且需经庭审质证、查证属实方可作为刑事定案证据使用。"

这是一起容留卖淫案，被告人王某余、秦某英夫妇共同经营某浴室。王某余、秦某英明知周某宜、周某菊系卖淫人员，仍于 2012 年 1 月至 3 月容留二人在该浴室内向张某、于某、孙某等 9 名嫖娼人员卖淫 9 次。卖淫时，由卖淫女直接向嫖娼人员收取嫖资，然后按约定比例与两被告人分成，王某余共从中获利 160 元。同年 3 月 6 日，公安机关查明周某宜、周某菊有卖淫行为。经进一步调查，发现王某余、秦某英涉嫌介绍、容留卖淫，遂于同年 5 月将该案作为刑事案件立案侦查。公安机关共查获 19 名嫖娼人员，对相关人员按照治安管理处罚法规定的程序制作了询问笔录，后对其中 9 名嫖娼人员和 2 名卖淫女按照刑事诉讼法规定的程序重新收集证言。海安县人民法院认为，被告人王某余与被告人秦某英的行为均构成容留卖淫罪。但也认为，公安机关在查处卖淫嫖娼活动中形成的言词证据可以作为行政处罚的依据，但不得直接作为刑事诉讼证据使用。

一审宣判后，海安县人民检察院提出抗诉认为，公安机关查办治安案件时所作询问的内容、程序与刑事诉讼中的询问一致，指控的被告人王某余、秦某英容留周某宜、周某菊卖淫的事实，已由行政处罚决定书确认，相关卖淫嫖娼人员均无异议，可以作为刑事证据。二审庭审中，检察员当

---

① 最高人民法院刑事审判第一、二、三、四、五庭：《刑事审判参考（总第 97 集）》第 970 号指导案例，法律出版社 2014 年版。

庭提供了公安机关于二审期间补充制作的孙某等 3 名嫖娼人员的询问笔录，并说明其余 7 名嫖娼人员的证言无法及时收集。南通市中级人民法院经审理认为抗诉机关的抗诉意见不能成立，不予采纳。

2018 年《刑事诉讼法解释》进行了修改，起草组在对该解释第 75 条进行解读时，明确了对于公安机关在行政执法过程中收集的言词证据，依法应当在刑事立案之后重新收集。

四、民事诉讼证据在刑事案件中的直接应用

民事案件的证据不能直接用于刑事案件，这点大家都没有争议。但在实践中，我们在办理刑事案件中，经常会碰到这一类证据。那就是被害人提交的聊天记录、合同、转款记录、照片等。这些证据往往是复印件，由被害人在上面签字按手印，注明这是谁提交的，与原件一致。笔者认为，这种做法并不合法。这些证据大多是书证，也有一些是电子证据。根据《刑事诉讼法》《刑事诉讼法解释》的规定，书证是要提交原件的，还要看收集程序、方式是否合法。电子证据是要提交原始存储介质的，有无删除和更改。如果只是被害人签字确认，不但形式上不合法，也无法保证其真实性。规范的做法应该是公安机关制作相关笔录和清单进行提取，而且这些证据还要经过被告人的辨认，才能作为定案的依据。曾经办过的一起涉恶案件，有大量被害人提交的此类证据，我在法庭上提出异议，法官也采纳了，让检察院补充侦查，后来公安机关就让被告人在被害人签字确认的文件上，也签字确认。虽然我仍然认为这种做法不符合法律规定的程序，不具有合法性，但观点并没有被法官采纳，这些证据还是被作为定案证据。

五、刑事案件证据在民事诉讼中的直接应用

康某药业案件中，马某田既是操纵证券市场罪、违规披露、不披露重要信息罪的被告人，同时也是民事赔偿案件的被告。民事赔偿案件的原告

同时也是刑事案件的被害人。代理马某田民事案件的律师也是刑事案件的辩护人。

基于上述这种身份关系，在司法实践中，就出现这种情况，民事赔偿案件的原告直接拿刑事案件的证据作为起诉时的证据，如讯问笔录、询问笔录、鉴定意见等。那么这些刑事案件的证据能否不经过质证直接作为民事案件的证据呢？答案是不可以，这点在前面证据的认定中，已经作了阐述，证据必须经过法庭出示、质证才能作为定案依据，除非是免证事实。

还有一个问题需要说明，被害人及其代理律师经过司法机关的允许，可以复制刑事案件的证据材料，但复制出来的证据能否直接使用呢？

根据《律师办理刑事案件规范》第 37 条第 1 款规定："律师参与刑事诉讼获取的案卷材料，不得向犯罪嫌疑人、被告人的亲友以及其他单位和个人提供，不得擅自向媒体或社会公众披露。"同时，根据《刑事诉讼法解释》第 55 条第 1 款规定："查阅、摘抄、复制案卷材料，涉及国家秘密、商业秘密、个人隐私的，应当保密；对不公开审理案件的信息、材料，或者在办案过程中获悉的案件重要信息、证据材料，不得违反规定泄露、披露，不得用于办案以外的用途。人民法院可以要求相关人员出具承诺书。"

出于合法合规的考虑，对于将刑事案件的证据直接用于民事案件，笔者建议要慎重，比较稳妥的方法是申请人民法院调取。但这也会涉及全案调取还是选择调取，如证券犯罪案件的案卷比较多，全案所有证据调取既浪费又没有必要，选择性调取就是最好的选择。康某药业案件因为启动了特别代表人诉讼，所以只有一个原告。其他虚假陈述民事案件的原告众多，是需要每一起案件都申请调取，还是其中一起案件申请调取，这也是一个需要考虑的问题。

笔者在这里提出这些问题，也希望在以后的司法实践中得到解决。

第四节　民行刑案件判决书认定事实的互认

康某药业中，民事判决书、刑事判决书几乎同时作出，邱某伟因不服行政处罚进行二审的二审判决书要晚点作出，可以说差不多同时作出，也就不存在民事判决书、刑事判决书、行政判决书认定事实互认的问题。但在实践中，在证券违法犯罪案件中，这三种判决书并不是同时作出的，在《证券法》没有修改之前，一般是先有行政处罚或刑事判决书，才有民事判决书。那么就会出现一个问题，这三种判决书中先作出的判决书所认定的事实，能不能直接作为后作出判决书据以定案的事实？

一、民事判决书

《民事诉讼法解释》第93条规定，已为人民法院发生法律效力的裁判所确认的事实，无须举证证明，当事人有相反证据足以推翻的除外。

《关于民事诉讼证据的若干规定》第10条也有类似的规定，已为人民法院发生法律效力的裁判所确认的基本事实，当事人无须举证证明，当事人有相反证据足以推翻的除外。

从这些规定来看，生效的民事、刑事、行政判决书，经过庭审质证，其认定的事实都可以直接作为正在审理的民事案件判决所依据的事实。

但也有例外情形，（2021）最高法民申3667号民事裁定书指出，刑事诉讼与民事诉讼关于案件事实的认定所采信证据的证明标准以及证明目的并不一致，两者所调整的亦非同一法律关系，各自具有其独立的诉讼制度功能。民事诉讼中不宜简单地以刑事判决所认定的有关事实原封不动地作出事实认定，而应结合当事人之间诉争的法律关系、与诉争事实有关联性的案件事实以及当事人的诉辩主张等综合作出判断。

关于海某公司提出因另案刑事判决认定的相关事实，足以证明本案关于工程款数额的认定存在错误的申请理由。海某公司主张，根据再审新证据即相关刑事判决所确定的证据，案涉工程实际施工人东源公司的项目负责人周某章等人因伪造工程签证单、骗取工程款，已被生效判决认定构成合同诈骗罪。该刑事卷宗材料中，清楚载明周某章行贿工程监理和海某公司的项目人员，获取非法利益。因周某章等人伪造工程签证单、偷工减料、虚报虚增工程量等违法犯罪行为，在竣工图中将大量未施工项目记入其中，导致鉴定结论与事实严重不符，不能作为定案依据。本院认为，该刑事判决针对周某章等人涉嫌刑事犯罪等法律事实所作的相关事实认定，与本案民事诉讼所涉法律事实并非同一法律事实。刑事诉讼与民事诉讼关于案件事实的认定所采信证据的证明标准以及证明目的并不一致，刑事诉讼与民事诉讼所调整的亦非同一法律关系，各自具有其独立的诉讼制度功能。民事诉讼中不宜简单地以刑事判决所认定的有关事实原封不动地作出事实认定，而应结合当事人之间诉争的法律关系、与诉争事实有关联性的案件事实以及当事人的诉辩主张等综合作出判断。

就本案而言，海某公司申请再审主张"该刑事判决认定，周某章以非法占有为目的，在合同的履行过程中，伪造工程签证单，取得被害单位海某公司人民币 2460481 元"。经本院审查，江西省鹰潭市中级人民法院（2020）赣 06 刑终 52 号刑事判决查明，2011 年周某章授意他人在某项目一期工程结算过程中制作一份编号为 2011-017 的虚假工程结算签证单，并伪造监理公司印章加盖在该签证单上，与海某公司进行工程结算。海某公司在扣除 5% 质保金后向东源公司支付 2460481 元。该刑事判决认为，"尽管周某章等人实施了合同诈骗行为，但其伪造的工程签证，仅占涉案全部工程量中极小部分，且周某章继续履行了施工合同，完成工程施工任务并交付使用；在本案二审期间，其愿意从（2020）赣民终 405 号民事判决确定海某公司应付的工程款中扣除这 246 万余元"。根据该刑事判决上述认定，周某章系在某一期工程结算过程中，通过伪造工程结算签证单的方式骗取海某公司 2460481 元，而本案当事人之间有关工程款的纠纷系针对某三期项目。

二、行政判决书

《关于行政诉讼证据若干问题的规定》第 70 条规定："生效的人民法院裁判文书或者仲裁机构裁决文书确认的事实，可以作为定案依据。但是如果发现裁判文书或者裁决文书认定的事实有重大问题的，应当中止诉讼，通过法定程序予以纠正后恢复诉讼。"

从这个规定来看，生效的民事、刑事、行政判决书，经过庭审质证，其认定的事实都可以直接作为正在审理的行政案件判决所依据的事实。

三、刑事判决书

如前所述，刑事判决书经过庭审质证，认定的事实都可以直接作为正在审理的民事案件、行政案件判决所依据的事实。由于我国目前没有对刑事诉讼证据的规定，对刑事判决书认定的事实能否作为正在审理的刑事案件所依据的事实，就没有明确的规定。

最高人民法院《刑事审判参考》第 497 号指导案例[①]"何某国抢劫案"（2008 年第 4 辑总第 63 辑）的裁判理由有充分的说理和论证。

这种认识分歧的实质在于如何认识刑事审判中已生效裁判文书的证明效力。从实践情况看，民事、行政及刑事裁判文书均可能成为某一刑事案件裁判的证据，而刑事裁判文书用作刑事裁判证据时，主要指用来证明被告人的前科（系累犯或者再犯）或者共犯的判决情况。当用于证明被告人的前科时，该裁判文书的证明价值主要是被告人所犯前罪的罪名和刑罚，至于前罪的事实和证据，则不是在审案件裁判需重点关注的；当用于证明共犯的判决情况时，因认定共犯的犯罪事实必然涉及在审案件被告人在共同犯罪中的地位和作用，故实际上该裁判文书同时具有证明在审案件被告人罪行的作用，这样，在审理被告人时，不仅要关注该共犯裁判文书的定

---

① 最高人民法院刑事审判第一、二、三、四、五庭：《刑事审判参考（总第 63 集）第 497 号指导案例，法律出版社 2008 年版。

罪量刑结论，更要关注其中的事实认定和证据采信问题。由于我国目前还没有出台专门的刑事诉讼证据规则，有意见认为，在判断已生效刑事裁判文书的效力时，可以参照民事诉讼或者行政诉讼证据规则，已生效的刑事裁判文书所确认的事实，属于无须举证可以直接认定的事实，进而认为，当公诉人在法庭上将已生效共犯的裁判文书作为证据质证时，意味着该文书所采信的证据可以理所当然地成为指控在审案件被告人的证据，无须再一一加以质证。我们认为，这种理解是不妥当的。《关于行政诉讼证据若干问题的规定》第68条规定，对已经依法证明的事实，法庭可以直接认定；《关于民事诉讼证据的若干规定》第10条规定，对已为人民法院发生法律效力的裁判所确认的事实，当事人无须举证证明。这两条规定虽然明确肯定了生效裁判所确认的事实的效力，但这种规定不是绝对的，当事人可以提出相反证据推翻生效裁判所确认的事实；况且，更为关键的是，行政诉讼、民事诉讼与刑事诉讼在法律后果的承担上有质的差别，其证明标准远低于刑事诉讼的证明标准，因此二者的证据规则对于刑事诉讼只有参考意义，不能依照执行。如何确认已生效的共同犯罪人的裁判文书的证明效力，应当严格依据刑事诉讼法及相关司法解释的规定，结合刑事诉讼原理得出结论。

《刑事诉讼法》第195条规定，公诉人、辩护人应当向法庭出示物证，让当事人辨认，对未到庭的证人的证言笔录、鉴定人的鉴定意见、勘验笔录和其他作为证据的文书，应当当庭宣读；审判人员应当听取公诉人、当事人和辩护人、诉讼代理人的意见。该条所规定的就是证据应当质证的原则。《刑事诉讼法解释》第71条则明确规定，证据未经当庭出示、辨认、质证等法庭调查程序查证属实，不得作为定案的根据。共犯的生效裁判文书本身是一种证据，确切地说是一种书证，它所证明的是共同犯罪人因共同犯罪被定罪判刑的情况，而不能直接证明后到案被告人的犯罪事实。虽然该文书所采信的证据多将成为指控后到案被告人的证据，但对该文书本身的质证代替不了对其中具体证据的质证。因为对具体证据的质证，目的在于判断该证据能否成为后案中指控被告人犯罪的证据，它与质证该裁判文书本身的效用明显不同。同时，如果不对具体证据进行质证，被告人及其辩护人就没有机会针对该具体证据发表意见，实际上剥夺了被告人的辩护权，也不利于全面查明被告人的犯罪事实。因此，采纳未经质证的证据，是对法律和司法解释规定的审判程序的一种实质性的违反，可能影响案件的公正审判。

但 2019 年修改的《人民检察院刑事诉讼规则》第 401 条规定："在法庭审理中，下列事实不必提出证据进行证明：（一）为一般人共同知晓的常识性事实；（二）人民法院生效裁判所确认并且未依审判监督程序重新审理的事实；（三）法律、法规的内容以及适用等属于审判人员履行职务所应当知晓的事实；（四）在法庭审理中不存在异议的程序事实；（五）法律规定的推定事实；（六）自然规律或者定律。"

这里的生效裁判并未规定是何种生效裁判，但就其文义来看，应该是包括刑事判决书。这样，最高人民法院的参考案例与最高人民检察院的规定就出现了冲突情况，由于最高人民检察院的规定是后出来的，依据新法优于旧法，应当采纳最高人民检察院的规定，但最高人民法院的参考案例在法理上的阐述又是比较充分、让人信服的。

第五节 民刑行案件财产的执行顺序

在证券违法犯罪案件中，因为涉及民刑行问题，就存在民事赔偿款、行政处罚款、刑事罚金这三种财产处置，那么这三种财产处置应当依照何种顺序呢？

《关于刑事裁判涉财产部分执行的若干规定》第 13 条规定："被执行人在执行中同时承担刑事责任、民事责任，其财产不足以支付的，按照下列顺序执行：（一）人身损害赔偿中的医疗费用；（二）退赔被害人的损失；（三）其他民事债务；（四）罚金；（五）没收财产。债权人对执行标

的依法享有优先受偿权,其主张优先受偿的,人民法院应当在前款第
(一)项规定的医疗费用受偿后,予以支持。"

康某药业案中,特别代表人诉讼的执行中,康某药业就把投资者的所
有损失都通过破产程序给全部赔付了,不用马某田等个人来支付赔偿金,
这是因为康某药业通过了破产重整,有钱赔付。但在实践中,并不是所有
案件都有这么好的运气,如果公司没钱赔,那就需要个人进行赔偿。

那么问题来了,康某药业案中,财产受损的投资者具不具有刑事案件
中被害人的身份?答案是肯定的。这样他们就有两个身份:民事案件的原
告和刑事案件的被害人。那么这两种身份哪一种最有利于他们获得赔偿
呢?一般认为,刑事案件的被害人要比民事案件的原告更容易获得赔偿,
因为公安机关的追赃行为比民事诉讼的执行更有力,也更快捷,还不用承
担诉讼费用。

《证券法》第220条规定:"违反本法规定,应当承担民事赔偿责任和
缴纳罚款、罚金、违法所得,违法行为人的财产不足以支付的,优先用于
承担民事赔偿责任。"

《关于证券违法行为人财产优先用于承担民事赔偿责任有关事项的规
定》第1条第1款规定:"违反《证券法》规定,违法行为人应当同时承
担民事赔偿责任和缴纳罚没款行政责任,缴纳罚没款后,剩余财产不足
以承担民事赔偿责任的,合法权益受到侵害的投资者(以下简称受害投
资者)可以向人民法院提起诉讼,获得胜诉判决或者调解书,并经人民
法院强制执行或者破产清算程序分配仍未获得足额赔偿后提出书面申
请,请求将违法行为人因同一违法行为已缴纳的罚没款用于承担民事赔
偿责任。"

因此,在证券违法犯罪案件中,优先顺序是民事赔偿,即使先被行政
处罚,也还可以申请将行政处罚款用于民事赔偿。至于行政处罚款和刑事
罚金的执行顺序,并没有明确规定谁优先谁劣后,只有按照时间的先后顺
序来执行。

第六节　民刑行案件顺序

按照原来的规定，提起虚假陈述侵权民事赔偿诉讼要先经过前置程序，即行政处罚或刑事判决。但《证券法》修改后，特别是《关于审理证券市场虚假陈述侵权民事赔偿案件的若干规定》出台后，前置程序被取消，第 2 条规定："原告提起证券虚假陈述侵权民事赔偿诉讼，符合民事诉讼法第一百二十二条规定，并提交以下证据或者证明材料的，人民法院应当受理：（一）证明原告身份的相关文件；（二）信息披露义务人实施虚假陈述的相关证据；（三）原告因虚假陈述进行交易的凭证及投资损失等相关证据。人民法院不得仅以虚假陈述未经监管部门行政处罚或者人民法院生效刑事判决的认定为由裁定不予受理。"

2020 年 5 月 14 日，中国证监会对康某药业下达了《行政处罚决定书》。

2021 年 11 月 12 日，广州市中级人民法院对康某药业证券特别代表人诉讼也作出一审判决。

2021 年 11 月 17 日，广东省佛山市中级人民法院对康某药业原董事长、总经理马某田等 12 人操纵证券市场案公开宣判。

2021 年 12 月 29 日，广东省揭阳市中级人民法院裁定：康某药业股份有限公司破产重整计划执行完毕，终结重整程序。

对照康某药业案件的上述时间线，行政处罚最早，民事诉讼、刑事诉讼和破产重整，几乎同时完成。

在证券违法犯罪领域，一直以来都是先行后民或先刑后民，先有行政处罚或刑事处罚，后有民事赔偿。自从《关于审理证券市场虚假陈述侵权民事赔偿案件的若干规定》出台后，民事赔偿的诉讼不必等行政处罚或刑事处罚作出后，才能提起，这就让民行刑并行成为可能，甚至有可能成为主流。

图书在版编目（CIP）数据

常见证券犯罪辩护要点实务精解/翟振轶主编；易

凡副主编．—北京：中国法制出版社，2023.11

ISBN 978-7-5216-3824-0

Ⅰ.①常… Ⅱ.①翟… ②易… Ⅲ.①证券交易-刑

事犯罪-辩护-研究-中国 Ⅳ.①D924.334

中国国家版本馆 CIP 数据核字（2023）第 157877 号

责任编辑：李宏伟   封面设计：杨泽江

常见证券犯罪辩护要点实务精解
CHANGJIAN ZHENGQUAN FANZUI BIANHU YAODIAN SHIWU JINGJIE

主编/翟振轶
副主编/易凡
经销/新华书店
印刷/河北华商印刷有限公司
开本/710 毫米×1000 毫米 16 开   印张/ 20.5 字数/ 241 千
版次/2023 年 11 月第 1 版   2023 年 11 月第 1 次印刷

中国法制出版社出版
书号 ISBN 978-7-5216-3824-0   定价：75.00 元

北京市西城区西便门西里甲 16 号西便门办公区
邮政编码 100053   传真：010-63141600
网址：http：//www.zgfzs.com   **编辑部电话：010-63141799**
市场营销部电话：010-63141612   **印务部电话：010-63141606**

（如有印装质量问题，请与本社印务部联系。）